自序

....

民国女子，天生具有一种悲悯。

这悲悯中有不破不立的勇敢，也有为人处世的自觉底线，是为文明，是为传统，是为品质。

这也是我关注她们的原因。这些人没有林徽因、阮玲玉那样耀眼，更没有宋氏三姐妹那样夺目。正是因为她们普通，接地气，我才觉得值得关注。她们中间，有把弄丹青、文字的画家、才女；有参加革命的先锋女子；也有开一代教育先风的老师；或者是躲在男人背后的家妇，但她们身上有我们需要的东西。

小时候，总觉得民国距离我们很遥远，经历了"三反五反"的"扫荡"后，偶然见到的民国女子形象，不是月份牌美人，就是明星招贴画，再后来就是铺天盖地的林徽因、陆小曼、赵四小姐、胡蝶、周璇、张爱玲等等。越是长大，越是发现这个时代并没有走远，尤其是她们留下来的那些"暗物质"，时不时地会从我们的内心里涌出来。怀念民国，欣赏民国女子，就是一种例证。

某种程度上讲，我们追崇民国女子，并非是对当下女子的否定，只是在见到那些久违的气质和风骨时，忍不住像个"麦田守望者"把那些东西留下来，并展示出来，让更多的人知道，中国美好的传统，不只是存在于灿烂的春秋，不只是在华丽的秦汉盛唐，就在上个时代，伸伸手就能够着了。

现实中，不缺的是埋怨、谩骂或是暴躁，也有龙应台所批判的"沉默的大多数"，那些本该具有的"温良恭俭让"和眼里揉不得一粒沙子的"精神洁癖"，以及"该出手时就出手"的公德心，似乎都魔力般地被收走了。记得说起曾国藩家族后代曾昭燏，台北"故宫博物院"副院长李霖灿讲过一个细节：抗战时期在昆明考古，当时李霖灿只是一介失学小生，决定冒险去考察玉龙山一带纳西文化，这位女子知情后，拿出自己的钱支持他，还极力把他推荐进了"中央博物院"，促使他成为中国最负盛名的纳西文化研究学者，有"么些先生"美誉。后来担任中央博物院副院长的曾昭燏，在执行文物转运台湾行动时，不放心这些宝贝，就指定李霖灿跟随押运。而他们之间，非亲非故，甚至谈不上什么交情，可谓素昧平生。愚以为，当下缺失的，正是这种素昧平生的信任、支持和自觉。

不求唤醒，只愿理解。如读者们能在十几万字中，得到一句半句的感悟，已知足矣。拙稿是站在"前人著作的肩膀上"累积的，一并致谢，并渴望得到批评指正。最后一句：感谢我的杨秀明妈妈。

王　道

癸巳年春　一水轩

目录

目录

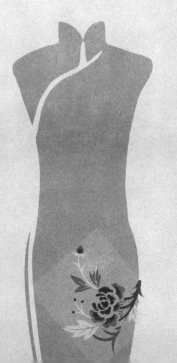

陈衡哲

（1890—1976）

································

湖山依旧正繁华

································

才子佳人兼在一身
——杨绛

湖山依旧正繁华

....

话说十年前，亦即 1998 年，国内某著名学府百年校庆时，远在美国的陈衡哲女儿任以都托人给该校历史系一位负责人捎话，说她是该系校友，想回母校参加百年校庆。不料对方听了，问："任以都是谁？"答曰："陈衡哲女儿。"又问："陈衡哲是谁？"话已至此，又复何言？[①]

堂堂北大历史系人物竟不知道有过陈衡哲这个人。陈衡哲是中国第一位官派留美女生，又是中国现代第一位大学女教授（北大任教），她创作了现代第一篇白话小说。她的女儿任以都，哈佛大学博士毕业，《天工开物》全文的第一位英文翻译者，是美国宾夕法尼亚大学有史以来的第一位女教授，却最终未能参加上母校百年校庆，这既是她的遗憾，怕也让这所学校汗颜吧！

1920 年，未来的北大校长胡适在《新青年》上发表了一首新诗：

我们三个朋友——赠任叔永（任鸿隽）与陈莎菲（陈衡哲）

雪全消了，春将到了，只是寒威如旧。

冷风怒号，万松狂啸，伴着我们三个朋友。

风稍歇了，人将别了，———

我们三个朋友。

寒流秃树，溪桥人语，———

---

① 刘超：《陈衡哲是谁？》，《书屋》2008 年第 2 期。

此会何时重有？

别三年了！月半圆了，照着一湖荷叶；照着钟山，照着台城，
照着高楼清绝。
别三年了，又是一种山川了，———
依旧我们三个朋友。
此景无双，此日最难忘，———
让我的新诗祝你们长寿！

···················· 陈衡哲与任鸿隽

诗作发表的背景是，那年7月盛夏，任鸿隽在南京主持中国科学社第五次年会，胡适也应邀到南京高等师范学校第一届暑期学校讲学。胡、任、陈三人在南京相聚。8月22日下午3时，任与陈在南京高师校园内订婚。当晚，他俩邀胡适来到南京鸡鸣寺用餐，攀登鸡鸣山东麓，临窗俯瞰玄武湖景色，远眺紫金山形影。三人夜坐，观景谈心，这样的"铁三角"关系一直保持到新中国成立前。三人联系中断十多年后，

任去世，胡与陈隔海相连，再续中国学者界最佳的史话。

20世纪30年代，胡适得了盲肠炎，到北平协和医院开刀，任鸿隽和陈衡哲得到消息后，赶忙跑到医院去，坐在那里等手术的结果，等了一天。

一提起陈衡哲，似乎总免不了提胡适，其实这也怪不得别人，谁让他们三个人几乎是绑在一起流传的呢？一个女子跟一个男子之间竟然可以保持那么长久的友谊关系，就连陈衡哲的女儿都觉得"难免绘声绘色、以讹传讹"了，任以都还说过："……不过，要是当初胡适没有订过婚，最后会有什么结果，我就不敢逆料了。"可谓坦诚。

当然，感情的东西，虽说模糊难以界定，但有的终归是有的，没有的话，再如何传说，也是泾渭分明，纯如黑白。

退一步说，就算没有胡适，陈衡哲不是一样传奇和勇毅？她早早地喊出了锋利的声音：永远不要在狂吠的恶犬面前示弱。你得保持镇静和勇气，仿佛你是它们的女王，那么危险绝不会发生在你身上……

1890年的盛夏，陈衡哲出生在江苏常州的武进，她自觉这个地方平平，无山无水，但却衍生了诸多书画大家。她常以湖南籍贯自居，因为那是她祖先的居所。她的名字里之所以有个"衡"，她说是因为家族祖先是衡山地区的"耕读世家"。

她的祖父、父亲都在清朝为官。陈衡哲的外祖父庄家是常州四大家族之一，其母亲庄耀孚则是有名的国画家，诗词方面也是特长，为人开明贤淑，对女儿的大胆"纵容"，成就了中国一个杰出的新女性。

7岁那年，陈衡哲开始反抗旧思想、抵制缠足。她与母亲斗智斗勇，巧妙逃脱。但女佣人说帮着督促她继续缠足，结果被她耍了一把，还差点丢了饭碗。自此，她的"船脚"得以正常生长。家里孩子都在学习四书五经或是唐诗宋词时，她却被父亲逼着学习《尔雅》、《黄帝内经》等艰涩难懂的古籍，且要完全背诵。她不能接受，但难以反抗。

父亲在外为官，母亲独自守着空房，常临窗而坐，书写思念，但她写的诗总是及时撕掉。她认为，向丈夫倾吐衷肠是一种不雅。有一次，陈衡哲好奇地捡起碎片，拼出了两句诗："明月透窗棂，光照离人思。"那是她第一次读到情诗。

此后发生的两件事情，彻底改变了她的人生观。

有一次，母亲说家里要来个新娘吃饭，她就盼啊盼，以为那女子一定会是穿戴鲜亮又美丽，结果来了之后发现新娘身穿重孝，满脸泪水。原来这女子之前与陈衡哲大伯家的儿子订了婚，但新郎还没结婚就去世了。作为大户人家，大伯家征询女方意见，问是否要继续嫁过来。而对方也是大户人家，难以抗拒旧俗观念，害怕女儿不嫁会引来流言蜚语。

于是，在欢天喜地的气氛中，女子按照出嫁的程序被花轿抬过去，由新郎的妹妹陪同拜完祖宗神龛后，再拜公婆，然后换成重孝服，一下子变成"望门寡"。她悲痛欲绝，一年不到就去了另外一个世界——估计在地下她还是不认识那个未谋面的新郎吧？

还有一件事是大姑家的。大姑是个很有修养的女子，长子娶妻生了个女儿。大姑的这个长媳出身书香门第，文文雅雅的，但没多久大姑的长子去世了，她带着女儿与大姑的小儿子夫妇相处，可他们夫妇常年吸食鸦片，对她非常抠门且态度恶劣。她不堪其辱，但有女儿在无法寻死。待女儿嫁人后，她即死去，但女儿过度思念慈母，也跟着去了。

在父亲逼迫下学医的陈衡哲，似乎一下子"发现了自我"。她要自己选择道路，不管晴雨，无论安危，都要心甘情愿、头脑清醒地迈步向前……

在早期的道路上，陈衡哲为自己设置了两条路：是做圣女贞德，还是做法国的罗兰夫人？她站在岔路口，有些徘徊：他们一个被烧死在了十字架上，一个上了断头台。陈衡哲说自己不想死。那么小的孩子，谁愿意死呢？但她后来选择了贞德。那个骑着马的女孩，浪漫而漂亮。或许让她下定决心的是谭嗣同。

那个维新狂人，在慈禧太后发现他后，完全可以与同党梁启超逃跑。但他说："中国需要热血志士和知识领袖，热血志士能振奋人心，知识领袖能领导国家走向富强。让我来献上热血，你来当知识界的领袖吧。"陈衡哲听在京的父亲说过，戊戌六君子行刑那天，其他五烈士恐惧颤抖，只有谭嗣同双手合十，神态安详。这种冒险精神深深刺激了陈衡哲。她自言是：火上加油。

她幻想着，在孙中山的"革命党"中，骑着白马，穿着白袍，手举白旗，带领战士们冲锋陷阵。

但她很快改变了主意。那是1911年的辛亥革命大爆发，她有太多的机会去骑马冲杀。女子参加革命队伍的太多太多了，甚至还成立了"女子敢死队"。但她觉得，"军旅只会让女人变得残酷又庸俗，而战士的角色对女人来说充其量只是一种暴殄天物、破烂性的角色"。她出身士大夫阶层，内心渴望的还是学问立身，梁启超的力量影响着她成为一名作家。

那一年，父亲进京赶考，母亲病了，写信的事就落到她的头上。那时候仍然是文言文，格式固定。写着写着，陈衡哲就开始自己发挥，有方言，有自己发明的配合方言的发音，文体新颖，读起来很有趣味。那时她才7岁，父母为之赞叹不已。

在她的英文回忆录中，第一次出现的男性同学就是胡适："（写信这件小事）它使我后来很同情一个在美国留学的中国同学倡导用中国的白话取代文言，并以白话作为国民文学之本的努力。当其他所有的中国留学生反对他这种文学革命的设想时，只有我给予这个孤独的斗士以道义上的支持。"

文中的"中国同学"即胡适，而她之所以支持胡适，正是因为自己小时候写的家信，似乎便是中国白话文的开篇试验。

在经历了姐姐出嫁后的"形单影只"后，陈衡哲遇到了一生中最为重要的人——舅舅。舅舅虽然在清朝为官，但为人崇尚西学，思想开放，他鼓励陈衡哲学习西医，并在她13岁时把她接到更开放的广州，报名医学院，还亲自教授她国文，后来还把她送到上海，致信蔡元培收她为新办的女校新生。

由于蔡元培不在上海，陈衡哲误打误撞地入了一所医学院求学，但很快她发现这里教学不科学不规范，化学课没有试管，人体课连张图都没有。而她唯一的收获是学习了英语，为日后留学打下了基础。还有，在这里残酷的经历（她有时要随着老师出诊，看到了女人分娩的残酷和血腥，以及死婴的惨状等等），使还没有成年的她无法忍受。她暗暗发誓，以后学什么，一定要与医学无关。

此时，恰好在四川为官的父亲急召她回家。她到家才知道，父亲为她物色了结婚人选，是个高官的儿子。父亲还阐明自己的开明，说订婚这件事先和她商量下。17岁的陈衡哲一口回绝，此时的她不想结婚，尤其是不能容忍与一个陌生人结婚。父女发生了争吵。

父亲说："我可不想看见我的女儿像街头的下贱女人一样自己选丈夫。"

她说："我永远不结婚。"

母亲出来调和气氛，安抚双方，并问她对将来的打算。那时还没有女子大学，她心里一片茫然。而这时偏偏父亲又来催促婚事，还说要停掉对她的经济资助。她一下子晕倒了，醒来后，茫然地在家待了一年。父亲笑言，在衙门后给她造个尼姑庵，终身不嫁好了。

一年后，这个倔强的姑娘去了苏州的常熟，在那里，她见到了姑母。她似乎知道自己要学什么了，并拉开了人生中最重要的篇章序幕。

一路上，她带着梁启超的一套一百万字的书，逐字去读，读到酣畅处，饮起了桂花酒，手舞足蹈。文学的长进就在这样的细节中显现。

常熟那位姑母才华横溢，诗书、医学都很出色，在当地是有名大户人家的老太君，拥有私家园林，藏书古玩甚多。但这个姑母有个致命弱点——溺爱儿子。她唯一幸存的儿子娶的妻子迷恋鸦片，最后自己也染上了鸦片烟瘾，殷实的家底很快入不敷出，名贵收藏也拿去典当了，园林破落不堪。这就是陈衡哲到来后看到的大家败象。

姑母见到陈衡哲后，非常高兴，因为这个侄女能与她一起分享杜甫的诗句。她们摒弃婢女，畅游小西湖（应为常熟尚湖[①]），泛舟其中，大吟绝句，但姑母吟完后也大发感叹：我连儿子都庇护不了！陈衡哲轻轻地安慰姑母，她知道姑母从不掉泪，叹息堪比心碎。

姑母比陈衡哲的父亲大20岁，却和陈衡哲成了忘年交。

有一次，陈衡哲得了疟疾，很严重，耗费了两个月才康复。姑母为她下药方治疗、搭配饮食，处处细心照顾。她很快摆脱了病痛，连精神上的抑郁也好了起来。

若干年后，陈衡哲在《纪念一位老姑母》的文章里回忆：

> 这位姑母不但身体高大，精力强盛，并且天才横溢，德行高超，使我们一见便感到她是一位任重致远的领袖人才；虽然因为数十年前环境的关系，她的这个领袖天才只能牛刀割鸡似的施用到两三个小小的家族上，但她的才能却并不像普通所谓"才女"的一样，只限于吟风弄月。她除了做诗，读史，写魏碑之外，还能为人开一个好药方，还能烧得一手的好菜。她在年轻的时候，白天侍候公婆，晚上抚育孩子；待到更深人静时，方自己读书写字，常常到晚间三时方上床，明早六时便又起身了。这样的精力，这样艰苦卓绝的修养，岂是那些佳人才子式的"才女"们所能有的！[②]

更重要的是，在姑母的鼓励和引导下，她走出了人生中的彷徨期，她认为这是姑母给予的伟大力量："使一种黑暗的前途渐渐有了光明，使我对于自己的绝望变成希望，使我相信，我这个人尚是一块值得雕刻的材料。……但在那两三年中我所受到的苦痛拂逆的经验，使我对于自己发生了极大的怀疑，使我感到奋斗的无用，感到生命值不得维持下去。在这种

---

① 尚湖，位于江苏省常熟城西，因相传姜尚（太公）在此垂钓为得名，紧靠虞山。
② 陈衡哲：《陈衡哲早年自传》，安徽教育出版社2006年版，第206页。

情形之下，要不是靠这位姑母，我恐怕将真没有勇气再活下去了。"[1]

之前，开明的舅舅也曾对她说，生命有三种态度：安命、怨命和造命。鼓励她积极创造自己的命运，但她心灰意冷。如今在姑母这里，在爱和温暖中，她开始真正的造命。女人之间的呵护和温情，常常能够抵御远远超出她们承受范围的暴风雨，这是一种天然的默契和力量。

在姑母家，陈衡哲继续学习中国经典，并自学英文，试着翻译英国诗句给姑母欣赏。空闲时候，她带着姑母家的孩子们游园讲故事，他们围着她转，并"巴结"似的送给她小礼物，这是 1911 年春夏之交，一场大风暴正在渐行渐近。

21 岁的陈衡哲听说辛亥革命爆发后，极其冷静，她说自己是个旁观者。而之前她还买了从汉口到重庆的铁路国债。清政府原计划从外国借款修筑铁路，受到民众抵制和谴责，大家纷纷出资买这一"爱国国债"。陈衡哲没钱，但她还是哭着向舅舅要了 100 元全买了"国债"，结果铁路没有修起来，钱也不知去向。声势浩大的"保路运动"开始从四川蔓延开来。接着就是武昌一声枪响，形成了面对面的激战。

当时母亲的一个姐妹与为官的丈夫住在湖北，革命爆发后，他们去了上海。母亲拍电报让陈衡哲去上海探望。陈衡哲从常熟出发，一路上看到每个中国人都很激动兴奋，表哥每天骑着自行车出去转悠，收到消息后回来告知大家，有一次还说上海也要参加起义了，欣喜若狂，像是在期待一个盛大的馈赠仪式。

"在举国皆狂的时期，我却不知不觉地长成了一个头脑冷静、不抱任何幻想的女子。"那个曾想着骑白马、穿白袍冲杀战场的陈衡哲不见了，当时还有朋友因为她不愿参加"女子北伐队"说她"不爱国"，称她是"冷血动物"。她愤怒、委屈，但她始终坚持自己，她说是受了梁启超思想的影响。后来，那些女子并没有过黄河，也没有拿枪成为战士，最多成了护

---

[1] 陈衡哲：《陈衡哲早年自传》，第 208 页。

士。她知道后有一种恶意的快感。

1912年8月，陈衡哲于《东方杂志》第9卷第2号发表译文《改历法议》。这应该是她在革命成功后公开发表的唯一声音。

紧接着她就面临窘境。父亲不能继续为官，只能花掉银行的积蓄，全家陷入经济危机。姑母知道后，就介绍她到一个好朋友家做家教，教两个孩子基本课程，管食宿，每月20元钱，但要求她随着对方去常熟乡下居住。陈衡哲很干脆地接下了这人生第一份工作。后来陈家落户苏州，母亲卖画补贴家用，父亲在南京附近找了份工作。

这样艰难的日子维持到1914年的初夏。有一天，陈衡哲偶然从报上看到，清华学校（今清华大学）面向全国招考留学女生，考取者可获得奖学金，去美国留学五年。

她动心了。但考试需要时间，她还要去复习那些久违的课程，以及从未接触过的科目。姑母一再鼓励她，并帮她向那个家教主人请假两周，让她安心去上海应试。考完后，陈衡哲继续回去教书——她不敢看录取名单，她怕落榜，她害怕错过这次"长夜后的黎明"。直到姑母写信告诉她，她被录取了，她才流下喜悦的泪水。那次一共录取了十人，她排名第二。那一晚，[①] 她与姑母躺在一起，说了很多话，花甲之年的姑母罕见地哭了：这个聪颖、知心的侄女，要在国外待上五年多，甚至更长时间，她可能再也见不到她了。

在准备出国期间，陈衡哲发现，其他九人都是教会学校的毕业生，她们对未来的美式生活已经很熟悉了，唯一需要的是实践。而她是唯一没有进入过教会学校的，幸运让她显得"格格不入"。

而在送行时，她更是与众不同。1914年8月15日，上海外滩。"中国号"蒸汽机船静静停泊在黄浦江畔，100多个男生和14个女生将从这

---

① 按照陈衡哲的自传叙述，应该是1914年8月上旬的某一天晚上。详见《陈衡哲早年自传》，第172页。

里出发，送行的拥抱和叮嘱一遍又一遍，送行的人熙熙攘攘。只有一个女生，身边空无一人。别人以为她无亲无故，但她一脸坦然——她是故意不让母亲和姑母前来经受痛苦场面的。

"中国号"驶入太平洋时，第一次世界大战打响了，这是世界大改变的先声。她在回忆里这样写道："她们（首次派遣女孩）被委派去学习西方国家的文化。这种对文化的强调培养了日后许多美丽的友情，最终在人们的心中——而不是在播种战争的政治领域，为一种无形但强大的联盟的建立撒下了种子。"

她静静地站在船头，看着浩瀚无边的大洋，想起了若干年前随姐姐姐夫乘船去广州的场景。她是天生的航海家，不晕船，不迷向："我从小就喜欢水，现在见到的水更让我的心中充满了不可言传的喜悦。天是那么宽，海是那么广，它们似乎象征了我的未来。我像天空中的鸟一样自由，像水中的鱼一样自由，像无边无际的天空和水面一样自由。可是，我面对的无边的天空也是个未知的天空，面对的无际的水面也是个没有地图标记的海洋！"

1935年，陈衡哲在国内已经功成名就，有家有子，她用英文写下了自传，令人意外的是，结尾竟是停留在了去美国的太平洋上：

> 那么我为什么又写自传呢？我的回答很简单：我曾经是那些经历过民国成立前后剧烈的文化和社会矛盾，并且试图在漩涡中掌握自己命运的人们中的一员。因此，我的早年生活可以被看作是一个标本，它揭示了危流之争中一个生命的痛楚和欢愉。也正因为这个原因，本书不记载客厅生活的高雅艺术或花前月下的浪漫柔情。在与险恶的环境进行殊死较量时，生命无法顾及装饰，它唯一专注的只能是它自身的未来和命运。

陈衡哲道出了写自传的初衷，但是她真正的人生并未就此戛然而止，更多精彩的篇章才刚刚开始。

这里不得不提到一个影响陈衡哲终生的人物——任鸿隽。

对于他们的认识，陈衡哲记忆深刻："我的认识任君，是在一九一六年的夏天；但早在一九一五年的冬天，他因要求我写文章（那年他是《留美学生季刊》的总编辑），已经开始和我通过信了。"

任鸿隽

当陈衡哲漂泊向美国时，她所称呼的"任君"任鸿隽已经在美国就学一年了，且成了留学生中的翘楚人物。这个 1886 年生于重庆的晚清末科秀才，思想新锐，早在辛亥革命前，他就剪去辫子，东渡日本留学。在日期间，他参加了同盟会，并考进东京高等工业学校应用化学预科研习制造炸药，意在助力革命。革命爆发后，他立即回国，任孙中山总统的秘书，著名的《祭明孝陵文》就出自他手。后袁世凯得位总统，任鸿隽去了美国求学。

1913 年年初，任鸿隽考进了美国康奈尔大学文理学院，主修化学和物理学专业。他认为："现今世界，假如没有科学，几乎无以立国。"他渴望实现科学救国，1914 年夏，他与同学赵元任、胡明复、周仁等联合发起成立科学社，集资创办《科学》月刊。次年，中国科学社正式成立，他被推举为董事会董事长和中国科学社社长。该社是中国最早的综合性科学团体。他一生与科学社相伴，直到 20 世纪 60 年代生命的终结。

1916 年，对于任鸿隽来说，非同寻常。他从康奈尔大学毕业，进入哥伦比亚大学读研究生。正是在这里，他与老友胡适相遇。也是在这一

中国科学社第一届董事会合影（1916年），后排左起：秉志、任鸿隽、赵明复，前排左起：赵元任、周仁

年，他见到心仪一生的女性：莎菲。是的，他是这样称呼陈衡哲的。

他们因为文字结缘。莎菲的一首诗让他生出一股冲动，想见见她。

懵懂的陈衡哲到了美国就学后，她开始试着了解当地留学生的状况，有两件革新事引起了她的关注：一是胡适之先生提倡的白话文运动，二是任鸿隽提倡的科学救国运动。据说当时任鸿隽就读的学校距离陈衡哲就读的瓦萨女子大学坐火车只需要三个小时。

作为《留美学生季刊》的主编，从接到陈衡哲以"莎菲"为笔名的第一篇文章，他就认定这是个文学天才。两人从此开始通信，经常约稿、撰稿、互相论稿。有一次，他正与胡适之、杨杏佛等人发奋作诗，忽然接到了莎菲寄来的诗句："初月曳轻云，笑隐寒林里；不知好容光，已映清溪水。""我看到这首诗，喜欢得了不得，学着化学家倍随留斯的话，说：我在新大陆发现了一个新诗人。"

此时的陈衡哲在瓦萨大学专修西洋史，兼修西洋文学。他们见面后，任鸿隽邀请她参加科学社，她曾为难地说自己不是学科学的，但他依然热情坚持，说我们需要的是道义上的支持，她也就加入了。

而在另一个文化革新事件中，她则显得更为主动。胡适曾在文中指出陈衡哲是新文学运动中"一个最早的同志"。他们也是因文字相识，当时任鸿隽曾把陈衡哲那首《月》给胡适看，误导胡说是他所写。胡适直接点出："足下有此情思，无此聪明。此新诗人其陈女士乎？"

难怪到很晚时期了，胡适的弟子历史学家唐德刚一再坚持说，陈衡哲就是胡适提倡"诗国革命"、"文学改良"的"烟士披里纯"。梁启超说："'烟士披里纯（inspiration）'者，发于思想感情最高潮之一刹那顷，而千古之英雄豪杰、孝子烈妇、忠臣义士，以至热心之宗教家、美术家、探险家，所以能为惊天地泣鬼神之事业，皆起于此一刹那顷，为此'烟士披里纯'之所鼓动。故此一刹那间不识不知之所成就，有远过于数十年矜心作意以为之者。"足见陈衡哲在文学上对于胡适的影响力。由此也就难免引起两人之间的情感火花大猜测。

当然，捷足先登者是任鸿隽。1916年的相见，让他难以自拔。"心仪既久，遂一见如故，爱慕之情与日俱深，四年后乃定终身之约焉。"1920年回国后，任、陈二人结婚。

1916年的盛夏，孤寂、苦闷的胡适在美国写了一首《蝴蝶》：

陈衡哲、任鸿隽夫妇

> 两个黄蝴蝶，双双飞上天。
> 不知为什么，一个忽飞还。
> 剩下那一个，孤单又可怜。

也无心上天，天上太孤单。

　　这首诗被解读为他在推行"新文学运动"中遭遇的和寡困惑。他渴望支持者，渴望能走进他内心的倾听者和互动者。也就是从这首诗后，他开始与他的"莎菲"通信——未曾谋面，信件却颇为频繁。胡适在《藏晖室札记》中记道："五（个）月以来，论文论学之书以及游戏酬答之片，盖不下四十余件。在不曾见面之朋友中，亦可谓不常见也。"

　　五个月时间，胡适给陈衡哲寄出了信函"四十余件"，连他自己都觉得不正常了。而且在那些"游戏酬答之片"中，趣味事也有不少。譬如因为彼此称呼问题，就有这样的对弈：

（胡适对陈衡哲）

你若"先生"我，我也"先生"你。

不如两免了，省得多少事。

（陈衡哲对胡适）

所谓"先生"者，"密斯特"云也。

不称你"先生"，又称你什么？

不过若照了，名从主人理，我亦不应该，勉强"先生"你。

但我亦不该，就呼你大名。还请寄信人，下次寄信时，申明要何称？

（胡适对陈衡哲）

先生好辩才，驳我使我有口不能开。

仔细想起来，呼牛呼马，阿猫阿狗，有何分别哉？

我戏言，本不该。

下次写信，请你不用再疑猜：

随你称什么，我一一答应响如雷，决不再驳回。

谁曾想到，这位新文学运动的祭酒加旗手，在锋芒初露时就先对一位"学妹"举手了。不过，唐德刚说，这俩人虽通信频繁，但都不算情书，只是如鲁迅与许广平初期通信内容"芝麻绿豆"。

1917 年 4 月 7 日，27 岁的陈衡哲迎来了一次重要的约会。唐德刚说当时的她"豆蔻年华，藏在深闺"，"惊鸿一瞥地在绮色佳出现"。在普济布施村（Poughkeepsie），任鸿隽陪胡适来访陈衡哲。这是陈衡哲第一次与胡适相会，也是他们在美国唯一的一次。从此，奠定了"三个朋友"的绝对关系，"三人邮筒往返几无虚日"。

直到 40 年后，昔日风华正茂、略带羞涩的学妹已经儿孙满堂时，人问名满天下的胡适之先生如何看待当年与陈衡哲之"关系"，他仍是坚持说，陈女士抱定了独身主义，不会钟情任何人，弄得唐德刚直呼：态度不够大方。按他的解读，应该是人家名花有主了，所以胡适不得不如此"扭捏"表态。潜台词里，即是说这位老师的灵魂深处，还是存在着一段绮丽之情的眷恋。

有人说，任鸿隽毕竟是从事科学的，在专业上与陈衡哲较为疏远，这才给了她与胡适更多交流的机会。此话或许有理，陈衡哲从医学调转船头后，立志要在文学上有所成就，以其半个湖南人的血统，骨子里有股不服输、倔出名堂的心志，难得逮到一位文学知己，且已经有所建树，岂肯轻易放过？情感的归情感，事业的归事业，何必混为一谈？

胡适对陈衡哲作品的解读至为关键，他曾为其第一部也是唯一的短篇小说集《小雨点》作序：

当我们还在讨论新文学问题的时候，莎菲却已开始用白话做文学了。《一日》便是文学革命讨论初期中的最早的作品。《小雨点》也是《新青年》时期最早的创作的一篇。民国六年以后，莎菲也做了不少的白话诗。我们试回想那时期新文学运动的状况，试想鲁迅先生的第一篇创作《狂人日记》是何时发表的，试想当日有意作白话文学的人怎样稀少，便可以了解莎菲的这几篇小说在新文学运动史上的地位了。

1917 年 6 月，陈衡哲以莎菲为名在《留美学生季刊》发表的白话小说《一日》，被称为中国文学史上第一篇白话小说。其实这篇作品写得非常简单，就是美国女子大学的新生，在寄宿宿舍中一日间的琐屑生活情形。她评价说，既无结构，亦无目的，所以只能算是一种白描。但她认为所写忠诚，且是她的初次人情描写，应该保存起来。而它的确开启了中国白话写作的先河。

> 夜闻雨敲窗，起视月如水。
> 万叶正乱飞，鸣飙落松鳝。

在开放的美利坚合众国，陈衡哲这样极具才气的古意文字令不少中国留学生为之兴奋。这个渴望在中国女权中"振臂一挥"的"巫峡女子"缓缓地绽放着自己。

1918 年盛夏，28 岁的陈衡哲从瓦萨女子大学毕业，获文学学士学位，并获得该校的奖学金，顺利进入芝加哥大学历史系，继续攻读西洋史和文学。这期间，她不断创作新作品，陆续发表在《新青年》上。陈衡哲的最终学位是硕士。后来，其女任以都在美国读完硕士后，要继续攻读博士，她曾疑惑地问女儿：我只念了硕士，你干吗要念博士？务实的她更注重学业上的收获和释放，而非虚名。

1919 年，陈衡哲与任鸿隽在芝加哥度过了最后一个异国的圣诞节，于次年夏回国，像胡适一样，接受北京大学校长蔡元培的聘任。陈衡哲在校教授历史专业，成为中国现代第一个大学女教授。没多久，她与任鸿隽在南京订婚，胡适参加了他们的订婚礼，并赋诗《我们三个朋友——赠任叔永与陈莎菲》祝贺。

.... 任鸿隽、陈衡哲订婚日与胡适（右一）合影

虽没有证据证明胡适参加了两人的结婚礼，但他的一对婚联却写得绝妙："无后为大，著书最佳。"有人解读是嬉皮调侃，也有人解读为祝愿新人早有儿女，但不要放弃事业。

有人说，胡适、任鸿隽和陈衡哲的关系有点像"一家亲"，既不算是爱情，也不完全是友情，对于内心情感极其丰富的学问大师们，谁又能真正了解和走进去呢？一个事实是，胡适对于陈衡哲的状况一直保持着关注。

那年夏天，陈衡哲怀孕待产，在上海商务印书馆谋职的胡适寄诗给任鸿隽夫妇：

遥祝湖神好护持，荷花荷叶正披离。

留教客子归来日，好看莲房结子时！

后来得知陈衡哲生下一女，胡适在南京重登当年参加两人订婚礼的鸡鸣寺，欣然赋诗：

> 重上湖楼看晚霞，湖山依旧正繁华。
>
> 去年湖上人都健，添得新枝姐妹花。

这首诗里隐藏着几多情感密码。在上一首赠诗里，曾有"荷花荷叶"字样，陈衡哲的长女乳名后来就取为"咏荷"。而在前一年，胡适也喜得千金，也就是他所谓的"姐妹花"，他为之取名"素斐"。好听是好听，但明眼人一看就知道是英文音译而来，原来的读音就是"莎菲"。

唐德刚说，胡适平生最反对人取洋名字，但是他却为自己的女儿取洋名。有人说，或许是因为江冬秀不懂英文，否则此事可能会生些枝节。"素斐"——"莎菲"——"Sophia"，怪只怪陈衡哲之前的笔名一直用"莎菲"。"为念绿罗裙，处处怜芳草！"胡适后来还为这个亡女做了一诗：

> 今天梦里的病容
>
> 那晚上的一声怪叫
>
> 素斐，不要叫我忘了
>
> 永久留作人们苦痛的记号！

"忍了一年半的眼泪，想不到却在三万里外哭她一场。"此时哭女儿的胡适正在美国，诗素斐，念亡女，意在情理。但唐德刚把诗里的"素斐"改为了"Sophia"，引人沉思：胡先生的诗兴到底是为哪个 Sophia？"这不是一首缠绵悱恻的一石双鸟，悼亡、怀旧之诗吗？"唐德刚甚至还说，胡适的诗不一定非得"看得懂、念得出"；真实的意思或许只有胡先生与素斐、莎菲三人在另外世界当面对质了。

但在现实中，任鸿隽、陈衡哲、胡适之间的三人世界似乎从未受过什

徐志摩（左一）、曹诚英（左三）、
胡适（左四）、汪精卫（左五）、陈衡哲夫妇（最右）等人在杭州

么风雨隔断。

其间，三人鱼雁频繁，聚会不断，而且陈衡哲给胡适的信中也不乏这样的句子："少了一个你，晚霞的颜色就太媚了，晨星就笑得太可爱了，寒林的疏影也不愿在月光之下作态了。""我们梦了过去又梦未来，游了沧海大陆，重还去寻那曲涧幽壑。这三天的快乐，当时不觉心足，及后自思，何时方能再续？""像明珠一样，永远在我们的心海里，发出他的美丽的光亮。"但她的称呼依然是"我们的朋友"。

有时胡适还住到任鸿隽、陈衡哲夫妇家，任以都后来回忆："胡适胡伯伯脾气很好，待人和善，小孩都很喜欢他。他喜欢吃肥肉，每次《独立评论》同仁来家里开会，会前的聚餐，大家都把肥肉搛给他，他也吃得津津有味。他的身体似乎不太好，有回来我们家开会，直嚷头疼，到家父书房休息了一个钟头才来。"[1] 1923年盛夏，胡适与任鸿隽夫妇同游西湖，当

---

[1] 《任以都先生访问记录》，见陈衡哲：《陈衡哲早年自传》，第261—262页。

时还有徐志摩、汪精卫、曹诚英等人，虽有曹诚英与胡适传出"火花"，但依然没能阻挡人们对胡适与莎菲的"花火"的猜想和关注。

1924年10月，陈衡哲在《小说月报》上发表了一篇题名为《洛绮思的问题》的小说。故事写女研究生洛绮思的情感问题，男主人公瓦德与洛绮思相爱三年之后，宣告订婚，但洛绮思害怕婚后养儿育女会妨碍她的学问事业，便提出解除婚约。瓦德尊重绮思的意见，答应解除他们的婚约，但他们的情感是否就此戛然而止呢？文中瓦德的一封信文被引为"嫌疑"之证：

> ……有许多我的朋友们，以为我应该找一个志同道合的人来做终身的伴侣。我岂不愿如此，但是，洛绮思，天上的天鹅，是轻易不到人间来的。这一层不用我说了，你当能比我更为明白。……
>
> 我不多写了。我要求你明白，瓦德虽是结了婚，但他不曾因此关闭了他的心；尤其是对于洛绮思，他的心是永远开放着的。我永远是你的，瓦德。

此文发表一年后，任鸿隽夫妇闻知素斐因病夭折，为安慰胡适，请胡适做他们次女"以书"的干爹。

三人世界唯一一次的不愉快缘于外界。上海一份旬刊《十日谈》，在1934年4月20日第6期刊物上发表了一文：《陈衡哲与胡适》。

> 女作家在中国文坛上露头角的，除了风出得蛮健甚至家喻户晓的冰心、丁玲等几人外，陈衡哲女士，诸位也不应该把她错过的，如果诸位读过她的《小雨点》《高中西洋史》的著作，我想对这位女作家，当有相当的认识。
>
> 她是一个将近四十岁的中年人，美国前期留学生，去年曾二度

出席太平洋学会，风头之健，固不亚于冰心。凡是读过她的小品文字（如《小雨点》），我们对于这位女作家思虑的周密细致，不能不相当的敬意，我们更明了她是一个对哲学有研的人，虽则她的书法，幼稚得和蒙童学生不相上下。

陈女士的外子，是中国有名的科学家任叔永——鸿隽——先生，她怎样嫁给任先生的，是有一段可歌可泣的伤心史，大约他们永久不会忘记这个记忆吧！……

文中称胡适其实是打心眼里喜欢陈衡哲的，才子配才女，理所当然，只是由于自身有婚约和承诺，不能违例，只得忍痛将她介绍给了好友任君，如此云云。

这个刊物其实也不出名，看文章也只是想写点名人花边，赚点眼球经济。但该文还是不可避免地给三人带来了相处尴尬，据说最生气的还是任君，曾责问胡适是怎么回事。胡适也莫名其妙，赶忙致信《十日谈》，表示强烈的抗议，并一再声明，他们之间只是"有一种很深的和纯洁的敬爱"。后来这份刊物被勒令永久停刊。

回头再看此文对陈衡哲学术的评价，仍算中肯，尤其是她的那部《西洋史》。在胡适看来，"陈衡哲女士的《西洋史》是一部带有创作的野心的著作。在史料的方面她不能不依赖西洋史家的供给。但在叙述与解释的方面，她确实做了一番精心结构的工夫。这部书可以说是中国治西史的学者给中国读者精心著述的第一部《西洋史》。在这一方面，此书也是一部开山的著作"。

如今，这部书仍高居世界史类书籍的前列，好评如潮，陈衡哲扎实的文字功底和对世界大势的把握，让她运笔行云流水，且情感充沛。"武力的胜利在一时，文化的胜利在永久。意大利所受的委屈，不过数百年，而它在文化史上的功绩，却真是千古不朽的了。"当写到法国革命派内讧恶斗时，她想起了罗兰夫人的话："自由，自由，多少罪恶假汝以行！"她以为法国革命的最终目的在于"三个标鹄"（自由、平等和博爱）。时光流转，当若干年过后，那个年幼的"阿华"（陈衡哲乳名）已经成长为学界权威，小时候的偶像也跟着浮出水面，她像罗兰夫人一样冷静、客观，并充满着质感，面对这个纷繁的世界。

她在书中谈到写这本书的目的："历史不是叫我们哭的，也不是叫我们笑的，乃是要求我们明白它的。"她做到了。

在她一生中，始终保持着知识分子的独立人格和自由思想，一如她的文字。记得《回到母校去》有这样一段结尾："我再抬头一看，只见半圆的新月，已经挂到西方天上了，它正照着一个万里长征的孤客，在一个冷暗的车站上。"

20世纪30年代初期，当日本关东军蓄意制造事变时，陈衡哲和参加太平洋国际学会的中国一流学者胡适、丁文江等6人，马上分别数次急电呼吁大会延期并敦促日本代表退会。

再后来，她参与筹办胡适总编的著名刊物《独立评论》，并任主笔之一，就"鸦片公卖"、"女子教育"、"自由婚姻"、"儿童健康"、"适应环境与改造环境"等当时社会热点问题发出自己声音。当任鸿隽在四川大学担任校长时，她跟着前去教课，但她看不惯川大有女生成为官僚财阀的小老婆，就撰文发表，猛烈抨击，号召四川妇女独立起来。后来又在《独立评论》上发表了长篇通讯《川行琐记》，揭露四川地方当局和社会的腐败黑暗："在成都住的人，平均每隔十五天才能见到有热力的阳光一次，每隔四十五天才能见到一次照耀终日的太阳。"她还建议把四川省改成"二云省"："朋友说，'云一而已，那来二云'？我说，还有那吞云吐雾'云'呢！我告诉您这句话，为的是要您知道，四川在这二云笼罩之下，是怎样的暗无天日呀！"

或许，这让她想起了小时候遭遇的种种女权恶事以及腐败政治，也就在那之后，她写出自传，发出怒吼：中国人，尤其是中国女人，都应该起来为自己的基本权利，振臂一挥。当然，她的猛文惹怒了军阀当局，最终夫妻俩一起辞职远去。

抗战时期，他们携全家南北奔命，后来在重庆住了5年，期间，胡适被蒋介石临危授命任命为驻美大使，任鸿隽获知后，与家人轻描淡写地说了一句："喔，适之去做官去了。"有些不以为然。相信陈衡哲也只是在内心里为胡适轻轻地送上祝福，望他保重身体才是。

他们之间，后来20多年未曾通信，但仍是在心里有一份关心，淡然而绵长。

> 愿你是我望不尽的迷途
> 我是你听不绝的天籁
> 我俩在相互迷恋的梦的山谷
> 永不走近　也永不离开

这是诗人白马的《梦的山谷》，想必用来形容陈衡哲与胡适的关系较为恰当。

1961年11月9日，距离75岁还差41天的任鸿隽突发脑溢血在上海病逝，71岁的陈衡哲悲痛万分，她能想到的第一个人就是"我们三个朋友"中的胡适。此时，胡适在海峡对面，政治相隔，断了联系。就连女儿任以都被阻隔在了美国，无法回来奔丧行孝。陈衡哲设法与任以都通信，督促她及时联系胡适，告知对方父亲去世的消息，当时用的暗语，称呼胡适为"赫贞江上的老伯"（赫贞江即为纽约赫德逊河，胡适曾在那里留学，并以此自称给任鸿隽写信）。胡适接信并回复时，已经是隔年了，他悲伤地说："政治上这么一分隔，老朋友之间，几十年居然不能通信。请转告你母亲，'赫贞江上的老朋友'在替她掉泪。"

陈衡哲一家人1939年于香港寓所，后排左起：大女儿任以都、任鸿隽，前排左起：小儿子任以安、陈衡哲、二女儿任以书

胡适还在文中热切关心任鸿隽的"手抄的自传稿子"："他的自传不知已写成了多少？约有多少字？"表示自己希望能尽快看到老友的自传。

胡适最后说："三个朋友之中，我最小，如今也老了。"

可惜的是，一两个月后（1962年2月24日），72岁的胡适在台湾主持"中央研究院"欢迎新院士的酒会结束时，心脏病猝发而逝世。那一年，72岁的陈衡哲正克服眼疾，写作悼念任鸿隽的文章——《任叔永不朽》。

文中打动人的不是"温良恭俭让"、"胸如皎月"的褒扬之词，而是多年前，他曾对她的许诺："你是不容易与一般的社会妥协的，我希望能做一个屏风，站在你和社会的中间，为中国来供奉和培养一位天才女子。"他做到了，她铭记终生。此时陪伴她身边的，正是胡适的干女儿任以书。

陈衡哲曾经写过多篇致任鸿隽的哀词，其中一首《浪淘沙》据说曾使胡适感动：

何事最难忘，知己无双；人生事事足参商，愿作屏山将尔护，恣尔翔翔。 山倒觉风强，柔刺刚伤；回黄转绿孰承当？猛忆深衷将护意，热泪盈眶。

当"文革"风起时，年迈的陈衡哲身体虚弱，并患有眼疾，几乎失明，唯一的爱好就是听广播了，且只听广播里的天气预报，因为其他的她都"听不懂"了，譬如大家都批判孔老二，她曾与女儿笑言："也不知道这孔老大在哪里呢？"

先后两次红卫兵"除四旧"抄家，陈衡哲的日记、文稿和任鸿隽积攒多年的摄影作品全被抄走，一些照片还被撕成一条一条的，扔到浴室的大水盆里。还有一回，其女儿女婿都被赶了出去，陈衡哲则以眼睛看不见为由，拒绝下楼离开，否则还不知道会是什么结果。

1974 年初春，长女任以都终于有机会回国，母女团聚，感慨万千，遗憾的是父亲任鸿隽已经离世。

两年后，陈衡哲因患肺炎逝世于上海广慈医院，享年 86 岁。她无意间创下的诸多第一记录，可能永远无法被人打破了，而她的一生，已经远远超出了"标本"意义。但她带不走的是，那些让人永远感怀的风雅，例如"我们三个朋友"。

忽然想起了才女杨绛提到的一件事，1949 年，储安平在家宴请任鸿隽和陈衡哲夫妇；他已离婚，家无主妇，便预邀阿季做陪客，帮他招待女宾，请杨绛作陪。当晚锺书出差，不能陪杨绛作客，刘大杰在主人向陈衡哲介绍杨绛时顿足说："咳，今晚钱锺书不能来太可惜了，他们可真是才子佳人啊！"杨绛自忖当不起"佳人"之称，觉得话也不该这么说，忙说："陈先生可是才子佳人兼在一身呢。"

此"陈先生"正是比她大 23 岁的陈衡哲。

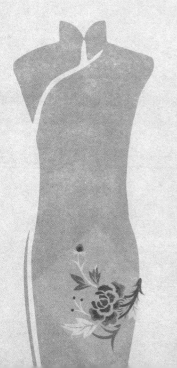

陈铁军

（1904—1928）

....

木棉花暖鹧鸪飞

....

人间最纯真最高尚的爱情
——周恩来

木棉花暖鹧鸪飞

....

提起陈铁军，恐怕很多人会感到陌生，但说到课文《刑场上的婚礼》，还有那部同名的经典影片，相信很多人仍然记忆犹新。不错，陈铁军正是这场婚礼的新娘，一个在历史长河里美丽、壮丽的主角。

透过这个故事，或许我们看到的是放爱一条生路。但，这对情侣的婚礼，也寓意着牺牲的背后，所追求的是放大众一条生路，一条奔向幸福、自由和美好的生路。

或许，他们根本不会想到，在未来的日子里，这些人是否能够享受到真正的幸福和自由，是否还能记得起一场可能湮没在历史画卷里的婚礼。但，他们的浪漫，已经牢牢锁定在苍穹，如同那一颗颗明星，或者皎洁的月色，默默地照亮着漆黑的夜空，点燃着深不见底的土地上的希望。

陈铁军 1904 年出生在广东佛山一个华侨糖商家庭，原名陈燮君。其妹妹陈燮元于 1908 年出生（后改名为陈铁儿），也是一位有故事的女子。

佛山自古就是尚武之地，出过不少爱国的武术宗师，叶问、黄飞鸿、李小龙等都是这个地方出来的。佛山人的拳脚以武德出名，这里的出手，是与路见不平、忍无可忍相关联的。

当然，陈铁军小时候不爱拳术，反倒是规矩的女子，现在佛山市禅城区的祖庙东区还有陈铁军的故居，每年都有大批的游客跑进隐藏在深深小巷内的烈士故居参观和追忆。这里，有陈铁军的最后一批遗物：刺绣、明信片、砚台、盖过的毛毯、读小学的校徽，等等。

在这批遗物中，那幅刺绣颇引人关注。从风格上看，应该是一幅粤绣作品。粤绣用色明快，对比强烈，有一种脱俗的华丽。圆圆的绣绷那幅未完的作品，似是立秋的硕果，似是广玉兰花瓣，又似是灵巧的禽类，给人无限的想象。

关于刺绣，曾有传说最早起源于在体面针刺文身，以避免落水被蛟龙吃掉。后来水利疏通，蛟龙大减，仲雍做了吴国君主，想破除陋习，于是和长老们商议。不料他们的议论被正在缝衣的孙女女红听见了。她边缝边听，走了神，一不小心，手被针扎了一下，一小滴鲜红的血顿时浸染到衣料上，渐渐晕开，漾成一朵缓缓绽放的小花。女红是个极机灵的姑娘，看着血色的小花来了灵感：要是把蛟龙的图案绣在衣服上，穿着它，不就能替代文身吗？为了纪念刺绣的发明者，民间至今仍将妇女从事纺织、缝纫、刺绣等活动称为"女红"。

陈铁军爱好女红，应是本分人家女子的见证，只是她心里早早埋下了不安分的伏笔。

陈铁军的命运是从畸形的婚姻开始改变的。圆满的婚姻则成了其生命的终结。

陈铁军出身并不贫困，衣食无忧。但其父母早早将她许配给佛山何合记盲公饼店的老板为孙媳妇。这与谁巴结谁无关，也并非盲目攀亲，而是一种习惯，封建社会残留的习惯，就如同当年的女孩子都要裹小脚、男人都要留辫子一样，没有什么怪异的。

只是，那个时候的社会已经在转型了。广东又是一个急速转型的地方，因为革命的火种多从广东烧起来，起义的地点和人物皆与这个南国胜地有关。譬如黄花岗七十二烈士，譬如孙中山等。

陈铁军初始是默认这门婚事的，毕竟个人的力量总难与大气候的陋习相抵抗。但进入学堂，思想成熟后，这个生性倔强的尚武女子开始表现出不满。

有人说，在陈铁军童年时，便要求家里送她上学，像男孩子一样读书。这或许是实情，但也能看出其父母对她教育的开明和重视。只是上学后，这个小女子并不怎么喜欢古文诗词之类的东西，反倒对新生事物充满了好奇。

1919年，五四运动爆发。学生运动闹到了街头，当时15岁的陈铁军拉着妹妹陈铁儿的小手跑到街头去听演讲、看传单。反封建、要男女平权、打倒帝国主义，一个个新名词一次次激荡在一个懵懂的心灵。

1920年，广东佛山出现了第一家新学制的女子小学，名叫"季华两等女子小学校"，后改名为铁军小学——当然是陈铁军在此读书的缘故。当时出现新学女校，几乎属于违背常理了，闲言碎语很多，陈铁军却坚决要求转学。当时女校还有统一的校服，譬如上体育课，要穿布衫短裙，这在当时肯定"有失大家闺秀的体统"，陈铁军却带头穿着，大大方方走路，一双炯炯有神的大眼睛，反倒瞪得别人不好意思了。

就在陈铁军即将毕业的那年，儿时的那场婚姻找到了她的头上。当时其父母已经病亡，先前许配的男方家老爷病重，说是按照习俗这个时候成婚可以"冲喜"。

荒唐确是荒唐。但那个时候如此荒唐的事情也属正常。陈铁军家人觉得既然当初已经答应了婚事，就没有反悔的道理，而且据说男方家在当时还算是有头有脸的人物，只得应允。

可是陈铁军不同意。处在社会转型期的人物是最痛苦的，旧的观念还在，新型的东西还没有完全吸收，所以陈铁军当时只能是象征性地反抗一下。家人、亲戚劝说她，意思是你先去拜堂成亲，完了还可以继续读书，就当走一个形式好了。

小女孩毕竟是识哄的。陈铁军就去与这家少爷完婚了。可是后来相处发现，这个少爷就是一个平庸的富家子弟。她所追求的是一个有见识、有思想、敢于担当责任的男人。譬如，周文雍。

.... 在中学读书时的陈铁军

于是，即将毕业的陈铁军决定彻底冲破那层窗户纸。她设法变卖了自己的首饰和衣物，去广州闯荡了。

陈铁军到了广州之后，才是真正的成熟和自立了，尤其是思想上的自立。而思想一旦脱缰，就再也难以收回来。陈铁军进入广州坤维女子中学读书。后来其妹妹也来到这里读书。

在广州，陈铁军接触到了真正的革命，还有革命的人。她醉心革命，再也难以自拔。如果说五四运动时期陈铁军只是站在街边看看的话，到了1925年"五卅"惨案发生之后，陈铁军则是直接带着同学们冲出校门，满怀激情地挥着旗帜，高呼反帝口号，也正是在这次游行中，她第一次看到了血的事实。当队伍行至沙基时，沙面租界的英、法军警突然向游行群众开枪扫射，制造了震惊中外的"沙基惨案"。陈铁军回到学校，又遭到反动分子的殴打，遍体鳞伤。

原来，革命是要流血的。她从书本、人物直接过渡到了现实。这一年，陈铁军考进了广东大学（中山大学）文学院。革命的伙伴结识得越来越多，她内心革命的"火种"也是越来越旺。她把妹妹和嫂子的妹妹，都拉进来干革命，后来，这两位女子都英勇牺牲了。

陈铁军是一位倔强的女子，自始至终都是，尤其是投入革命中后更为突出。改名字一向与个人志向有关，陈铁军为了表示自己铁下心肠干革命的决心，将原名燮君改为铁军。其妹妹也将原名燮元改成铁儿。

其时的广州已经处于革命后混乱政局状态，国民党左右派斗争激烈。"中山舰事件"和"整理党务案"直白地杀向异党异人，眼看着革命后的果实即将被独裁者摘走，一批有远见、有高见的人站了出来，与这股恶势力作斗争。陈铁军也毫不犹豫地加入了。

这些都是 1926 年的事，也就在这一年，陈铁军有了新的身份：共产党员。

之前，陈铁军默默地在最基层开展革命运动，到手车夫工会劳工子弟学校教书，到罢工工人家属中去工作，打草鞋、缝衣服，支援北伐大军。直到彻底脱掉了白上衣、黑裙子的学生制服，换上大襟衫、阔脚裤，俨然一位普通女工。

当国民党右派在中山大学学生中的右派组织企图篡夺中山大学学生会领导权时，也正是陈铁军等一批革命学生站出来战斗，陈铁军还被选为中山大学中共党支部委员、中共广东区委妇委委员。后来她还亲自上阵讲授"妇女运动的目的、任务和方法"等课程。

她已经成熟了，并日趋倔强。

在陈铁军烈士像前关于铁军的介绍上，有一句话写着铁军曾经救过周恩来夫人、革命人士邓颖超。这是怎么回事呢？

1927 年 4 月 12 日，蒋介石在上海背叛革命。很快广州的反动军阀也对异党力量共产党操起了屠刀。凌晨，大批反动军警包围了广州中山大学。

而这个时候，邓颖超的第一个孩子因难产不幸夭折，正留在广州一家医院住院休养。周恩来远在上海组织起义战斗，邓颖超亦在逮捕名单中。

后来，邓颖超在回忆这段经历时说："1927 年 4 月 12 日上海大屠杀后三天，广州国民党当局也搜捕共产党人。当时我因难产尚未出院，党的机关和我的住处被抄了，有的同志被捕第二天就被杀害了，我与党组织失掉了联系。我想只要我还活着，就要坚持斗争下去。"

4 月 15 日夜里，国民党右派的特务、军警包围了中山大学学生宿舍，当时点名要捉拿陈铁军。陈铁军得信后，攀大树、爬围墙，逃出了学校。但她没有逃出城区，因为她要去医院通知邓颖超。为了不引起敌人的注意，陈铁军装扮成一个贵妇人，跟着的那位同学化装成她的女佣。两人到了妇产医院，向邓颖超通报了国民党右派的暴行，并督促她立刻离开广州。就这样，邓颖超与周恩来取得了联系，她赶到上海，用化名登报找到了周恩来。

当时，那位信奉基督教的医院院长为之感动，先将邓颖超隐藏在后院的小屋，然后为其办理出院手续，并冒险与前来搜捕的军警周旋，使邓颖超在陈铁军和医护人员的护送下安全登上开往香港的船，并由香港辗转回到上海。

陈铁军的倔强巧妙地营救了邓颖超大姐。周恩来在20世纪60年代带着深深的怀念之情谈起陈铁军与周文雍临别前那张合影照片，说这表明了"他们最纯真最高尚的爱情"。

这又是怎么回事呢？

原来，陈铁军在这之后又接到了一项新任务，与革命同仁假扮夫妻，这次的假扮让她成了革命史上最浪漫的新娘。

有一段时间，陈铁军和组织失掉了联系。这个时候，哥哥找到了她。其时干革命的随时送命，白色恐怖时刻笼罩，身为商人的哥哥就劝她去外国留学避避风头，说："现在外面风声很紧，若被警察捉去了，连命都没了！你要读书，我供你去香港或出洋留学都可以，你要为自己的前途、幸福着想呀！"陈铁军理解哥哥的好意，但她依然倔强地说："正是革命到了紧急关头，才需要不怕危险的人。为大众的幸福而被杀头，也就是我的幸福。"

不久，组织向陈铁军下派新任务，这次任务与历史事件"广州起义"紧密地联系在一起。组织上让她和周文雍以假夫妻名义租房子，在广州建立地下市委机关，为广州起义做准备。当时还决定，其妹妹陈铁儿也住进机关，担任交通员，掩护铁军和周文雍。

周文雍是谁呢?

现在广州起义烈士陵园正门南面的英雄广场,有周文雍的雕像,一旁的还有张太雷、叶挺、苏兆征、彭湃、恽代英、叶剑英、杨殷、聂荣臻、陈郁、赵自选等广州起义暨广州苏维埃政府领导人的大型雕像。雕塑上周文雍作激烈呼应态,发型飒爽,风衣掀起,手拎步枪,腰间别着老式的手雷,口中像是在咆哮着什么。

是的,这就是陈铁军要找的丈夫。

周文雍,1905 年出生于广东开平县农村,从小跟着当私塾教师的父亲念了四年书。后因家穷边工边读,后考进中共势力的学校。

1923 年秋,拥护孙中山的军队与反孙的陈炯明部队在距广州不远的石龙镇激战,周文雍等团员组成慰劳队去前线劳军时突遇机枪火力封锁,周文雍带领大家低身前进冲过铁桥,还缴获了一挺轻机枪。这次表现轰动一时,周文雍自然地成为广州重要的学生领袖。

后来他由学生领袖成长为了工人领袖,1927 年 4 月,广东当局进行反共屠杀后,周文雍任中共广州地下市委的负责人,在广州起义中任赤卫队总指挥。

1927 年,国民党反动派在广州发动"四一五"反革命政变,12 月 21 日凌晨,反抗者发动了广州起义,并于次日宣告成立中国第一个城市苏维埃政权——广州苏维埃政府。

后来毛泽东在评说这段历史时说:"革命失败,得了惨痛的教训,于是有了南昌起义、秋收起义和广州起义,进入了创造红军的新时期。"

很多人说起民国,总觉得那是个灿烂的时代,英才大儒辈出,文化空前繁荣,但在这样的乱世中,并不缺少压迫。当晚清的遗风尚未殆尽,而民初的夺权争地盘又继续上演着,反抗者的大批出现也就不足为奇了,他们有没有目的呢? 有,但不功利,不是寻求官衔或是赏金,信仰的力量往往超出常人的想象。

如果要发财，如果要当官，完全可以走另外的路子，何必别着脑袋去冲锋陷阵呢？他们并非入伍服役，也不是被抓了壮丁，而是要以自己的先锋之心，拼杀一个自由崭新的理想国。不管未来到底如何，他们的献身精神，正是现在中国人所缺失的，奇缺。

那一段关于自由的抗争大历史中，蕴含着一位南粤女子的针法和倔强。

那一年的 11 月，为了揭露国民党的假左派真右派的反动面目，周文雍带领失业群众向汪精卫游行请愿，结果随同的 30 多人被捕。此时广州起义的准备工作正在要紧之时，营救周文雍的任务就交给了陈铁军等人。

周文雍是单身汉，身份还没有被识破，要救他，最好的办法就是由"妻子"出面。陈铁军就扮演他的妻子去监狱要人。但要人是要有理由的，这个理由，陈铁军一早就想好了。

那天，她镇定自若，以"妻子"身份去探监，趁机偷偷送进去许多红辣椒。"丈夫"吃后满面通红，如同发高烧一样说"胡话"，经同监难友"大闹"和事先疏通狱医，当局终把文雍送入医院。资料称，地下党立即采取行动，将文雍抢出来。因刑伤未愈，铁军像妻子那样日夜照顾，文雍深为所动，两人感情迅速升温。

患难之中，没有时间花前月下，这对因抗争走在一起的情侣，在枪炮和恐怖中继续前行。

周文雍名字里有个"文"字，但行动起来一点都不文气；陈铁军名字含着"铁"字，倒是真的铁心。陈铁军负责秘密联系工人印刷传单和文告；组织妇女分头购买红布，缝制起义的标志"红领带"、"红袖章"、红旗和横幅；还巧妙地给起义军运送武器弹药，为起义做了大量工作。

是年 12 月 11 日凌晨 3 时 30 分，广州起义爆发。天亮后，起义军已占领了珠江以北大部分市区。当天上午便在市公安局成立了广州苏维埃政府。广州苏维埃政府的红旗上，有陈铁军的针线，也有陈铁儿的针线。姐妹俩带着女工日夜赶制红领巾，以作起义时的标志用。

革命时期的陈铁军其实也爱女红，只是善于粤绣的她，将手艺都献在了绣制革命义旗上。没有从容的世界，何谈从容的刺绣？

那轰轰烈烈的起义中，有一个不高的身影，带领一批女同志，协助起义军，把缴获的敌人枪支，分发给前来领枪的新战士；给起义军、工人赤卫队分送面包、饼干和茶水；看护受伤的革命士兵和工人。陈铁军还身兼中共广州市委秘书，积极贯彻起义的方针政策，草拟文件。

广州起义是以失败告终的，但是以赢的姿态开始了新的更猛烈的征途。周文雍和陈铁军、陈铁儿都撤退到香港。

半个月后，当他们再度折回广州联络失散的同志时，却被叛徒出卖。叛徒带着警察上门抓捕，铁军在家中听到动静，赶紧让同为地下党员的妹妹从阳台撤离，自己留下搬动窗台的花盆发出信号。不幸的是，文雍仓促中未见预警，一步跨进门来，二人同时被捕。

当时陈铁军扮成雍容华贵的"金山少奶奶"，在广州拱日路租了一间洋房住下，迎接打扮成从美国归来的"金山阔少"的周文雍回广州。那本是上海滩少爷、少奶奶的平凡生活啊。

其时，针对起义的搜捕仍在继续，两人此次回来的任务就是要联络组织内的人士，为革命提供后续力。

一位生于清末的女子，独自出来闯荡，还要冒着白色恐怖乔装演戏，不说难为了这位转型期的女子，也算是以枪口的名义，考验着她的演技。侥幸的是，妹妹从阳台逃走了。

化名为陈映萍的陈铁军与"丈夫"周文雍落入牢狱。

关于他们被捕的时间，一直存疑，主要有两种说法，即1928年1月27日被捕说和1928年2月初被捕说。周文雍、陈铁军烈士纪念碑载，"1928年1月27日，周文雍和陈铁军同时被敌人逮捕"。但参阅当时国内两大报纸《广州民国日报》和《申报》的相关报道，他们都采用了1928

年2月2日被捕的说法。《申报》（1928年2月6日）刊载："共党首要周文雍及妻陈影苹，于二日上午十时，在荣立新街住宅被捕，并搜获共党十一日广州失败记事一册。"《广州民国日报》（1928年2月7日）刊载的《共党首要周文雍夫妇就戮详情》一文称："周文雍及其妻陈映萍二人，业于本月二日上午十时，由卫戍司令部谍捕队长何光荣，在市内乐安坊第二十号破获逆党机关后，随于是日下午四时，跟线前赴荣利西街周宅将其夫妻二人擒获……"

因此，大致可以相信，两人是在那年的2月2日被捕的。那年的羊城街头，木棉花开得出奇的早，五片拥有强劲曲线的花瓣，包围一束绵密的黄色花蕊，收束于紧实的花托，仿佛预示着什么。

根据后来的史料称，在狱中，陈铁军和周文雍经受住了严刑拷打和名利的诱惑，始终坚强不屈。老虎凳、辣椒水、指甲钉、红烙铁等，都是出了名的，相信陈铁军这个小女子怕也是怕的，但她不屈也是事实。

周文雍在当时已经属于"名人"了，当局也不敢轻视，据说警察局长亲自审问，动用了一切刑罚后，还是那张帅气而倔强的脸，还是那头凛然而飒爽的发型，没有什么好说的。

"头可断，肢可折，革命精神不可灭。壮士头颅为党落，好汉身躯为群裂。"这是他的绝笔。据说审讯者为掩盖拷打的痕迹，特地为他脱下血衣换上半旧西装，英气勃发。

轮到陈铁军受审了，她答非所问。他们哪里知道这个小女子的成长历程，复杂而深刻。她反而问起了"丈夫"的情况来。对方火了。

杀。

杀人之前，一般都会给次机会，尽可能满足一下遗言。周文雍只有一个要求：和陈铁军拍张合影。

这下，又把对方弄懵了。什么意思呢？死都死了，还拍什么合影？你们什么关系？

但最终还是满足了他们，照相师被带到了监狱中，在窗台下，为他们拍下了那张著名的"狱中婚照"——文雍大义凛然，只是手势略不正常，为受刑所致；铁军则披着四五尺长的宽围巾，安详自如。

世上的婚纱照有千万种，如果非得选出一种简洁、朴实而绝美的婚纱照，那就是陈铁军和周文雍的。铁窗为背景，双目矍铄，不近不远的距离，心心相印，站成一处冷峭的风景。不卑不亢的表情中，已经

.... 陈铁军（右）与周文雍狱中合照

溢满着幸福，那幸福充斥着鄙夷，释放着同情，也热望着自由。

1928 年 2 月 6 日下午，周文雍和陈铁军被分别押上黄包车，解赴东郊红花岗刑场，沿途大批警力压阵，戒备森严。木棉花已经悄然绽放，飘来阵阵暗香。

广州群众闻声而来，站满了马路两旁，铁军向他们大声呼喊道："我和文雍同志假扮夫妻，共同工作了几个月，合作得很好，也建立了深厚的感情。但是由于专心于工作，我们没有时间谈个人的感情，现在，我们要结婚了，就让这枪声，作为我们结婚的礼炮吧！"

或许这是一种演绎性的还原，毕竟真实的情况已经无法获知。

最后的情节还有：一个军官上前把铁军拉开，对她进行最后诱降。铁军依然挣脱，回到文雍身边说："我们要同生共死！"当看见文雍的白衬衣领子向内折，铁军一边为他小心整理，一边说："咱俩要整整齐齐、神采奕奕地就义。"文雍点点头，微笑着表达谢意，同时提起她围巾的一端搭在自己肩上……

外人一时无法理解这场仪式对于他们的意义。这对假扮夫妻的革命情侣，其实早已暗生情愫，但谁都没有去捅破这层窗户纸，也没有机会捅破，当时的现实也不容得捅破。于是，压抑的情感，顿时在临行前得以彻底释放。

于是，我们看到了一场永久镶嵌在革命史里的婚礼——刑场上的婚礼。

婚礼再简单不过了，但爱情的浓烈再丰富不过了。

他们不寂寞，也不感觉被冷落。就算是那远远的、远远的地方投射来的眼睛看不见他们，也无憾了。因为木棉花开了，那是上天至尊的贺礼。听人说，木棉树很神奇，花叶两不相逢，叶飘落则花开，花凋零便叶活，用彼此的生命来成全对方，真挚而热烈，冷艳而无私。

于是，俏美的木棉花后来出现在了电影《刑场上的婚礼》里，当殷红的木棉花驱走一冬的寒冷，一对有情人为了共同的理想，在一棵高大的木棉树下英勇就义。其实，木棉树也叫英雄树。

看那新郎，竭力用受伤的手臂紧紧挽着他的新娘，一个倔强的大眼睛姑娘。

是的，看陈铁军年轻的照片，歪着脑袋，炯炯的目光，额头上几根刘海，倔强地支棱着。

再看结婚照上做了新娘的陈铁军，戴着可爱的淡色帽子，披着素馨的宽围巾，安静而恬淡，看不出任何对死的恐惧和不安。

1928年2月6日，这一天，正好是正月十五元宵节，也是中国的情人节。[①] 刑场成为他们的婚礼地。

红花岗刑场，没有红地毯，只有殷红的革命的血。

陈铁军是浪漫的。因为她嫁的是心爱的男人。他们志趣相投，心心相印。没有谁再能分开他们。正如他们在一起革命，从来不会背叛对方一

---

① 关于中国情人节目前大致有两种说法，一为元宵节，二为七夕节。但七夕节更倾向于是一个女子过的节日。此处采元宵节一说。

样。忠贞，将永远定格在他们爱情中。

让枪声化为礼炮，礼赞这场绽放在早春二月的婚礼。

此时周文雍 23 岁，陈铁军 24 岁。

陈铁军遇难后，有人警告陈铁军的大哥说："你如果收了铁军的尸体，全家就要遭难。"四年后，逃到香港继续进行革命活动的陈铁儿也被捕，牺牲在狱中，同样年仅 24 岁。

而周文雍家人也受到株连。在这根独苗牺牲后，周家即将绝后，乡人不忍，有人提议为周文雍过继一个儿子。族人们于是从同宗亲人中选出周荣植为周文雍的儿子，让他在周文雍的家里住了下来，并将周文雍曾用过的留声机等遗物交给周荣植保存。这部留声机，后来很多单位要求拿去作纪念陈列物，都被周荣植与家人婉拒，一直珍藏于其祖居。周荣植读完书后，响应当时人民政府"支援粤西"的号召前往湛江，一直在商业部门工作，1993 年与家人一起回到老家开平居住。

由周荣植管理的"周文雍故居"里，周文雍使用过的壁柜、方桌、木箱，都完好保留着。故居的池塘水很清，文雍儿时曾在这里游泳、摸鱼。故居的小碉楼，文雍为了求学，常在晚上捉来萤火虫，放进小瓶子，在楼里就着一闪一闪的光亮读书。

有一年，有个 70 岁的老人一下车，就跪下来哭得昏倒，原来他 15 岁时在广州，曾亲眼见过那场就义，那场婚礼，蓄气至今。

周文雍、陈铁军牺牲的消息登出后，聂荣臻特别把报纸剪下来，长期带在身边，长征时与周恩来夫妇遇上，告知此事。邓颖超失声痛哭，周恩来称这是"人间最纯真最高尚的爱情"。

1962 年 3 月，周恩来在广州参加"全国话剧、歌剧、儿童剧创作座谈会"，后来突然讲述了"刑场上的婚礼"的故事，一时间，关于这对"新人"的文艺作品不断出现，电影的传播，更让很多人记住了陈铁军这个名字。谁又能说，女人啊，你的名字叫弱者呢？

从陈燮君，到陈铁军，不仅仅是一个名字的变化，更应该是一个符号和象征，象征着女人的独立、自尊，还有博爱。

2008 年，在著名画家陈逸飞逝世三周年之际，画家蔡江白终于完成了 30 年前就与陈逸飞合作创作的三联油画《刑场上的婚礼》之二《不朽的青春》。而这一年，距离那场"刑场上的婚礼"已经过去 80 年。30 年前，蔡江白与陈逸飞年轻而血气方刚，充满着"革命的浪漫主义"情怀，决定取材当时家喻户晓的革命二烈士周文雍与陈铁军的传奇故事，合作创作三联油画《刑场上的婚礼》。但就在其之一《寒凝大地》完成并被美术馆收藏而成历史经典后，他们先后出国，各奔前程，一晃就是悠悠数十载。三年前，蔡江白决定重拾画笔，以完成陈逸飞的遗愿。

这幅《不朽的青春》里蕴含的不仅仅是对烈士的纪念，更多的是对自由和信念的着重强调。且不论他们是什么党派，也不管他们是哪种信仰，只要他们站在了正义的一边，虽死不辞，就应该被牢牢地记住，把那些腐朽、迷茫和压迫，统统赶进"猪圈"。不知道什么是青春的人们，不妨去读读陈铁军。

佛山市禅城区福宁路善庆坊 6 号，1904 年，陈铁军就出生在这里。相比周边建筑，这座建筑的房体还算坚固，但架不住年代久远，已开始出现老化破损。陈铁军故居为佛山清代民居建筑，室内尚保存有陈铁军住过的房间和用过的红木家具，以及文房用具、印章、亲手刺绣的丝巾和手迹等。

这里曾是佛山显贵聚居之地的东华里片区，周围富商不少，陈铁军即出生于一个富裕的华侨商人家庭。这样一个富家小姐，为什么会选择一条与她的生活环境完全不一样的道路呢？

这个问题至今很难回答。其实根本不需要回答。

陈铁军的侄女陈惠文老人回忆，陈铁军小时候看起来很温和，和普通女孩儿并没有两样。而且还懂刺绣手工，喜欢收集海螺、贝壳，如今家里还保留有她玩过的这些小玩意儿。

她因为抗婚与家庭决裂，家里也不给她钱，只有她的嫂子偷偷变卖首饰资助她。这位嫂子也是值得纪念的女子。

"休言女子非英物，夜夜龙泉壁上鸣"，相信秋瑾一定是陈铁军的偶像。

陈撷芬

（1883—1923）

万马齐暗鸣女声

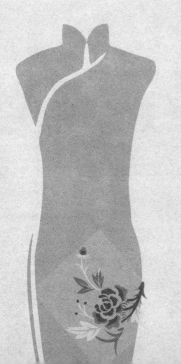

中国新闻史女性刊物第一主编
一篇《女学报》，警梦醒钗裙。

万马齐喑鸣女声

关注陈撷芬缘于一张弄错了的照片。

很多人不认识陈撷芬，于是错将秋瑾和陈铁军的照片当成她的照片介绍。秋瑾长相温婉贤淑，但不大的双目中直射出一股咄咄逼人的剑气。而革命烈士陈铁军，则是典型的广东面相，大鼻子、大眼睛、厚嘴唇，眼睛里满是革命的不服输的犀利。陈撷芬到底长什么样？她的照片非常难找，笔者有幸在其老家方志部门获得一张。图中，陈撷芬双眼瞪圆，大且有神，鼻子很大，嘴唇有点厚，头戴帽子，身着新式裙装，双手微握，与一旁着西装领带的父亲陈范很搭，和另一侧着旧式对襟衣的妇女家人形成鲜明对比。

从这张图片上看，陈撷芬算不上漂亮，且与陈铁军有些相像。但作为中国新闻事业的前驱和开创者，有个关于她的传闻就是，她与秋瑾在日本成为好友，共同开拓女权事业，但陈在父亲的胁迫下，要嫁给一个商人作妾。于是，烈性的秋瑾义愤填膺，立即组织留日女学生一起把陈撷芬从虎口里救了出来。如

陈范（中）、陈撷芬（左）

果这事属实，那说明陈撷芬长相应是很出众。

这个故事被辛亥老报人喻血轮在《绮情楼杂记》中描述得活灵活现：

> 按瑾系于清光绪三十年赴日留学，次年归国省亲，再渡日，得识湘人陈范。陈方以苏报案关系，亡命日本，携有二妾曰湘芬、信芬，皆为浙籍，系出故家，瑾见之，大不谓然，且以女子作妾，有玷同乡名誉，乃力劝二妾脱离陈氏家庭，复劝同乡学生助以学费，使二妾入校读书，后湘芬、信芬皆略有成就，实瑾之力也。又陈范有女公子名撷芬，曾发刊女苏报于上海，名重一时，亦以党案随父居日。一日陈忽令女嫁粤商廖翼鹏为妾，留学界闻之大哗。瑾乃召集女同学开全体大会，向撷芬严厉警告，撷芬谓事出父命，不得不从。瑾曰："逼女作妾，是乱命也，呜呼可从！且事关女同学全体名誉，非取消不可。"众鼓掌和之。撷芬腼然退席，婚事遂以瓦解。 ①

清光绪三十年（1904）5月，"苏报案"主角章太炎、邹容分别被判处监禁三年和两年。陈范作为"苏报案"案犯之一，携女潜逃日本，"苏报案"继续蔓延。也正是在这个时候，同在日本留学的秋瑾出手制止了陈家两起婚事，要说管闲事，也属于闲事，但以秋瑾之性格，以及所处的维新社会环境，发生此事也属应该。

只是，很多人想不通，陈范是思想先锋的办报人，陈撷芬又是接受新思想、传播新思想的新女性，为何甘于服从父命？这是后话了。

不妨先追溯下陈撷芬出众的新闻事业，以及女权运动。

陈家是官绅之家，有学有识，陈撷芬1883年出生在江苏常州，原籍湖南衡山。这不禁让人想起另一个才女，陈衡哲。是的，陈衡哲是陈撷芬的堂妹。

---

① 喻血轮：《绮情楼杂记》，中国长安出版社2011年版，第86页。

陈撷芬的爷爷曾在浙江任职县令，其父亲和两个叔叔都曾做官，其父陈范是一个值得好好梳理的历史人物。

记得蔡元培曾在一封信中无意中透露了陈撷芬的母亲，说是晚清上海爱国女校的学生，也是早期的知识女性，对陈撷芬应该是有所影响的。

陈范(1860—1913)，字叔柔、叔畴，号梦坡、瑶天等。"文凭"为举人。陈范喜欢读书，爱好绘画，文字功底很深，后在晚年还参与、发起成立了"国学商兑会"。陈撷芬也受其影响喜欢读书习文。陈范本在江西铅山县任知县，但因办教案落职。"办教案"是怎么回事呢？

就是在一个特定历史时期，清政府与外国签订了不平等条约后，一些发达国家纷纷派了传教士前来传教，但在所谓传教的幌子下，一些传教士却干起了奸淫妇女、掠夺财物等不法勾当，激起民愤后，这些人也得到了应有的惩罚。但很快，八国联军入侵北京后，慈禧太后就下令镇压义和团运动，教会势力开始了全国范围内疯狂的报复活动。对平素因秉公执法而危害到传教利益的官绅，传教士亦要求开单一并惩处。如江西教案中，传教士"开具应办绅犯多至250余名，均指定正法，军遣罪名，并谓必须惩办定案，及将地方官参办，方能议及赔款"[1]。以陈范的性格，当时无疑是会秉公执法的，反正处在那个夹心板当中，左右为难，但这样做的结果是被开缺回家了。

此时的陈范已经快40岁了，想想仕途走不通了，那就从文吧，这也是晚清很多有志的读书人比较容易走的路。于是，陈范带着女儿举家迁到上海，花钱买下了《苏报》，于1898年起办起"陈氏《苏报》"，"思以清议救天下"。

这个时候的《苏报》已经连年亏本了，当时上海滩报业市场已经风起云涌了，《苏报》原本只是上海租界里的一张小报，平时走的路线也很温和，就是说说家长里短、餐饮美食什么的。陈范毕竟只是一介文人，买个

---

[1] 历史档案之《清末教案》（三），第84页。

报纸也没想着该如何赚钱。或许当时就是想一家人有个饭碗，同时还能抒发一下不安的情绪。

陈范拿下《苏报》后，最早是以妹夫汪文溥为主笔，他自己和儿子编发新闻，兼写论说。此时，崭露头角的陈撷芬也"打横而坐"，编小品诗词之类副刊。"三十里坑花落处，比将桃雪更何如？衣冠多少和戎辈，可有闲情读此书？"陈撷芬早期作品已见功底。一家人都围着一张报纸转，以至于上海老报人包天笑称之为"合家欢"。

应该说，初始，已经对清政府没什么好印象的陈范开始关注政治走向了，但只是温和倡导一种改革方向和理念，未曾出现太过激进的词语。后来，眼看着慈禧发动了政变，并开始拿维新派开刀，对革命人同情的陈范开始与蔡元培、章士钊等革命派人士交往频繁，直到聘请章士钊担任报纸主笔。

从此，《苏报》转向激进。1898 年维新溅血，让很多报刊再也坐不住了，舆论担当，不在此时，更待何时？ 16 岁的陈撷芬就在梁启超主编的《清议报》上发表了《戊戌政变感赋》："维新百日记通行，朝野欢呼庆再生。电闪雷奔官阙变，云翻雨覆栋梁倾。瀛台秋月孤相冷，长乐春风蔓革萦。天下臣民四万万，鸣冤剖腹竟无名。"可见陈氏父女当时的心境。

1902 年，蔡元培等先后在上海创立中国教育会、爱国学社，章太炎、邹容、蔡元培、吴稚晖、黄宗仰、张继等成为《苏报》的主要撰稿人。

是年 10 月，上海南洋公学发生抗议退学风潮，抗议理由是校方压制学生言论，时称"墨水瓶风潮"，要求教育会协助。《苏报》首先报道，旋设"学界风潮"专栏，及时报道学潮消息，引起社会各界的关注。此次学潮得到教育会的支持。11 月 16 日，爱国学社成立，在南京路福源里正式开学，推蔡元培为总理。《章程》中说："重精神教育，而所授各科学，皆为锻炼精神，激发志气之助。"

报道学潮、公开倡言革命，"居今日而欲救吾同胞，舍革命外无他术，非革命不足以破坏，非破坏不足以建设，故革命实救中国之不二法门也"。《苏报》一步步激昂前进，直到1903年7月，"苏报案"发，清廷开始对《苏报》下手，报纸封门，章太炎、邹容等人被捕，陈范父女侥幸逃脱。

这个时候，陈撷芬手里也有一份报纸。这就是中国第一份女性刊物《女报》（又名《女学报》）。戊戌变法的第二年，陈撷芬随父到了上海。父亲买下了《苏报》，她也不甘心闲着，在上海创办了一个以妇女为对象的《女报》，当时《女报》随《苏报》附送，亦即《苏报》的妇女版。民国学者冯自由称这份《女报》为"女《苏报》"，并说陈撷芬"名重一时"。

谁能想象，这份中国女报的主办人是一个16岁的少女？何况这是在百余年前的清朝。

或许是为了保护自己，陈撷芬取笔名"楚南女子"发表文章。可惜，这份中国第一个妇女刊物《女报》，不久就因故停刊。陈撷芬不甘心《女报》停刊，继续努力，积极筹备，于三年后继续出版《女报》。

《女报》专以妇女为对象，提倡女学、女权，内容丰富，形式新颖，颇有影响。1903年，《女报》正式改名《女学报》，陈撷芬还专门在报上设有论说、白话演说、新闻等栏目，提倡女子教育，戒缠足，反对束缚妇女的"三从四德"，并介绍日本各女校制度，很受各界欢迎，影响很大。后来，报纸上还增设女界近史、译件等，陈撷芬亲任主笔，先后发表过《元旦问答》、《独立篇》、《论女子宣讲体育》等文。

陈撷芬曾在《尽力》一文中写道："中国为什么不强？因为没有人才。为什么没有人才？因为女学不兴。""要是我们两万万人，尽力要兴女学，岂有兴不起来的理？"关于女权的宣传，该报也不遗余力。如有文称："盖权的由来，在于开智。民智不开，民权不伸，君胡以强国；女智不开，女权不兴，男何以兴家。"

一张清新的报纸，一位清新的主笔，大有带来一股清醒之风给中国女性的势头。而且陈撷芬文笔优美，观点鲜明，逻辑严密，风格泼辣，充满活力，带有一种时代转折期特有的昂奋精神。她明确指引着妇女们向独立、男女平等走去，而且进一步要求民族的独立，反对"受制于人"的状况，显示了非凡的胆识和气魄。当时《女学报》销量奇好，每印数千张，一瞬而完。

"我这女报，是为了中国二万万姊妹做的，盼望我二万万姊妹，各人尽力，做事的做事，读书的读书，劝人的劝人，不到几年，我们二万万女人，就另是一个新世界。"当时有一位女读者致信来，说她的父亲明确指示，可多读上海女报，奇女子陈撷芬手笔远见，要向她多多学习。

也就是在那个时候，陈撷芬与蔡元培、吴稚晖等在上海建立了爱国女学，开始了与社会的广泛交往。后来还她应蔡元培之邀任了爱国女校之校长。"没有妇女的酵素，就不可能有伟大的社会变革"，这是马克思很早就预言的。

陈撷芬年纪轻轻，已经具有超强的悟性，她知道乱世之中舆论的力量，更懂得妇女运动在一个朝代更替中的重要作用。

看来，"妇女能顶半边天"，实在是出于她的内心想法。也必须是具有"半边天"雄心之女子才能推动的事业。

后有专业报人总结，陈撷芬擅长写政论，其政论文章独树一帜，有一种时代转折期特有的昂奋精神，如《女权与文学》、《男尊女卑与贤母良妻》、《普告同志妇女文》、《男女之比较》、《兴女学说》、《婚姻自由记》等。1903 年 2 月 27 日，陈撷芬在《女学报》上发表一篇论说《独立篇》，文中写道："呜呼！吾再思之，吾三思之，殆非独立不可。所谓独立者，脱压力，抗阻挠，犹浅也，其要在不受男子之维持与干涉。""吾视男子亦徒能骄其妻妾耳。大官则受制于朝廷，小吏则受制于大吏。今且举朝廷大官小吏百姓而悉受制于外人。"其锋芒所指，已不仅是封建夫权，而是"朝廷大官小吏"。

当时中国新闻界正处于政论报纸时期，一般报刊多重政论而轻新闻，陈撷芬反其道而行之，让新闻唱起主角，极力刊登鼓吹女权、提倡女学的政治新闻，自己也写了无数鼓吹平等、自由、独立的新闻，如《妇人政党》、《女子从军》、《女子经商》等，鼓吹女子教育的新闻更是数量可观。

假如当初没有"苏报案"的爆发，很难想象一个从未成年到成年过渡的小女子陈撷芬会制造怎样的轰动，更难说她会带着妇女运动走向怎样的高潮。

只是，《女学报》因与《苏报》的嫡系关系，在"苏报案"后也难逃休刊之痛。更让陈撷芬心痛的是，未在通缉名单上的哥哥陈仲彝在《女学报》馆被清兵抓捕。

"楚南女子"这个名字，年纪轻轻就与百年一爆的"苏报案"相联系起来，与章太炎、蔡元培、邹容、章士钊等响当当的革命人实现并肩作战的势头，应该说既是陈撷芬的幸事，也是她的本事，更少不了她过人的胆识和超前的意识。

简单追溯"苏报案"始末，时间表应该从1903年5月27日开始，那一天，《苏报》迎来了一位重要人物，新主笔章士钊。章士钊1881年生于湖南善化县，比陈撷芬大两岁，此人幼读私塾，非常勤奋，13岁即通读《柳宗元文集》，文笔流畅洗练，后来曾当过私塾老师，直到进入南京陆师学堂学军事，后进上海爱国学社，得以结识学界，被推荐入《苏报》。章士钊少年勃发，英俊帅气，天生一股狂放精神。

章士钊的到来，为《苏报》注入了活力。《苏报》于6月1日起，实行"大改良"："本报发行之趣意，谅为阅者诸公所谬许。今后特于发论精当、时议绝要之处，夹印二号字样，以发明本报之特色，而冀速感阅者之神经。"

当日即发表章太炎的论说《康有为》，其中写道："要之康有为者，开中国维新之幕，其功不可没。而近年之顷，则康有为于中国之前途绝无影响。"但"今日之新社会已少康有为立锥之地"，"而天下大势之所趋，其必

章士钊

经过一躺之革命，殆为中国前途万无可逃之例"。

紧接着6月2日，《苏报》又登载了章太炎的《驳康有为论革命书》。再后来头版的"学界风潮"专栏中，则刊登出《论江西学堂学生无再留学之理》，谓："乃二十世纪新中国之主人翁，而俯首就范于亡国家奴之下，大耻奇辱，孰过于斯。"

在章士钊主持下的《苏报》，改良直接跨步到革命，邹容著作《革命军》堪称革命先声的惊雷，炸响在上海知识分子界：

> 扫除数千年种种之专制政体，脱去数千年种种之奴隶性质，诛绝五百万有奇被毛戴角之满洲种，洗尽二百六十年残惨虐酷之大耻辱，使中国大陆成干净土，黄帝子孙皆华盛顿，则有起死回生，还命反魄，出十八层地狱，升三十三天堂，郁郁勃勃，莽莽苍苍，至尊极高，独一无二，伟大绝伦之一目的，曰"革命"。巍巍哉！革命也！皇皇哉！革命也！（《革命军》绪论）

6月9日，章士钊以"爱读革命军者"的笔名在《苏报》发表《读〈革命军〉》，大为推崇《革命军》文风和思想，称之为"今日国民教育之第一教科书"，并在《新书介绍》栏刊出《革命军》出版的广告，称"笔极犀利，语极沉痛，稍有种族思想者读之，当无不拔剑起舞，发冲眉竖"。次日，《苏报》又刊登章太炎的《〈革命军〉序》，谓："夫中国吞噬于逆胡，已二百六十年矣。宰割之酷，诈暴之工，人人所身受，当无不昌言革命。"《驳康有为书》、《呜呼保皇党》、《康有为与觉罗君之关系》等文则一次比一次犀利。章太炎著名的"载湉小丑，未辨菽麦"，"载湉者，固长素（指康有为）之私友，而汉族之公敌也"均在这时的《苏报》刊发。

柳亚子曾在《我和言论界的因缘》文中称："公元1903年，我第一次到上海，进入爱国学社，这时候，和章太炎、邹威丹（邹容）两位先生很接近。在阴历五月中旬，《新闻报》登了一篇《革命驳义》，太炎先生便写《驳〈革命驳议〉》来反驳他。开了一个头，他不高兴写了，叫我续下去。我续了一段，同邑蔡冶民先生也续了一段，末尾是威丹先生加上去的。"可见当时《苏报》文风大改后在上海的影响。

从5月27日接手到6月30日"苏报案"发，章士钊仅仅主笔《苏报》一个月。这是《苏报》的终结，但也是《苏报》的辉煌期。虽然章太炎和邹容入狱了，但却激励了众多知识分子纷纷从改良主义的思想影响下解放出来，革命派的思想阵地日益扩大。章太炎在《狱中答新闻报》说："天命方新，来复不远，请看五十年后，铜像巍巍，立于云表者，为我为尔，坐以待之。"可谓远见。近读旧闻，邹容在狱中意外死亡一年半后，迄光绪三十二年（1906）夏，天津探访局总办杨以德忽密报巡警部尚书徐世昌，谓邹容秘密入京，图谋革命。徐世昌闻讯，大为惊骇，严密警戒，搜查旅馆庙宇寺院，尤其年轻人都要盘查。据说杨还把邹容的照片陈列室内，随时准备抓捕请赏。

有人说，如果没有章士钊入主《苏报》，或许陈家的饭碗还能多保留一些时日。但以陈家思想可以肯定，他们是能够预见到这个结果的。"一篇女学报，警梦醒钗裙。"有史料载，正是有先见的陈撷芬向父亲推荐了章士钊。

章士钊到上海后，一直向《苏报》投稿，引起了陈范的注意，其人早期虽激进，但才华难掩。也正是章士钊接替了陈范、陈撷芬后，陈撷芬才有时间专门从事爱国女校事宜和主办《女学报》。如果说"苏报案"之影响深远，实在不该忽略了陈撷芬这个"中介人"。两人在相处中，思想默契，章士钊已经渐有成熟，陈撷芬从他身上学了不少东西。交往中，两人时常有诗词来往，维新思想日盛的陈撷芬也开始向革命倾斜。

一个浪漫的说法是，陈范看出女儿与章交际较好，并为之欣赏，欲将女儿陈撷芬许配于章，但不好启齿，于是聘章为《苏报》主笔，以待将来。据说此事乃吴稚晖放出来的风。章本人听到后，也蛮有兴趣，于是便试图接近撷芬小姐，但未能如愿，心中不悦，曾对人发牢骚说："这都是由于吴稚晖澜言所伤。"

还有说法是，陈范觉得自己年事高了，预选章士钊来当自己的女婿，接替自己的家业。但事实是章士钊和陈撷芬之间并没有擦出火花，尽管后来他们都去了日本，结果还是陈撷芬在爱国女校的学生吴弱男取代了老师，成了章太太。

但要说两人没有情感交集，似乎也很武断，一个青春少年，一个情窦初开，彼此思想解放，家人也不阻拦，本该有成熟的结果才是。一个最为正当的原因是，陈撷芬随父逃亡日本，与章士钊之间的交情也就断了线。但后来章士钊主办《国民日报》时，经费不足，陈撷芬慷慨解囊，"手挚家中仅存之番银二百两，含笑而至"（章士钊《苏报案始末记叙》）。甚至还有网文称："章晚年时曾把他们唱和的几十首诗词赠予陈的亲属，以了却他对这位红颜知己的怀念之情。"未知真相如何。

撇下风花雪月不谈，"苏报案"后，章士钊因为此案的查办大员恰是陆师学堂的总办俞明震，两人有师生之谊，且俞对他赏识，含糊未纠。俞先生甚至故意把陈范写成其本来的字"陈梦坡"，有人认为是故意摆迷魂阵，并当面问陈范此人在否。

黎东方先生在《细说民国创立》里提及陈撷芬与父亲逃走前的小细节。案发后，有人被抓，他们也经历了巡捕询问，于是大家合计应急对策。曾任《苏报》主笔的吴稚晖说，拘票上把陈范与陈梦坡写成两个人，是俞明震故意如此，表示这件事他做不得主，希望老朋友了解；先抓一个账房，这是"大事化小"，以便敷衍上峰。

章太炎听了，冷笑。陈撷芬说："既然他们巡捕认识爸爸。却又不抓，此中必有缘故。"章不耐烦再听下去，"悻悻而出"。吴稚晖就对陈撷芬说："他既认识而不拘，想要放我们逃走。既放我们逃走而不述，乃就先将脑袋送去。方鼓吹革命了矣。"陈范听了，微笑。于是，陈撷芬雇了黄包车，把父亲陈范送到爱国学社的宿舍。陈范的一个姨太太，运送铺盖。这一晚，陈范睡在爱国学社的宿舍；陈撷芬及陈范的姨太太各自回家。

次日晚，章太炎"主动被捕"，加上邹容主动投案，一共被抓六人。原告大清政府所控的罪名是："污蔑朝廷，大逆不道。"陈范之子陈仲彝即是被抓六人之一，他是在凤阳路陈撷芬的《女学报》报馆被捕的。黎东方谓："陈仲彝是陈范的儿子，在拘票上无名，被巡捕抓了来，作了代罪的羔羊。工部局讲西洋法律，巡捕却不太'拘泥'！妙在会审公廨，其后也把陈仲彝视作被告。"此为陈撷芬逃走之前最揪心之事。

上海的天还未大亮，年轻的陈撷芬跟着父亲及家人背着行囊，远走他乡。回望着这段时间的经历，她显得有些凄然，凄然中有成熟的意蕴，也有对大环境的无力。

她只是一个芳龄二十的女子，并没有经历任何政治风暴，突然便与当朝的太后和皇帝发生了关系，结结实实地陷到政治事件漩涡中心里，眼看着政府与洋人的巡捕房合力抓人，她这个手无缚鸡之力的文弱女子，又能作何反抗呢？她更多的是担心，担心父亲的命运，担心自己的未来，在一帮政治学人的督促下，她开始跟着父亲逃亡，期间似乎并没有与章士钊有更多的交际。

如果说这位报界小女子就此消失的话，此文倒也无可说头。关键是她后来的作为和矛盾身份，引起了不少知情者的兴趣。

1903 年 6 月 30 日，陈范侥幸走脱后，带着二妾和陈撷芬去了日本。在离开上海之际，陈范留下一首诗："东风习习拂征衫，别绪离情百不关。却怪舵楼回望处，眼中犹著旧河山。"

陈撷芬跟着父亲到日本后，生活一下子陷入困境。想陈范一生的积蓄几乎都耗费在了《苏报》上，《女学报》肯定也要有所投入，案发后两报均被没收，陈家生活一直沦落到"贫困几无以自给"的地步。

这个时候，有个关于陈撷芬的历史插曲一直在流传着。

在纪念辛亥革命一百周年大型话剧《秋瑾》剧情简介中，有这样一个情节：陈撷芬到了日本后，结识了秋瑾女士，并与之共同成立革命组织。可是陈撷芬却因父亲做主要给人做妾，秋瑾听说后大怒，领着陈撷芬向父亲当面解除婚约，并让陈撷芬父亲身边的两个小妾离开男人自谋生路。此事前文所引《绮情楼杂记》一书亦有所记。

这件事到底真假，现在还很难证实。不过，按照陈撷芬的新锐思想和耿直的性格，似乎不太会答应这场婚姻，还有以陈范"毁小家以纾国难"的可贵秉性看，也不大会作出这样的决定。

再说了，陈范也并非贪财之人。柳亚子曾说陈范："时南都兴建，昔之亡人逋客，方济济庆弹冠，而先生布袍幅巾，萧然物外，绝口不道前事。"蔡元培等念及陈范功绩，多次要求政府发还清廷没收陈的财产，并对陈有所抚恤。陈范却说："谢诸君，勿以我为念，养老之资现犹勉能笔耕砚耨，聊免饥寒……吾辈正谊明道，非以计功利，岂容贪天之功为己为？"

只是在逃亡过程中，陈范两妾确实改嫁了，其子陈仲舞出狱以后，清廷一直迫他交出父亲，也不知他逃到哪里去了。可以说"苏报案"搞得陈范家破人亡、妻离子散，正如陈范自喻："坐对风烟殊旦暮，似闻歌哭满江湖。"

人说，有其父必有其女。陈撷芬的新闻理想很难说没有其父的影子。

但根据人性是矛盾、不稳定的理论看待历史人物，陈撷芬即便有所恍惚、徘徊也属正常。

在陈撷芬很小的时候，陈范就很喜欢这个女儿，有诗歌为证："老夫掌双珠，幼者甫离抱，长者及笄年，是我擎中宝，两男性顽钝，惟此女表表，期为第一流……"长女正是陈撷芬。他还勉励女儿"支那女中杰，舍君复谁蹈？"

当然，陈撷芬也很争气，在她早期的《题美人倚剑图》中，新锐思想已经绽露：

> 海飞立兮山飞拔，亚东美女有奇骨。
>
> 腰悬宝剑光辉芒，胸抱雄才气豪勃。
>
> 女界沉沦数千载，颓风压人贱奴族。
>
> 夺我天权杀我身，终夜思之痛心裂。
>
> 修我戈矛誓我师，洗尽蛮风驱我敌。
>
> 一声唱起泰西东，百万裙钗齐奋力。
>
> 勖我神州好姊妹，女界飞渡即此日。[①]

就在1904年4月26、27日，陈撷芬到日本不久后，还在《中国日报》上发表《女界可危》一文，提出妇女要先为祖国尽义务，后争取自身的权利。她说："从前女界虽权利失尽，然义务亦失尽。既不尽义务，即有权利，亦他人与我之权利，非吾辈自身之权利也。今日则可尽义务之日矣，得完全权利之日矣，……须先争尽我辈之义务，则权利自平矣。"

从正常思维出发分析，一直倾心倡导女权解放的女报人，应该不大可能再去倒车做妾的，但她偏偏险些走上这条道。

话说陈范携女到了日本后，开始与孙中山、陈少白等革命党人往来。但国内一直未放松对他的追捕。

---

① 《女子世界》1904年第10期。

陈撷芬在日本结识了秋瑾。并与秋瑾、唐群英、吴弱男等参加冯自由的反清组织"三合会"。当时，日本民众的民族精神和爱国热情涌动，深深刺激着陈撷芬等人。在日本期间，陈撷芬去了横滨基督教共立女校留学，其间她倾其所有，变卖父亲为其购置的首饰衣物等，资助革命报刊《警钟日报》《国民日报》出版。

她心里还时刻惦记着《女学报》的复刊。终于在1903年11月，陈撷芬在日本东京继续编印出版《女学报》第4期，由上海《国民日报》发行，以其犀利的文风，继续向清政府宣战。只是，由于经费等原因，这份在异国编辑的《女学报》成了最后一期。陈撷芬的革命之路还是转向了。

1904年，陈撷芬与秋瑾等又将共爱会改组为"实行共爱会"，因她在国内的影响力，理所当然地被选为会长，此会成为留日女学生组织的中国最早的爱国妇女团体。同时她还发起成立女子雄辩会，自任会长。

这个"共爱会"除了倡导新锐思想、关爱和帮助留学生外，还干了一件轰动的事情，就是拆散了陈范和二妾的关系。先前喻血轮只是说这两女是浙江人，根据张正先生的《鉴湖女侠》(北方文艺出版社2000年版)记述，两人陈姓女子都是18岁，当时陈撷芬都已经22岁了。她与秋瑾一样，反对男子纳妾，所以在秋瑾对其父实施"驱妾"时，她并没有出来干涉，陈范毕竟是革命派的先锋人物，故此事轰动一时。

根据史料记载，1905年春，陈范返国，在上海被捕入狱，翌年获释。不知道是否有此事影响的成分，但他回国继续革命也是事实。

但随后就发生了更为奇怪的事情，有人称之为"吊诡"。多数记录时间是1905年的冬季，陈范欲将陈撷芬嫁给广东商人廖翼鹏为妾的消息不胫而走，而且陈撷芬已经答应了父亲。当时反应最大的就是秋瑾，连说这事事关女同学名誉，非取消不可。据说陈撷芬是收到了陈范的家书，那也就意味着当时陈范在国内。"共爱会"的大多数会员都投了反对票，最终陈撷芬放弃了这桩婚事。

但围绕着她的争议并没有结束，时至今日还在继续。有人说她意在"唤起同胞一半人"，但并未能唤醒自己，甚至在其他人反对她成妾时，她还在争取说"父命难违"。后来她嫁给杨希仲（杨镌）后，依然恪守"男主外，女主内"的传统，放弃事业，一心辅助夫君。甚至有离奇说法，说她最终因为"无后为大"抑郁而亡。

　　但也有人以为，"在这里陈撷芬的做法确实有辱她宣传女权思想的英明形象，但这是有原因的"。首先陈撷芬对父亲是崇拜的，从小崇拜到大，父命难违；还有她自己身上的封建残余依然存在，这也是她没有与秋瑾一起走向激进革命的原因。[①]

　　当然，这也不会影响陈撷芬在东京的成就。中国同盟会在东京成立后，陈撷芬成为最早加入同盟会的女会员之一。当时为了准备武装起义，中国同盟会在横滨设制造弹药机关，聘俄国人为教授，陈撷芬与秋瑾等女士亦加入练习。

　　1907年，秋瑾在创办《中国女报》时，主张把该报作为《女学报》的继承者和发展者来办。该报称："本报之设以开通风气，提倡女学，联感情，结团体，并为他日创设中国妇人协会之基础为宗旨。"辟有《社说》、《译编》、《文苑》、《新闻》等栏目。该报以通俗易懂的文字鼓吹妇女解放，呼吁妇女走向社会。如此一来，也算是对陈撷芬《女学报》早夭的一个安慰。陈撷芬也不时有猛文发表。

　　话说陈范回国后，一直未曾远离革命，武昌起义后，他曾在原籍地湖南进行革命活动。不久，先后主持上海、北京的《太平洋报》、《民主报》笔政。据说陈范晚境凄凉，孤身一人，贫病交加。章士钊谓其"亡命十年，困踬以终，不闻有何怨言"。1913年，陈范在上海病逝。

　　如今，百余年过去了，再提"苏报案"，恐怕不仅仅是章太炎发表在《苏报》上叫骂光绪的"载湉小丑，未辨菽麦"，而是具有更深远的寓意和

---

① 陈静：《论辛亥革命前期的陈撷芬》，扬州大学 2009 年硕士学位论文。

影响了。

记得 1957 年时，毛泽东多次重提"苏报案"，并多次在章士钊的女儿章含之面前肯定章士钊的功绩。在 1958 年的重庆会议上，毛泽东更是号召人们重读邹容的《革命军》，这个文章早期就刊发在《苏报》上。

有人说，"苏报案"的发生和章太炎、邹容被捕，也导致了革命运动的展开。"苏报案"发生后，中国民族资产阶级的态度比过去积极了。事后，孙中山在《檀山新报》上发表《敬告同乡书》，明确指出："革命与保皇，理不相容，势不两立。"1905 年，孙中山成立中国同盟会时，直接把"驱逐鞑虏，恢复中华，建立民国，平均地权"写入誓词，而这一纲领恰恰就来源于《苏报》。

如今，人们都在提倡将陈范作为"苏报案"的真正主角之一纪念和铭记。

其实，在其麾下悄然崭露头角的陈撷芬，又何尝不是这场文字革命、思想革命的主角之一呢？

不禁再次重温章太炎的《狱中答新闻报》："天命方新，来复不远，请看五十年后，铜像巍巍，立于云表者，为我为尔，坐以待之。"

陈撷芬，因着革命的因子，注定要被写进中国新闻史。

辛亥革命前夕，陈撷芬回到上海。1912 年 3 月，陈撷芬和汤国梨、吴芝瑛等各界妇女 100 余人发起成立"神州女界共和协济社"，提出妇女参政要求，得到孙中山先生的赞赏与支持。后又有消息，陈撷芬嫁给四川人杨某后，双双赴美留学。1923 年，陈撷芬去世，年仅 40 岁。

陈撷芬出身资产阶级改良派知识分子家庭，但她接受新思想很迅速。戊戌变法运动失败后，众多报纸和社团纷纷没有了声音，甚至停刊安息，沉默，沉闷，沉寂。"万马齐喑"之际，《女报》的诞生，无异于女界乃至整个政界的一声惊雷。

陈撷芬办的是一份女报，但她发出了女子的雄音。她具有非凡的胆气、剑气，还有一股正气。

陈撷芬从登上新闻舞台到离开报界，前后不过五六年时间，但她所创办的《女报》《女学报》，所写的评论、演说、新闻等稿，因其新颖的思想和风格载入了中国新闻史册。

可见，生命的长短，从业经历的时间长短，都与质量无关。

陈撷芬，"中国新闻史女性刊物第一主编"实至名归。

丁 香

（1910—1932）

林花经雨香犹在

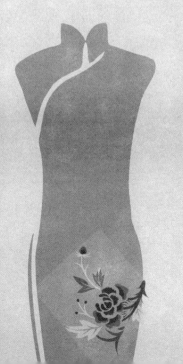

一场革命的血色浪漫
一份60年的无尽思念

林花经雨香犹在

苏州有个丁香巷，就隐秘在大名鼎鼎的平江路历史街区中，狭长而幽深，朴实却唯美。

丁香巷这个诗意盎然的名字，轻易便勾起人们内心深处的那首诗《雨巷》：

> 撑着油纸伞
>
> 独自彷徨在悠长、悠长
>
> 又寂寥的雨巷
>
> 我希望逢着
>
> 一个丁香一样的
>
> 结着愁怨的姑娘
>
> 她是有
>
> 丁香一样的颜色
>
> 丁香一样的芬芳
>
> 丁香一样的忧愁
>
> 在雨中哀怨
>
> 哀怨又彷徨……

这首诗正是来自于戴望舒的笔下，很多人烂熟于心。不过，这条雨巷不在苏杭，而是在大上海的松江。这首充满迷惘和朦胧的诗作，让苏州叶圣陶先生赞誉其为中国新诗音节开了"新纪元"，戴望舒一下子红了。

而苏州这条存在了千百年的雨巷，依然低调又深沉。每逢雨季，甚至还充满着忧伤，仿佛在怀念着一位与其同名的姑娘。

是的，她叫丁香。她还有个别名为"白丁香"。

在苏州，就在平江路附近，真的就有这样一位活生生的姑娘。

丁香为弃婴。被发现时，襁褓里有一张字条：丁贞，宣统二年（1910）庚戌年二月十五日午时出生。

和许多弃婴一样，丁贞的家庭身世根本无从稽考。因此，苏州地方志将她归档为"苏州人"，因为她是在苏州被发现，并由苏州基督教监理会美国籍宣教士白美丽小姐收养的。白小姐为其改名为白丁香，人们常以"丁香"称之。

白小姐是善良的，她奉圣母之名。她喜爱丁香，还特地将丁香托付给了教友吴师母哺育抚养。吴师母出身贫寒，感受到了丁香的渴望，视她如同女儿，悉心照顾，谆谆教诲。

渐渐地，丁香长大了。她坚毅、勇敢，又勤劳、朴素，有时静静如一棵小树。白小姐希望这棵小树生于苦难，长于平常。丁香比任何人都渴望翅膀，飞翔。

于是，白小姐请了有专长的牧师、教友给丁香授课，国语、圣经、史地、钢琴等，而且对她要求严格，直到她进了东吴大学，开始接触新生的生物、代数等课程。

东吴学府坐落古城东端，地下的护城河流淌了上千年，不过东吴大学以民国时最为著名。丁香看着家门口的学府进进出出的才人，没有醉心风花雪月，不大喜欢女红针线，反而努力求知。她热心进步，关心国事，看起来不大像是小桥流水人家出来的闺秀。爱国募捐、罢工运动，都会出现她瘦弱的身影。革命者萧楚女的激情演讲，更让她平静的心亢奋激扬。

萧楚女其实不是女的，于此曾有专门澄清："本报有楚女者，并非楚楚动人之女子，而是身材高大，皮肤黝黑并略有麻子之大汉也。"萧楚女也是苦命人，幼年丧父，家贫无以为生，12岁在一家木材行当学徒，不久流浪外乡，做过轮船杂工、街头报童、酱园徒工、排字工人等。其醉心革命，年纪轻轻就被国民党反动派在狱中杀害。其格言为：一个人从生以后一直到死，都有做对人民有益的光明正大事，虽然肉体死去，而精神是不灭的。芳龄十八的丁香深深记住了这一格言，很快加入了组织，宣誓，慷慨激昂，视死如归。

读野夫《乡关何处》时，发现里面对"组织"的解读非常到位。他说"组织"本是个名不见经传的名词，而且是从日本演变而来的，"随着共产主义运动的狂飙突进，这个毫无定性的词语，在辞典上衍生出一个专有的义项"。那些国家的读书种子，人中龙凤，之所以肯起誓，从事违背政府法律规定的危险事业，去造反革命，不是因为热衷杀人越货，实在是为了追求真正意义上的"不自由，毋宁死"。他们是真正实现"自由大于生存"的一辈人，抛头颅洒热血在所不惜。

丁香的心在一点点变硬，但活跃在东吴大学校园里的她，外表是柔美的、热情的，有一种天生的暗香，这深深地吸引了另外一个男青年，他叫乐于泓。

乐于泓祖籍太仓县，隶属于苏州，但其生于南京市，比丁香大两岁，原名陆于泓，笔名乐若。他在上海从事党的地下工作期间，因工作需要改名乐于泓，许多人习惯称他为阿乐。

关于他的名称还有个小插曲。1976年粉碎"四人帮"以后，中央专案组将阿乐隔离审查，要他揭发江青的罪行，言谈之间透露：江青曾经数次亲笔填写个人履历，有关早期经历的证明人，她多处写的是"乐若"。中央专案组经多方查证，才得知乐若就是乐于泓。

乐于泓出身一个儒宦家庭，祖父做过前清江宁府的"学训导"，据说是掌管文庙的祭祀和所属文武士子。当时全家人住在南京夫子庙朝天宫的官宅里。辛亥革命，清王朝被推翻，祖父赋闲，翌年举家迁返原籍太仓。1925年，阿乐因成绩优异，由常熟教会学校诚一中学举荐，被半费保送到上海圣约翰大学。入校不久，"五卅"运动爆发，阿乐参加罢课，抗议校方镇压学生运动，和广大师生一道拒绝返校，转学到了苏州东吴大学生物系。因有一口流利的美式英语，而且懂得西方宗教音乐，转学到苏州东吴大学生物系后，阿乐是如鱼得水。

如果说丁香是一株含苞待放的骨朵。那么她的"园丁"就是阿乐。

他们讨论时事，参加罢课，声援工人罢工。他们渴望着新生活，也渴望着爱情。

关于革命的故事，似乎都不大浪漫，长久以来，关于革命故事的宣传也都陷入了硬碰硬的正派面孔中。

阿乐和丁香算是浪漫的一对，他们在暗流涌动的微潮中互生情愫，在古城相门附近的教会建筑中徘徊和思想，在唱诗班的天籁旋律里，洗礼着彼此的灵魂和爱意，直到留下最纯的那一层。

1932年4月，经过组织批准，乐于泓和丁香在上海结婚。

对于丁香，阿乐印象最深的恐怕还是钢琴。两人都是音乐爱好者。阿乐的胡琴拉得悠扬、有气势，配以丁香的钢琴，颇有琴瑟和鸣的感觉。

琴声，也成为他们的秘密联络工具，在他们租住的阁楼窗口，时常传出《圣母颂》的琴声，这是他们互报平安的信号。据说丁香对他曾有这样的叮嘱："若是一切顺利，便弹奏《圣母颂》，若是危险降临，便弹奏《命运》，到时你一定要走。"他听后，心为之一震，像是什么东西坠下砸在了心上。两人的婚礼是秘密进行的，仪式一如丁香的名字一样低调而富有意义。不如种棵丁香花吧？看它年年开花，见证着我们的爱情。粉红的，雪白的，还有淡紫的，你喜欢那种丁香花呢？它们静雅自持，仿佛不想让任何人注意到它们的存在，只留芬芳在人间，每朵小花都是四瓣，偶数的对称，寓意着甜蜜的结合；绽放的姿势，努力又奋进。要白色的吧，那是她的肤色，也是她曾经的姓氏。

他们时而分开，时而团聚，喜乐冲淡了恐怖，别后的拥抱忽视了四伏的危机。但他们知道自己要什么，那前头的光明虽然看不见，但他们心里永远是彻亮的，两颗向着自由的心紧紧地偎依在一起，在这江南的盛夏，行将结束的苦旅。

我们要个孩子吧？那是生活的希望，也是未来的希冀。在这乱世的民国，在这风雨不定的世道，一对新人最质朴的心愿，就是生个孩子，让他看到灿烂而光明的世界。

他们要为之继续奋斗，既是为了自己的后代，也是为了更多的后代。那时的人真是天真得可爱，固执得可叹。他们身上有一种天然的东西，叫做无惧。

新婚五个月后，1932 年的 9 月，丁香悄然从南方去了北平，参加一个秘密会议。至今，这秘密会议还是个秘密。他们中间出了叛徒。丁香不幸被捕。组织极力营救，未果。1932 年 12 月 3 日，寒风刺骨，丁香被押解到南京雨花台，秘密枪决——当时她已经有三个月的身孕。

目前丁香的照片仅存一张，还是乐家亲戚在老房子拆迁时，无意中发现的：齐耳短发，脸庞清秀，皮肤白皙，气质婉约，穿着半长袖缀盘扣的对襟上衣，坐在一张老式藤椅上，一双大眼睛温柔地看着前方，身后是一排书，还有一张照片。照片上的男青年，阳光帅气，正是阿乐。

·········· 丁香，后面台上摆着阿乐的照片

正是那个想和她一起生个孩子的阿乐。可以想象，温柔如水般的丁香，在金陵城南，那荒凉凶残的城南，曾有过怎样的挣扎和哀号，甚至可能会有请求，一切都为了腹中的孩子。每个女人心中，孩子都是大如天的。以人类的天性看，她可以暂时忽视掉神圣的使命，只为了保住孩子的平安，那是她与阿乐的生命延续，也是未来接班的铁定人选。

但现实是，丁香死了。

而那个帅气的"园丁"还活着。

这是个痛苦的格局，沉重到窒息。

阿乐悲痛欲绝，所谓"绝"，即可以随时随她而去，生而为人，贵在衷情，可以为情生，也可以为情死。那一夜，他拉了一夜的二胡，曲目是《随想曲》。

第二天，阿乐来到了雨花台。下着雨的雨花台，凄冷寒心。一个男人披着蓑衣，伫立在丁香就义处，泪流满面。"情眷眷，唯将不息斗争，兼人劳作，鞠躬尽瘁，偿汝遗愿"，誓言响彻在空荡荡的台垣。直到午夜，人们还能够听到呜咽的琴声在雨花台回荡……

.... 阿乐

"芭蕉不展丁香结，同向春风各自愁。"那是一个痴情男人的无奈悲愤和浓浓思念。

从此以后，不管他到了哪里，不管他做了什么官，在他的家中，始终摆放着一盆五彩的雨花石和一枝丁香花。丁香花的叶子是苦的，花却是香的，淡淡的香。

他的床头，还挂着一幅丁香的画像。他没有她的照片，他想念她，疯狂而无助，一张素影，聊以慰藉。画像中，民国时期的江南女子形象淡淡地着墨在白纸上，那双清澈的眸子最为抓人，柔情中不失坚毅，想移目不能，越看越心疼，恨不得翻过去，好好看个够。

这是他凭着记忆画出来的。

阿乐在一步步了解中获知，丁香在自己被捕前销毁了所有自己和家人的照片，以此来保护他，以及更多的战友。除了孩子，她死而无憾。那时的革命者，总不愿意苟且，否则就算活着也是一种莫大的耻辱。在妥协与不妥协之间，仿佛有一条清晰的金线，泾渭分明，君不见，那些在抗日中行苟且之辈，至今仍被死死钉在耻辱柱上。

这棵看似弱不禁风的丁香花，愣是经受住了暴虐的烈潮，风雨过去，依然屹立着。

她越坚强，他就越心疼她。

1941 年 10 月，身为新四军四师师长兼政委的彭雪峰为乐于泓写下平生少见的一首自由体诗："一个单薄的朋友／十年前失去他的爱人……／如今啊／何所寄托／寄托在琴声里头……"

丁香离去的 18 年后，一位女兵走进了阿乐的世界。这个叫时钟曼的女子眉宇间与丁香神似。

但他是固执的，固执地想念着那朵丁香，看看屋里的丁香，看看那张画像，尤其烈酒下肚，眼前浮现的是，他们一起闹罢工，一起慰问北伐军，一起过着紧巴巴的新婚日子，彼此依偎着，想象着那个孩子的可能模样……似泉涌，似海潮。

新的感情伊始，他有一种自然的排斥，就如同孕妇与婴儿的排斥期。他是优秀的，她正是爱着他的优秀。

在丁香牺牲不久，他也被捕入狱。后来的资料显示，为营救丁香，中共进行了多方活动。国民党认定丁香是"要犯"，但因她是美国基督教传教士的养女，有美国教会背景，一旦美国人介入，将会使当局陷入进退两难的境地。他们很快把丁香押到南京，草草审讯一番，于 1932 年 12 月 3 日子夜在雨花台秘密枪决。此时丁香已怀孕 3 个月，"刽子手还残忍地对着她的肚子打了一枪"。丁香就义时年仅 22 岁。

阿乐得知噩耗，悲痛欲绝，赶到南京，冒着瓢泼大雨，身披一件蓑衣，在丁香英勇就义处祭奠。阿乐私自去南京，事先没有经过组织批准，身份可能暴露，上海不能待了，他就去了青岛。阿乐到青岛后的第一个接头人，就是早期曾与江青一起从事地下工作的黄敬。

这也是后期江青曾经数次亲笔填写个人履历，并在早期工作的证明人上多处写到"乐若"的原因。据说在青岛时，当时名为李云鹤的江青把阿乐叫到靠海的阳台上，劝他不要过分悲伤，在困难时，可以来找她和黄敬。

阿乐在青岛以旁听生的名义，经常去青岛大学，和黄敬、江青等地下党员开展学生运动。他们举办读书会，成立歌咏队，召开音乐会，发表时评等进步文章。似乎他是代替丁香活着。

黄敬爱好文艺，在青岛组建了一个海鸥剧社。阿乐和江青都能拉一手好二胡，排演节目时，他俩有时会来一段二胡合奏。江青的嗓子好，有时阿乐拉，江青唱。

这样的日子直到 1933 年的盛夏戛然而止。因叛徒出卖，黄敬被捕入狱。江青去了上海。

再后来，阿乐也被逮捕了。

乐于泓女儿乐丁香、乐迈的回忆（见《党史纵横》）中，则道出了父亲被捕的细节：

> 丁香牺牲后，父亲转移到青岛从事职业革命工作，担任共青团山东省临时工委宣传部长。1935 年 9 月被叛徒出卖被捕入狱，面对敌人的严刑拷打，他对难友讲：丁香花虽然凋谢了，但她的精神永存。以此自勉也鼓励大家要向丁香烈士那样忠诚。1937 年在国共合作无条

件释放政治犯的大气候下，父亲9月获释出狱。

乐于泓被捕后，被关在李村山东省第五监狱，后被判了5年徒刑，转到了青州山东省第四监狱。1937年4月，被押送到南京晓庄国民党政府首都反省院。"七七"事变后，这批"政治犯"迎来了转机。那年的8月18日，南京炎热，天气异常炎热。周恩来、叶剑英要到首都反省院看望大家并作形势报告，乐于泓在台下认真做了周恩来发言的记录，会后还和其他难友进行了核对。周恩来的讲话全文约5000字，中间被掌声打断42次……大半年后，他被释放时，设法将记录带了出来，成为新中国成立后一份亲历的珍贵史料。

出狱后，乐于泓跟着部队南征北战，直到1950年1月，华东局转来中央军委电报，调他回十八军，而后又收到组织点将，要他准备进藏。

乐丁香、乐迈回忆说：

父亲毫不留恋大城市的安逸，又一次离开故土，毅然西去，投身到解放西藏的伟大副业中。但在重庆体检时，西南军政委员会卫生部长钱信忠亲自做出诊断："阿乐同志，你的肺部经X光透视及照片证明一侧已经萎缩……因之不能过于劳累及长途行军……"父亲则坚决要求进藏，正争执不下时，张国华军长到了重庆，专门与二野组织部长陈鹤桥、卫生部长钱信忠以及在晋察冀工作了12年的奥地利医生傅来同志磋商，最后答应：可以试一试，如身体不行急速返回。所以熟知这段历史的人都说，阿乐是带着半个肺进藏的。

1950年5月20日，父亲随张国华军长乘飞机抵达十八军军部所在地成都西南的新津，走马上任刚成立的中共西藏工作委员会（简称工委）政策研究室主任，带领二十多位著名的西藏问题专家学者，通过各种渠道对西藏的社会历史、宗教文化、入藏路线等作全面调查，很快便给工委写出第一份报告，全面准确翔实的资料为以后中央的决策及入藏后开展工作提供了依据。现在读起来仍然觉得这份材料语言精练、内容丰富。此外父亲的进藏日记详细记录了西藏和平解放的过程，为今天的西藏史研究留下珍贵的资料。

　　1950年9月，父亲随十八军军部进入甘孜。昌都战役胜利后，10月26日张国华军长在军直机关作形势报告，父亲主持会议。会后他突然发现担任会议记录的军政治部通讯报道科收音员——一个19岁的女兵，在她的眉宇间笑容里有着丁香的影子。自丁香牺牲后父亲独自相守整整18年，从此他开启了关闭18年的心灵之窗，打开了沉寂18年的感情闸门，他们的相恋在十八军引起了轩然大波，最终缘结雪域高原。她，就是我们的母亲时钟曼。

　　乐丁香的名字是有来历的，她回忆的父母之间的感情是较为权威的。这里提到了"轩然大波"，到底是怎样的轩然大波呢？无非是一个不惑之年的男军官，与一个刚刚成年的女兵之间的悬殊之恋。

　　一见到这位比自己小了23岁的姑娘，阿乐关闭了18年的心就怦然跳动。"这姑娘，你觉不觉得她的眉眼，很像丁香？"他激动地跑去问朋友。23岁的"距离"不足以让他们的感情止步，在那样神圣的高原上，他们将情感历练成了雪莲。

　　前面说过，乐天泓心里只有一个位置，已经有个人占得满满的，这让他对其他女人都很排斥。

　　时钟曼是个普通女人，但她有一颗不普通的心。想到她，就想起了电影《云水谣》中李冰冰塑造的那个情深义重的进藏女兵王金娣。

　　影片《云水谣》根据男女主角陈秋水（陈坤饰）、王碧云（徐若瑄饰）、王金娣（李冰冰饰）三人三条爱情主线，讲述了一段跨越海峡、历经60年大时代动荡背景下至死不渝的坚贞爱情故事。因为历史形势，陈秋水从

时钟曼和阿乐结婚照

台湾来到了大陆，与未婚妻王碧云分离，若干年后，成为军官的他在朝鲜战争中遇到了女兵王金娣，她爱他，一见钟情。但是他心里满满的，再也容不下什么。

直到有一天，陈秋水受命进藏，多年孤寂，陪伴着他的是透明的阳光和飘散不尽的白云。他思念着王碧云，陷入狂想。恍惚间，有人传话，有个叫"王碧云"的来找他，陈秋水疯了似的前去寻找，终于见到了她的背影，那组镜头持续2分多钟……

事实是，王金娣知道她的陈秋水忘记不了王碧云，于是把名字由王金娣改成了王碧云。她宁愿做她的替身，因为爱。

"我改名字了，以后叫我王碧云……（哭泣）我有什么办法？你心里只有王碧云，你等她等多少年了？希望呢？你就等到死也等不到她！我可怜你！从今往后不用再这么苦等……（她给他戴上围巾，从后面抱着他）我就是王碧云……我就是王碧云！……王碧云在天上，她照顾不了你，我替她照顾你，在你身边，照顾你一辈子！……你要真爱王碧云，你就爱我吧！我会一辈子对你好，一辈子照顾你。替她，好吗？"

高原恢弘，苍天作证。有一种爱，接近于天。

洞房里，王金娣说："姐姐，他一直在等你，是我不让他等了！对不起。今生今世他要见不着你，来世我一定陪着他去见你。"

这姐姐正是王碧云，也可以是白丁香。

时钟曼与乐天泓结为夫妇后，从没有忽视过丁香。她一如既往地敬仰丁香。每年到了丁香的殉难日，她都备好酒菜，取出二胡，与乐天泓一同去祭奠。

1982 年，丁香牺牲整整 50 年了。乐天泓在清明时节来到雨花台，亲手种下两棵丁香树，后来陆陆续续又有人补种了很多的丁香树，从此那一条路就命名为丁香路。

每到春季来临时，丁香心目中那个帅气"阿乐"都会去雨花台为丁香树培土。"而且每次去之前都一定要理发、整装一新，好像信教徒参加神圣的朝拜一般。在浸透烈士鲜血的土地上，丁香花分外秀丽清香，大概是草木知情通人意，寄托着父亲的情感和心灵。1990 年春天举家回迁北上之前，80 高龄的老父亲计划好再一次去雨花台，但因心脏病复发而取消此行，给他留下了深深的遗憾。回到沈阳的日子里他还老是想着南京、雨花台、丁香树。"乐丁香如是说。

1992 年，乐于泓在沈阳病逝。遗憾的是走前没能再来看看丁香树。

第二年的清明，时钟曼来了，还带着两个女儿，捧来了阿乐的骨灰。绵绵春雨中，飘落着淡雅的白丁香花瓣，阿乐的骨灰埋进了丁香树下。那个曾经凄冷的雨夜，终于有了些许暖意。

忽然记起一个细节。乐家后人记得，"文革"时，父亲被打成叛徒，还是孩子的她在外面看到大字报，伤心地跑回家质问父亲，父亲只说了一句话："我不会做对不起丁香的事。"这在他们家，是最庄严的誓言。丁香，早已成为一家人的精神支柱。

那个时段，牛鬼蛇神出没，黑白早已不分。但，阿乐是清醒的。他誓言不改，只是淡淡地说不会做对不起丁香的事情。

1959 年，按照中央审查干部的统一部署，有关组织部门审查乐于泓时，认为他在国民党狱中有"自首"嫌疑。"文革"期间，乐于泓被打成了"叛徒"，批判、游街、无休止地认罪、检查……

1982年4月，中共辽宁省委组织部对乐于泓的历史重新进行审查，并发布文件宣布撤销1959年的两个错误决定，恢复他1932年起的党籍，参加革命时间从他1931年10月入团算起。1982年平反时，乐于泓已经74岁。恶风血雨中，除了相伴的时钟曼，他念叨最多的就是"没有对不起丁香"，似乎那才是他的信仰。

新中国成立后若干年，作家耿耿在安徽合肥市大蜀山国家机电部通用机械研究所找到了乐于泓。那一年，乐于泓75岁，虽然头发斑白，面容清癯，但记忆力极好，非常健谈。耿耿说："当我说明来意时，似乎唤起了他的回忆，他兴奋不已。阿乐的文化素养甚高，一言一行皆有学者风范，言谈间一不留神就会像自来水一般吐出一连串流利的纯正美式英语。他还给我放音乐磁带《圣母颂》，教我如何从庄严、美妙的西方宗教音乐中感悟那种超凡脱俗的圣洁。初一接触，我就觉得在他身上有一种使人肃然起敬的人格魅力。"[1]

新中国成立后，乐于泓到西藏任职多年，如新华社西藏分社社长，后因肺病原因，不宜进藏，被强制调回内地工作。中央电视台后来热播的25集连续剧《西藏风云》中，乐于泓的身影频频出现。

共和国不会忘记这位对烈士妻子痴情的人，共和国也不该忘记这位忠诚于国和家的人。

阿乐离去了。时钟曼仍然坚持带着女儿年年奔赴雨花台，还千方百计地寻找到一张丁香的照片，送到了雨花台烈士陵园，成为重要史料。曾经的雨花台烈士纪念馆里，丁香烈士的简介旁，初期只配了一张画像。那是委托人后期绘画上去的，因为一直找不到她的照片。乐丁香说："那张画像，还是根据我妈妈中学时的照片当模本，画出来的。"是丁香，还是时钟曼？她们的形象又重叠在一起。

---

[1] 耿耿：《乐于泓的坎坷一生》，《党史博览》2008年第1期，第10—15页。

直到后来找了那张唯一的照片。黑白影像中，记录着丁香永远年轻的姿势，仿佛那些屠杀、血腥、暴力、霸权、压迫等灰暗的色调和词语都与她无关。

她静静地降临到凡间，到天堂苏州，如同一尘不染的天使。

她的美，悄悄肃杀掉一切的丑恶，忽如一夜春风来。

近几年的清明，时钟曼和两个女儿仍旧来到雨花台，看望丁香，以及魂归丁香树下的丈夫。树下一地落花，他们小心地捡了起来，装在玻璃瓶里，打算带回沈阳。

安静肃穆的雨花台里，不但有了"丁香路"，还建了丁香广场，让这段纯真的爱情传奇，为更多的人知道。

2011年底，执导过《平民大总统》的冯新民导演《丁香》在南京开机。之前还有名角李旭丹主演的现代越剧《丁香》多次上演，李旭丹说从网上查了丁香的故事以后，就爱上了这个人物。见过导演之后，她还抑制不住满腔的创作情感独自去了雨花台。"在园里走了半个小时后觅到了那条'丁香路'！我来回走了三遍，仍不愿走出去。静静望着两旁的丁香树，这都是阿乐纪念丁香栽下的。现在每每排序幕那段阿乐祭奠丁香，二胡声起唱着'苦苦等待'时我就顿生悲凉。"

丁香花色淡雅芳香，习性强健，为温带及寒带树种，喜光，性较耐寒。据说，地处江南的苏州，少见栽植，偶见有生长良好的丁香树，就被视作神奇。

听说，丁香在我国有一千多年的栽培历史，它给中国的文化平添了无限秀色。古时有许多关于丁香的传说，说丁香是"神树"，能给人带来幸福。丁香树在海外也颇受"礼遇"，在法国它被视作"天国之花"，浪漫的法兰西民族甚至把"丁香花开的时候"，作为最佳天气的表述。

"你说你最爱丁香花，因为你的名字就是她，多么忧郁的花……多少美丽变成的梦啊，就这样匆匆地走来，留给我一生牵挂……"

突然想起了苏州清幽寂静的丁香巷。

想起了东吴大学里那个安静又飘逸的丁香。

想起了李煜的"青鸟不传云外信，丁香空结雨中愁"。

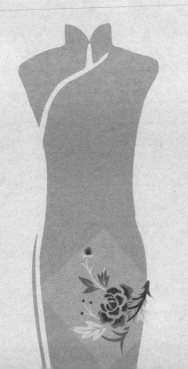

胡兰畦

（1901—1994）

冰心铁骨雪中横

为了革命，我们就吃这杯苦酒。假如我们
三年不能结合，就各人自由，互不干涉。

——陈毅

冰心铁骨雪中横

....

1957 年初冬，中国出奇的冷。这一年的初夏，在刚刚恢复生机的广袤大地上掀起了一轮"反右派"大运动。这一年，著名作家刘心武 15 岁，正处于青春叛逆期。懵懂中，他似乎还弄不明白什么是"右派"。爱好文学的他，喜欢读高尔基、巴比塞。

那个星期天，母亲正在整理家务，看到刘心武床上的书，其中一本是长篇小说《福玛·高尔杰耶夫》。刘心武一把抢过去："正经好书！高尔基写的！"母亲就说："啊，高尔基，那胡当年很熟的呀！""那胡"是上个星期刚来家里的一位妇女。从重庆搬到北京不久的刘心武心里还在犯嘀咕，按重庆地区的话语习惯，"对较为年轻的妇女唤孃孃，对上了年纪的妇女唤婆婆，但是眼前的这位妇女，年纪介乎二者之间，我望着她只是发愣"[1]，后来妈妈让他唤之"胡孃孃"。

胡孃孃认识高尔基？"我撇嘴：'我说的是苏联大文豪高尔基啊！你莫弄错啊！'妈妈很肯定，'当然是那个高尔基，他常请胡去他家讲谈文学的啊！'我发懵，这怎么可能呢？"

这时，母亲又拿起一本法国作家巴比塞的《火线下》，说："啊，巴比塞，胡跟他就更熟了啊。"刘心武大喊："天方夜谭！""妈妈不跟我争论，只是说：'好，好，你看完一本再看一本吧，不管看没看完都要放整齐，再

---

[1] 刘心武：《兰畦之路》，见刘心武：《命中相遇——刘心武话里有画》，上海文艺出版社 2010 年版，第 3 页。

莫东摆西丢的！"

若干年后，驰骋文坛居于高位的刘心武弄清楚了这个胡孃孃的身份，她叫胡兰畦。抗日战争时期，她是蒋介石临危授命的女将军；她是高尔基的座上客，且成为高尔基出殡时棺木左右执绋人之一，而斯大林就是抬棺者之一；她曾深入到德国的心脏参加反抗法西斯的斗争，与宋庆龄、何香凝都是好友，她在德国坐过三个月的牢，所写作品《在德国女牢中》在欧美、亚洲都曾广为流传；她是陈毅的早期恋人，革命时期，分分合合，最终无缘……

如今，这个曾经叱咤风云的革命女侠，生活都无以为继。刘心武写道："妇女（胡兰畦）穿着陈旧的衣衫，戴着一顶那个时代流行的八角帽，她脸上尽管有明显的皱纹，但眼睛很大很亮。""我唤她，她笑。笑起来样子很好看，特别是她摘下了八角帽，一头黑黑的短发还很丰茂。"

但她内心是冷的，浑身瑟瑟，敏感的刘心武捕捉到了她来的意图："她实在是比热锅上的蚂蚁还难熬啊！……连我那么个少年都看穿了，除了享受温情，实际上也是来借钱的。"

命运允许反差，但很难承受极大的反差。感谢刘心武替我们留下了一位民国将军的后世速写，他还特地将一幅水彩画作比作胡兰畦的人生：曲折、幽远、坎坷、诡谲。你应该认识胡兰畦！

西南成都，再也没有比这里更适合生活的城市了。这里有刘备，有诸葛亮，有杜甫，也有女诗人薛涛。北门内酱园公所街胡家，祖上是明朝开国大将胡大海，这位福将虽是文盲，但是能折节下士，曾荐刘基、宋濂、叶琛、章溢于朱元璋，且军纪严明，曾说："吾武人不知书，惟知三事，不杀人，不掠妇女，不焚毁庐舍。"有一次，胡大海长子在婺州因酿酒，违背军令，被朱元璋处死，有人劝告朱元璋不要这样做，以免胡大海兵变。朱元璋说："宁可让胡大海造反，也不能让我的军令无法推行。"胡大海心疼，但亦无怨，依然忠心耿耿。

到了胡卿云这一辈时，已是晚清了，政治腐败，民间疾苦，帮会飞速发展。四川哥老会，又称"袍哥"，在长江中下游则称"红帮"。它与洪门（天地会）、青帮齐名，是中国近现代历史上著名的三大帮会之一，也是辛亥革命中一支不可忽视的力量。胡卿云就是其中一员。

但帮会毕竟是帮会，义气大于法律。当胡卿云遨游在武斗的世界里时，也常常被官兵捉去坐牢。妻子的娘家有些钱财，就花钱行贿，把他捞出来。戏剧的是，他的长子胡枢垣学的就是法律，毕业于京师法律学堂，辛亥革命时成为天津一名猛将。胡卿云还有个女儿，排行老二，叫胡兰畦，生于1901年6月26日。

其实胡卿云与妻子生了9个孩子，但最后只生存下来4个。孩子们有个好母亲。鲁葆芝率性、豁达，丈夫一天到晚在外面混世，孩子的教育就落到了她的头上。她从小就教他们民族气节课，教材有《出师表》《满江红》《正气歌》等。"壮志饥餐胡虏肉，笑谈渴饮匈奴血。"这样的诗句孩子们一下子接受不了，但时间长了也就懂了。

胡兰畦4岁那年，也就记事了。朦胧中记得，父亲又在外面"惹祸"了。清朝皇帝依然恋栈皇位，岂肯轻易放手？父亲偏偏与之作对，再次被捕入狱。母亲四处营救，顾不得孩子们的学业，胡兰畦就到了一个叫曹冰如的女子所办的新学，这是成都第一所私立女学堂。这个学堂拜孔子，教《三字经》，教练毛笔大字，但也教授绘画、音乐和数学，还开辟了自然课和社会实践课。

在这所学校求学期间，有两件事震动了胡兰畦。一是曹老师的邻居，一个年轻的姑娘，嫁人后却被诬告之前与人有染，新郎逼问之下，将她用铁链子锁了起来。姑娘悲愤不已，精神崩溃，不久即死。一是秋瑾被清政府杀害，曹老师多次提起过这个烈性女子。

后来曹老师不再教学，而是直接出去学习更开放的新学。胡兰畦跟着转入新学后，接连遇上大事件：辛亥起，清廷亡，男人闹着剪辫子，就连母亲都主动要求剪去长发了。

当五四运动起来后，芳龄十八的胡兰畦已经变身为华阳县立女学教员了，当时她学会了一首流行歌：

> 女国民，女国民，大哉女国民！
>
> 二十世纪，谁敢再说男尊女子轻？
>
> 愿我姐妹，早日讲求道德与学问，
>
> 将来做个顶天立地大哉女国民。

当时学校规定，师生不得参与游行。胡兰畦的心野，她就在家里给学生们上时政课。她讲日本人是如何步步为营意在夺走青岛，她说北京政府签订了协议，我们再不反对，就是亡国奴了！当时，她还分析说，青岛先是被德国占领，德国战败后，归还中国。这是德国第一次出现在她的演讲中，估计她也料不到，德国竟将伴随她大半生的革命生涯。

演讲完了，她还把家里的日货都清出来，牙粉、香水、洋伞统统砸掉！同学们义愤填膺。胡兰畦革命的气息已经渐渐在养成了。

她的人生实践第一课就是婚姻。民国初期，皇帝虽然倒了，但遗风可以百十年。那一年，胡兰畦16岁，家里为她订了婚。因为母亲重病了，这对她是一种疼爱。

那个小伙子叫杨固之。他早期即受胡家资助，后来经商渐渐富裕些，其人相貌品德，鲁老太太都是心知肚明的，总之女儿过去不会受委屈。胡兰畦心里是不愿意的，因为这个家伙"衣着虽然华丽，但倒吊起来肚子里也吐不出几滴墨水"。

但她没得拒绝。母亲死了，四弟、八妹、九妹相继夭亡。曾祖母的哭泣，父亲的叹息，夹杂着家中一个婢女的死去。充满哀伤的家，让胡兰畦懂得了艰涩苦难的人生。

一对自由恋爱的朋友曾劝她，逃婚，跑！但她没有。她想好了，先出嫁，再合理出走。她不想伤害家人。

1920年10月16日，不到20岁的胡兰畦坐在八抬大轿里，号啕大哭。吹吹打打红烛映天，她和着泪水，一路走进了洞房。

新郎端上来燕窝粥，满脸春意。她却呵斥：端起走！他无言，轻轻摘下她头上的珠花，放到柜子上，然后脱掉自己的帽子，扣上去。这是一种古老的仪式。她完全不予理会："你要干啥？"

再后来，这场婚礼有了它必然的结局。胡兰畦有个远亲在四川政法学校就学，答应帮她在重庆巴县女学找个工作，这样就能脱离旧俗婚姻了。两地相距一千多华里，翻山越岭全靠轿子。家人一定要让新姑爷陪同前去。胡兰畦中途得知那个远亲突然病发故去。新姑爷以为到了目的地后，面对重重困难，这个女子一定会听从自己的美言，乖乖跟着回乡。谁料他掉着眼泪央求她回去时，她斩钉截铁地拒绝了。她已经成熟："我是一个中国妇女，我要像秋瑾那样加入爱国者的行列，要为新的中国出力，绝不能当禁锢在家庭樊笼里，养尊处优的金丝雀。"

最终两人在1923年解除了婚姻关系。

从此，胡兰畦开始了流浪革命的日子。她不断结识新朋友，不断参加新运动，不断借住，艰苦求生，并认识了西南大军阀杨森——此人是朱德在云南讲武堂的同学。

那时候，杨森是川军第九师师长，他请卢作孚任教育科长，推行新思想、新教育，要建造新川南。这让胡兰畦等人大为欣赏。

胡兰畦对杨森的初期印象是正面的、积极的。为此，她乘了两天一夜的船到泸州川南师范任教。杨森来视察学校，以自己四块大洋创业的故事鼓励师生们把新文化进行到底。他还建议在学校推行军事化管理。在那年的"双十节"，他还开放了自己的住宅，邀请胡兰畦等师生参观。此人早期也是哥老会的一名舵主，身材魁梧，目光炯炯，家里更没有一丝军阀气，"里面确实清洁整齐，一尘不染，没有什么古董字画，以及庸俗的摆设。卧室内的桌子上也只是摆了一个玻璃罐，装的是一罐冷开水，上面覆盖着一个玻璃茶杯。床铺上的棉被也是打着四方整齐的方块"。

在泸州，胡兰畦还认识了一个重要的人物：恽代英。他那斯文的眼镜，一身褪了色的葱白洋布长衫，还有开口大骂北洋军阀的激情，都让胡兰畦发自内心地钦佩。此人不喝酒、不抽烟、不请客、不送礼。恽代英带来的新风，鼓励着胡兰畦继续向前走，他看不惯学校的官僚气，辞职后继续创办泸县公学小学部，并与同道中人发起了妇女剪发运动。运动中，她认识了秦德君，此女以明末抗清英雄秦良玉为榜样，参加五四运动，从事妇女解放工作，抗日战争请缨杀敌。

秦德君曾在北伐战争中坠马负伤，并受"四一二"清党运动影响，被"礼送出境"。她于1928年7月初，离开上海赴日本，在赴日船上，与同时避难日本的作家茅盾邂逅。她曾鼓励和陪伴茅盾写出大量作品，也正是她向茅盾讲述了胡兰畦的事迹，引发茅盾灵感，创作了重要的现代小说《虹》。

1930年秋，秦德君以特殊的方式回家：一个黑沉沉的深夜，忠县江边一副滑竿上悄悄地卸下一具"女尸"，又迅即被人抬到守候在那里的一条木船里。木船立刻解开缆绳向下游的"鬼城"——丰都进发，这"女尸"便是秦德君。当年8月，秦德君抱病从上海回到离别12年的家乡——四川忠县，从此继续她的革命事业。

她们实施的剪发运动首先对准了杨森的五个姨太太，由此带了个好头。此时的秦德君已经受杨森资助，准备赴欧洲留学。胡兰畦不禁心动，于是向杨森提出了申请。正处于军阀战乱不稳定期的杨森答应说，等他打到了成都，可以相助。当时，曾祖母去世，胡兰畦要回成都奔丧，路上都是战线，无法通行。杨森特请人护送她一路离去，但同时也交给她一个任务，到成都摸清敌情，用米汤、牛奶写信回来报告。就这样，胡兰畦第一次有了"参战"的机会。丧事未毕，父亲又突然病逝。胡兰畦在伤感中认识了杜黄。这位"辛亥女杰"在前朝时是翰林夫人，她却借用这一身份在铁路上为革命党运送炸弹，加力推翻清朝。她曾亲自设计刺杀袁世凯，并竭力组织女子北伐军，她在会上大唱："女国民！女国民，大哉女国民……将来做个顶天立地的大哉女国民。"

抗战时期的胡兰畦

这样的声音鼓舞着胡兰畦，但终因缺乏资金，计划暂时搁浅。她们去找了杨森，但没有结果。胡兰畦想出去留学，杨森一拖再拖，还让她帮着教几个太太学国文和算术。令胡兰畦不解的是，杨森的五个姨太太中有烈士的妹妹，还有师范学校毕业生。这样的新式女子竟然还去主动做什么姨太太，在胡兰畦看来，显然是陈旧的思想还在作祟。而且她们之间，除了奢侈的生活，就是钩心斗角，对社会并无积极意义。

杨森打到成都后，依然没有实现资助胡兰畦留学的承诺，却说让她进四川大学任教。这个时候，还发生了一件让她难以接受的事情。杨森的其中一个姨太太转述丈夫心思："军长叫我和你谈谈，外面很多人都说你是他的红人，他说，欢迎你参加到我们家里，我们共同生活……"

大大的眼睛，白皙的皮肤，鹅蛋脸，薄嘴唇，看那些老照片，胡兰畦依然是美的。一个早期的知识女性，做事又雷厉风行，这样的女子，崇尚新派的军阀杨森是不可能不动心的。

斜扭着腰肢，将左肱靠在阑干上的一位，看去不过二十多岁，穿一件月白色软缎长仅及腰的单衫，下面是玄色的长裙，饱满地孕着风，显得那苗条的身材格外娉婷。她是剪了发的，一对乌光的鬓角弯弯地垂在鹅蛋形的脸颊旁，衬着细而长的眉毛，直的鼻子，顾盼撩人的美目，小而圆的嘴唇，处处表示出是一个无可疵议的东方美人。如果从后影看起来，她是温柔的化身；但是眉目间挟着英爽的气分，而常常紧闭的一张小口也显示了她的坚毅的品性。她是认定了目标永不回头的那一类的人。

这是茅盾在《虹》里对女主角梅行素的白描。当茅盾在 1929 年创作这部长篇小说时，从黄埔军校毕业的胡兰畦正徘徊在江西的革命道路上。

在小说里，也有这样的情节，与她同乘船去上海参加会议的文太太故意调侃梅女士："那时候，梅小姐，为什么你不来参加？喔，你是省长的私人秘书，你是红人，你已经做了官。"这里的省长显然是指杨森兼职四川军务督办，成为四川省政府的代理人。

梅女士据理以争："做省长的家庭教师是有的。什么秘书，都是人家嘲笑我。更有些胡言乱说，只好一笑置之了。文太太，你是年青时就死了丈夫的，你总也知道那些轻薄的舌头专会侮蔑女性，乱造谣言。"

后来她们的话题就集中了省长的婚姻上，梅女士称："他的终身伴侣现在是五个。""他看待的很周到，很平等，又很谨慎；他那所有名的大园子里是几乎用了太监的。简直是他的阿房宫呢！"

但她们都是"极丑的"，一语双关。顺带着提到了那个师范学院毕业的女生："有一位做过'原为英雄妾，不作俗人妻'的诗句的，大概可以算是天字第一号的负数的美人罢！"

在正式拒绝成为杨森家妾的请求后，胡兰畦就接到了杨森的大红请帖，他升官了，正式成为四川省督理，即省长。他邀请她帮着张罗就职典礼，命令她为总招待。胡兰畦的回答是："我父亲死了，孝服在身，不能参加喜事。"

也正是这个时候，杨森开始对一些新派激进人物动手，挟制活动，并逮捕打击。胡兰畦知道，自己不走不行。全国学联在上海召开第六届代表大会的消息，传到了四川，他们在选派代表时，杜黄极力推荐了胡兰畦。

要去开会，没有路费。大家想到了胡兰畦与杨森的非常关系，鼓动她去筹款。这是为难的任务，但也是离开的机会。杨森给了他们每人50元，唯独给了胡兰畦100元。但按照胡兰畦的说法，她拿了这100元请杨森家眷大吃了一顿，并给他们的孩子买了衣服，而她最后是卖掉了十几间祖屋，寄养了兄弟，这样才有了路费，"倾家荡产地离开了故居"。

一路到顺江到重庆，路上还遭遇了土匪，这在小说里也有相同情节。长江两岸的险峰，沿途城市的世相，还有那些半旧不新的观念和尴尬，都让胡兰畦觉得，只有一条路：往下走。

在上海，她感受到了自己的"土气"，或许她内心也向往着时尚、流行。她看到了不一样的世相，妇女都剪了头发，男女随意同行，报刊琳琅满目。当天晚上，她就去《新建设》杂志社拜访了恽代英。听完恽代英的鼓励后，走出来时，不远处就看到了"华人与狗不得入内"的牌子，那是租界。

大会上，演讲嘉宾大腕云集，有吴稚晖、于右任、施存统，还有熟悉的恽代英。在这段激情燃烧的时日里，胡兰畦还跑去应聘了演员。那是鼎鼎大名的环球电影公司在招收女演员。电影是一门能感动人的艺术，她想利用这个媒介做革命的宣传。四川傅增湘的女儿傅文豪不就主演了《古井重波》吗？秋风送爽中，她见到了著名的导演和演员。她的表演是合格的，但她还是放弃了复试机会。她看到了演员不受尊重的现实，那个时候，西湖雷峰塔倒塌了，看到茅盾写的《冲出雷峰塔》后，她的野心更大了。当在重庆获知一些大学开始招收女生时，她最大的愿望是去考取黄埔军校，可惜那时候黄埔军校还不招女生。

此时，已是25岁"大龄"女子的胡兰畦遇到了一个同道中人——陈梦云。陈梦云身材中等偏高，穿一件香灰色华达呢长衫，一张方脸五官端正，看样子在三十岁以上。最先吸引胡兰畦的是他手里的红皮书《呐喊》，那是鲁迅的名著。他们大谈新文化运动，他儒雅博学，常常给她新书，《新青年》、《妇女月报》等。有人说他是陈毅的堂兄，但更多的说法是曾经的战友。

不过从胡兰畦的回忆录看，她认识陈毅比认识陈梦云要早：

我认识陈仲弘（陈毅），最初是在一九二二年的暑假过后，那时我从泸州回到重庆。宋南轩介绍周钦岳到我的寓所来看我。后来，周钦岳又带着陈仲弘来看我。他们两人都是由于参加留法学生爱国运动，被驱逐回国的，当时都在重庆《新蜀报》工作。周钦岳不爱多说话，陈仲弘却爱讲故事，还喜欢写白话诗，多半是鼓励人为革命奋斗的。我记得有这么几句："小孩子，不要哭！跌倒了，爬起来再跑。"他还爱讲劳工神圣呀，辩证法呀，反杜林呀等等。当时我什么也不懂，但听他说这些革命理论很感兴趣。以后我们见过几次。一九二六年冬天，他从万县到泸州参加起义，失败后回重庆还到我的寓所来看过我。在莲花池省党部，陈梦云、我、杨闇公、刘伯承、李筱亭谈到对陈书农部做工作时，我曾提出邀请他去。当时省党部没有决定。后来我考上军校女生队，听说朱德同志给他写了一封介绍信，让他到林翼如旅部去工作。林翼如又把他介绍给陈梦云（当时是三师政治部主任），到三师政治部工作。因为他是一个求实的真诚的革命家，性情开朗，平易近人，在三师深得人心，上自师旅团长，下到连排士兵，对他都很爱戴。[1]

---

① 胡兰畦：《胡兰畦回忆录1901—1936》，四川人民出版社1985年版，第158页。

陈梦云在国民党部队里谋得一个闲差，支持孙中山实施改组，创办黄埔军校。他邀请胡兰畦与他一起去广东，那里才是革命大本营。他也有一段婚姻，对方比他大9岁，是童养媳。当许多人劝她坚持让陈与原配先办离婚手续时，胡兰畦并没有太坚持，只是让他把对方安排好就可以了，并同意把家产都给对方。而后，他们宴请了朋友们，在山城匆匆举办了仪式。但后来，那个童养媳还是带人来闹事了，她乱砸物品，并揪住胡兰畦的头发大骂不止。但这反倒加速了胡兰畦与陈梦云去广东的行程。

　　中途一场阑尾炎，让他们暂息上海，并得到了一班老同盟会员的照顾，期间带他们去了苏州、无锡、镇江、南京等地游览，太湖、梅园、金山寺，成为胡兰畦一生中的蜜月期。

　　到达广州时，正赶上"中山舰事件"，蒋介石关了很多人，一时间，风气紧张。南国的市井百态，时髦而独特，衬托着革命的气息，别有风味。陈梦云去报考黄埔军校，成为第五期学员，但跑步时昏倒了，从此退出。

　　在先前认识一个叫洪英的国民党员介绍下，胡兰畦入党了，国民党左派（但胡兰畦后来说实际上是共产党）。她第一次知道，一个党是有两个派别的。洪英只是告诉她：左派要革命，右派反对革命。

　　接着她就被派到中央党部妇女部工作，并在大会上讲述了四川的妇女解放运动情况。会后，她见到了邓颖超，还看到了一位高高的男子，略瘦，异常英俊，浓眉下的双眼炯炯有神，穿着中式长衫，举止潇洒，态度谦和，正是黄埔的美男子之一周恩来。

　　北伐战争打响前的誓师大会上，胡兰畦手持彩旗参与其中，这让她对革命有了深入的认识。此后，陈梦云有心回四川行动，调动川军，声援北伐。在一次早茶会上，她见到中国几千年来第一个中央妇女部长——廖仲恺夫人何香凝，齐耳的短发，宽松的旗袍，英气锐利的眼睛，美丽而端庄，那么侃侃而谈，她受益匪浅。誓师大会上，她看到廖夫人一路送将士到韶关，风采迷人。

在回四川前，陈梦云受邀参加了蒋介石的宴会，而胡兰畦则见到了时任国民革命军第一军长的李济深，还有在疗养院的李宗仁。陈、胡与川军的几位将领熟识，蒋、李请他俩代为邀请川军参加北伐。

当北伐的洪流势不可挡之时，胡兰畦也迎来了她人生最重要的一个环节。那时，她正在组织发起合川妇女联合会。有一次，她偶然在县立女学阅览室看到了报上一则消息："北伐军占领武汉，中央急需大批工作干部，国民革命军特在四川招考学员四百名，凡属身家清白，有志革命，具有初中文化程度的青年男女均可报名。"

女的也招，喜从天降！胡兰畦兴高采烈地告诉了陈梦云，陈梦云的态度却有些冷淡。原来他早知道消息了，为此还特地把家里的报纸藏了起来。他怕胡兰畦走掉。但显然，他低估了胡兰畦的野心。

胡兰畦郑重地对他承诺："我们两人都受了旧社会的欺凌，一同下决心追求光明，今天都走上了革命的道路。第一，我们要求祖国的自由平等；第二，要求改造旧社会。我要去求学，是要去学习革命的理论知识，培养高尚的革命品德。你可以放一百个心，我决不会学坏的。我决不是见异思迁的人，我对你是诚心诚意的。我盼望你在革命的战场上建功立业，也渴望自己在革命的队伍中成为一名前进的壮士。我的性情，你是知道的，同情心很强，刚直，决不做对不起人和不负责任的事情。难道我去学了革命的道理，反而会对不起你吗？我还向他保证：'我毕业后一定回来。'"[1]

"天有美人江，地有少女风，谁云巾帼不英雄？红是桃花骢，青是莫邪锋，谁云粉黛可怜虫？"这是胡兰畦在学校学唱的《妇人从军歌》。四川31名女学员中有她的名字。她唱着歌奔向了军校。那是黄埔在武汉的分校。

---

① 胡兰畦：《胡兰畦回忆录1901—1936》，第118页。

重游黄鹤楼，风景依旧，胡兰畦的心已经大变了样。那次全国共招收了300多名女兵，番号为中央军事政治学校武汉分校女生队。在剪辫子时，胡兰畦注意到，她与一位叫李淑宁的同乡女子都已经剪了，而那些姐妹们有的还舍不得剪去。这位李淑宁就是日后的赵一曼。

经过剪发、换装、纪律学习、内务训练后不久，1927年2月12日，武汉分校在两湖书院大操场举行开学典礼。深灰色军装，紧束着腰带，军帽端正，打着绑腿，眼睛睁得大大的，这就是当时胡兰畦帅气的戎装照。

开学典礼由军校教育长邓演达主持，这位专业军人是黄埔军校7个筹备委员之一。主席台上有孙中山之子孙科，还有日后与胡兰畦颇有交情的宋庆龄。

让胡兰畦印象最深刻的还是恽代英的激情演讲。翻看胡兰畦的回忆录，会发现她对恽代英极尽溢美之词，气概、风度、才学，还有为男人的品质，甚至还提到了恽的爱情生活。胡兰畦还拿他与来校演讲的汪精卫对比，说汪精卫更像是公子哥，没有恽代英"朴实浑厚的气质"，活像戏台上的白面书生。总觉得，如果她要找伴侣，一定是照着恽代英这个模式去寻找。

1927年的"三八"妇女节，军校里隆重纪念这个属于全世界妇女的节日，这个节日的提出者蔡特金正是德国社会民主党和第二国际左派领袖之一，同时也是德国共产党创始人之一。胡兰此时不可能想到，她将来会在德国见到蔡特金本人。

蒋介石来校视察；国民党左、右派在学校明争暗斗；周佛海、汪精卫等人轮番前来学校演讲，直到迎来了胡兰畦最心仪的男人。而在这个人到来之前，她先是收到了一封急信，寄信人是她正在重庆读书的七弟，信中称："姐姐，你一定会怪我不好好在重庆上学，又跑到合川来做什么？姐姐，你才不知道啊，重庆出了大祸了！我弄得走投无路了，才跑到合川来的。我以为到合川来能找着陈仲弘（陈毅），好给我出个主意。谁知到了合川找不着他，也找不着陈大哥（陈梦云）……三月卅一日那天，重庆群众因为反对帝国主义炮轰南京，在打枪坝召开大会游行示威。……向外只有独路一条。……突然，响起了密密的一阵枪声，子弹在空中飞舞。……中弹而死的、踩死的、压死的，当场就有好几百人，真是悲惨极了。……听人说陈仲弘、陈梦云都失踪了。……"[①]四川军阀已经开始大开杀戒了，在这个被称为重庆"三卅一"惨案的事件里，有四五百人惨死，伤者千余人。虽然动刀的是军阀，但后来还是把一个军官杨引之枪毙了。

杨引之是四川华阳人，为黄埔军校第三期毕业生，国民革命军陆军少校，曾参加东征和北伐战争。事发时，当时他正在四川与当地军阀联络"招安"，据说他是蒋介石的特使，因此被抓住了"把柄"。对他不依不饶的正是胡兰畦所在军校的学生。据说他当时从四川赶到了武昌，目的是策动分校学员拥护蒋校长并迁校南京，结果被军校"学生讨蒋筹备委员会"抓获，同年6月1日死于武昌第一模范监狱。按照胡兰畦的记述，当时司法部并不打算判杨死刑，但群众不依，军校同样群情激奋，"尤其女生队的重庆学生，更恨不得把杨引之弄来千刀万剐"。武昌街上，军校男女生示威游行、请愿。最终杨引之被处以死刑。

七弟的信让她更加记挂那个人，陈仲弘。当然她也记挂陈梦云。那是个星期天，没有训练，胡兰畦正在操场上看报，有人急急地来报信，说有个人来看她。会是谁呢？"还未到传达室，我就远远看见一个穿着深灰色军服，肩挂斜皮带的瘦长个子，他望着我微微地笑着。"[②]

"呵，你逃出来啦？梦云呢？"胡兰畦眼泪止不住了。"真是悲喜交集，原来，他就是'三卅一'惨案后，我最担心的陈仲弘（陈毅）。"[③]

自从接到七弟的信后，胡兰畦每夜都不能安睡，因为她不知道这俩人

---

① 胡兰畦：《胡兰畦回忆录1901—1936》，第151页。

② 胡兰畦：《胡兰畦回忆录1901—1936》，第157页。

③ 胡兰畦：《胡兰畦回忆录1901—1936》，第157页。

怎样了。"今天突然见到他穿着军装来到女生队,当然是喜从天降。我握着他的手,说也不是,跳也不是,简直欢喜昏了。"[1] 一个军校女生,如此豪放地抓着高个子男子的手,脸上洋溢着喜悦,自然而随和,但也有一丝外人不易察觉的尴尬。后来是他打破了这尴尬:"今天星期天,放假,我们出去走走嘛!"

他们去了黄鹤楼,泡茶。他语速很快,告知她,陈梦云无恙,会尽快来汉口。陈仲弘当时身在四川三师政治部工作,白色恐怖之下,他是被捕分子之一。他是天生的诗人,文笔犀利,常在《新蜀报》发表文章,猛烈抨击军阀混战的种种恶行。他被军阀视为最不受欢迎的人之一。他是中共党员,一直秘密行动。经中共川东负责人刘愿庵的推荐,他到合川县川军邓锡侯部第三师任政治部秘书。正是在这里,他结识了政治部副主任陈梦云。陈梦云赞同陈仲弘的革命行动,并暗中帮助他。陈仲弘暗中建立了一个秘密中共党小组,经常组织活动,激发民众革命热情。他们侥幸逃过了"三卅一"惨案。但事后,当时代理师长和县长邀约陈仲弘等人赴宴。后有县府一个工友悄悄告密,说这是陷阱。在陈梦云的巧妙周旋下,陈仲弘得以逃脱,他刮掉胡子,穿上西装,扮成"买办",坐上他的大轿,由他的副官率两名弁兵护送,登上了去武汉的江轮,来到军校。来到后,还不忘在胡兰畦面前吟上一句:轻舟已过万重山。

正午的阳光直射在黄鹤楼上,四月的天光宜人清爽,江风吹来,竟有徐徐春意。他们在附近找了一家小饭店,点了回锅肉、麻辣豆腐,这是陈仲弘最喜欢的两道菜。饭间,他问她:入党了吗?意指中国共产党。说到这个,胡兰畦一肚子委屈。前两天,李淑宁刚找她谈过话,本想拉她入党,但陈梦云是个军官,身份受到影响,最好是与陈离婚才能实现。胡兰畦不答应,此事也就不了了之。但这事竟到新中国成立后还拽着她的后腿。

---

[1] 胡兰畦:《胡兰畦回忆录 1901—1936》,第 158 页。

陈仲弘来到军校后，就地任职，表面上是文书，其实是中共党委书记。当杨森彻底与蒋介石联合起来后，便开始调兵进犯武汉，同时开始对付共产党。于是，在1927年5月中旬，驻扎武昌的兵力在二十四师师长叶挺的统一指挥下，开始往西南攻打杨森部。军校女生也接到命令参战。胡兰畦整装待发，还接到了一根红蓝白相间的"牺牲带"。当时陈毅的弟弟也在队伍中，他在战斗中负伤，胡兰畦还随陈毅去医院看望。

仙桃镇一仗，杨森队伍几乎全灭了。但回来后不久，由于"宁汉合作"，军校宣布解散。胡兰畦与陈梦云借住在武汉，想跟着共产党走，又得不到信任。她向陈毅倾诉又哭闹，陈毅支持她去找何香凝。那时候，"南昌起义"爆发——国民党称为"南昌暴动"，因为这是中国共产党针对中国国民党的武力清党政策，在江西南昌发动的武装暴动事件——国共彻底闹翻了。这一天，陈毅与亲密战友范英士来到胡兰畦寓所，激动地说："从前清朝政府骂孙中山是土匪，现在国民党骂我们是土匪。不错，我们是他们国民党眼中的土匪！我这个人怪，我就要去当'土匪'！"[①]

陈毅说他要走了，一再叮咛胡兰畦追随何香凝团结国民党左派。他们四人合影留念，陈毅的话，深深印在了胡兰畦心里。

国共分裂后，国民党内部更是闹得激烈，胡兰畦在其中处境更为尴尬，但她记住了陈毅的叮嘱，继续留在武汉任职。陈梦云要回四川工作，胡兰畦托人找到在国民党内身处高位的陈公博，帮着为他在四川落实工作。

"倩疏林，你我挂住斜晖……"临走时，陈梦云与同伴哼起了川剧《长亭送别》，船离岸边，驶向江心，从此后，不知道何时才能相见。

经过几番颠沛后，胡兰畦去了江西南昌。当时陈梦云以断绝经济供给要挟她回四川去，她不予理会。正是在江西，她遭到了蒋介石下达的驱逐令。

---

① 胡兰畦:《胡兰畦回忆录1901—1936》，第177页。

在江西，穿行于各路党派中间的胡兰畦多次更换工作，后任江西省救济院孤儿所兼妇女教养所长。当时救济院的清节堂里，收容着无依无靠的寡妇。在这里，她们与世隔绝，还都被锁在了肮脏的院子里，虽然堂里供给稀粥，但健康堪忧，不少人生了疮。

"守孀又不是坐牢，为什么要锁起来？"她上任后第一件事就是违反常规，打开了清节堂几百年的大锁，然后对她们的居住环境消毒清理，并改善伙食，帮她们找工作，还开展文艺演出，一首昆曲《牡丹亭》唱醉了很多人的心。后来有人跑去向上级告她的状，说她让男女受救助者混住在一起，虽然没有什么回应，但后来江西省政府接到了蒋介石的电令，驱逐胡兰畦等11人出境。胡兰畦事后得知，这是因为自己在一篇文章中提到了"南京中央不过是一张封神榜"。于是，胡兰畦上庐山找到了作画的何香凝，让她帮着向组织说说，她想去欧洲留学。在这期间，她还受委托去香港面见陈公博。陈公博从共产党转入国民党后，似乎从未与蒋介石形成一派过。他们有意撇开蒋介石重新组立一个新政府。陈公博还提到，非得争取宋庆龄和何香凝两位支持不可。"陈公博装出很诚挚的样子赞扬宋庆龄和何香凝。陈说：'孙夫人没有钱，孙先生逝世后，许崇清给孙夫人送去几千元，她都没有收。廖夫人也没有钱，她想到欧洲去考察一下国际的实况，还只有靠她自己画画出卖来筹集路费。但令人感动的是，去年蒋介石宋美龄结婚时，他们给廖夫人送了一笔重重的厚礼，请她为他们证婚，却被廖夫人谢绝了。我们要组织廉洁政府，就要举起这两面旗帜。'"[①] 不久后，她就被派往了欧洲，名义上是考察社会救济事业，实际是江西改组后将她"踢"出了国门。但她觉得是"绝处逢生"。

与她同去德国的还有小学同学蓝素琴〔据说她早期曾在德国学习化学，后来成为清华大学校长、中央大学（南京大学前身）校长的罗家伦曾在当地追求过她），一路颠簸到新加坡时，她看到一家成都特产"灯影牛

---

① 胡兰畦：《胡兰畦回忆录1901—1936》，第213页。

······························1936年长征到达陕北后的廖承志

肉"，风一般跑过去买了几包，思乡之情，可见一斑。经巴黎、到柏林，到达目的地后，有个四川人负责教她德语，此人外号傅铁牛，真名傅德辉，出身地主家庭，家境富裕，经常有人问他借钱，但他每次都要让人家立字据。据说，新中国成立后土改，傅铁牛也受到了清算，土改工作队从他家搜出了一大批契约、借据，其中有一张是朱德同志向他借了20个马克的亲笔借条。工作队员一看，愣了，连忙问他：这个朱德，是什么人？

"就是朱总司令。"

"他会向你借钱？"

"是的，在德国留学时借的。"

工作队员们无法，只好把这件事向朱德同志汇报。朱德同志回信，说有这件事，傅铁牛是个搞科学的人，并不是剥削农民的地主，不必清查他，送他到北京来吧！后来，傅铁牛就被安排到中国科学院工作了。

1930的6月，胡兰畦到达德国已经半年了。这一天，在柏林，她迎来了何香凝和其子廖承志。他们相谈甚欢，话题最后落到了党派救国上，晚饭时，廖承志公开了自己的身份：中共党员。

这个出身国民党元老之名门的留洋派，在革命低潮时投奔了中国共产党。他曾多次被捕入狱，却每次都奇迹般生还；他曾因"海外关系"被批判，却凭这份关系在外交战线上独树一帜。童年被叫作"肥仔"，晚年被尊为"廖公"。当时他在汉堡读书，何香凝一个劲地对胡兰畦夸赞儿子的"公仔"画得很好。

也正是在廖承志的帮助下，一直处于组织夹缝中的胡兰畦加入了共产党，成为"德国共产党中国语言组"一员。

当时的柏林还住着一位重要女性——宋庆龄，她常与何香凝游览柏林名胜，畅谈国内大势，胡兰畦就跟着一起学习。后来，何香凝母子回国，胡兰畦就陪着宋庆龄，来来往往。由于没有经济来源，胡兰畦常常陷入困境，宋庆龄就每周买一些鸡鱼肉菜到胡兰畦住处做饭，每次所带东西，

宋庆龄

都足够胡兰畦吃上一个星期。胡兰畦深深感受到这位女性的体贴和善良。1931 年 7 月，宋庆龄的母亲去世，她回国奔丧，胡兰畦陪同回国。途径莫斯科时，苏联人给予了这位革命者遗孀足够的热情，鲜花、礼物、拥抱，还有真诚。列车到东北时，当地政要均来迎接，让胡兰畦遗憾的是没有见到心仪的少帅张学良。宋庆龄对她说："我见过他（张学良），一九二五年，孙总理北上时，张学良曾以子侄辈身份，到医院探视过总理的病。"她还盛赞张学良的仪容风度，说他是个很有为的年轻将领。

宋太夫人在上海的出殡仪式隆重而肃穆，西方基督徒式的告别，送别队伍中有宋子文夫妇，有孔祥熙夫妇，然后是形单影只的宋庆龄，最后是宋美龄夫妇——当然少不了蒋介石先生。"我们没有妈妈了！"宋庆龄长哭不止，胡兰畦见到了这个不苟言笑的女子脆弱而多情的一面。正是这次回国，作为宋庆龄的助手之一，胡兰畦还被大上海《良友》杂志选为封面女郎，报道她的英勇事迹，她的形象第一次广普性地走进大众视野。

后来，宋庆龄通过美国进步记者史沫特莱和陈翰笙帮助，送胡兰畦再

··············· 1932年，胡兰畦与德国友人安娜·西格斯

度赴德学习。当时，德国的法西斯势力已经成气候，日本也强占了中国东北三省。为了团结更多的留学生抗日救亡，胡兰畦等人组织成立了"留德反帝同盟"，胡兰畦任主席，成员中只有程琪英与胡兰畦为中国女子。对程琪英，胡兰畦印象深刻，这个女子在回国后，曾舍身救过革命志士，新中国成立后任北京大学德语教师，但在 1957 年被划为"右派"，"文革"中被迫害致死。

反帝联盟"开张"不久，胡兰畦即被宣布开除党籍。

原来，在德国的共产党内部发生了分裂，对立面那些人还不断对宋庆龄展开攻击，认为她"不是共产党，是国民党的大官"。胡兰畦为此据理以争，与一些党内人士结下了"梁子"，她陪同宋回国的事情更是在《申报》、《大公报》上被大肆报道宣扬，不少人有意对她下手。但她一直在抗争，向德国、莫斯科、法国等地的共产党组织申诉，并继续着反法西斯事业。

1932 年 8 月 30 日，德国国会开幕。这一年纳粹党获胜，成为第一大党，党首为希特勒。共产党排位第三。议员中年龄最大的为胡兰畦的偶像、75 岁的克拉拉·蔡特金。当时的德国已经是法西斯的天下，他们恫吓蔡特金，说她敢出来主持会议，一定给她颜色看看。

结果，在莫斯科养病的老人家从容而至，稳坐在主席台上，因为国会要由年龄最大的议员主持。这位精神领袖深深影响了胡兰畦。四个月后，德国共产党在柏林体育馆举行反法西斯大会，胡兰畦在会上发言，控诉日本侵华罪行，并告知世界，中国人民正在浴血奋战！这是第一位在德国公开演讲日军侵华的中国女子，她向欧洲人民昭告着中国人参与反法西斯斗

1934年，胡兰畦（前中）出席苏联第一次作家代表大会

争的坚决声音。

这之后，她见到了蔡特金本人。但随着1933年春希特勒的上台，胡兰畦被逮捕入狱，被关押了三个多月。那是一段漫长而令人心悸的日子。狭窄的牢房，糟糕的食物，没有了自由，却迎来了严厉的管束，她每天就靠着一遍遍擦洗牢房及各种设施度日。但是在牢房里，她结识了很多正义人士，他们送给她一块巧克力都让她感动到流泪，他们携手继续战斗，还在牢房里演起了高尔基的《母亲》。

三个多月后，经过宋庆龄、鲁迅等人在上海以民权保障大同盟的名义一再向德国领事馆交涉抗议，胡兰畦得以释放，但被驱逐出境。她将这段经历写成了《在德国女牢中》。这本充满着希望和积极的小书，是那个特殊时期，欧洲人、亚洲人对法西斯痛斥的代表作。该书经法国文豪巴比塞主编的《世界报》首发后，影响很大，后来被译成俄、英、德、西班牙等文字。

因为她的特殊身份，英法都对她实施驱逐，她向留苏的肖三写信求助，求他帮忙买票回国，她要去东北参加抗日。当时苏联正在准备召开第一届作家代表大会，主持者是高尔基。胡兰畦被安排以中国作家列席。这是一夜升天的荣誉，胡兰畦觉得这幸福来得太突然了。

在莫斯科，她见到了太多的大家，譬如西蒙诺夫。更让她记忆终生的是高尔基。"黑色的西装，身材略高而瘦削，嘴唇上的胡须很浓，头微微地偏着，慈祥忠厚，朴实得像一个中国的农民老大爷那样。"这是胡兰畦对他的印象。会后，高尔基设宴招待作家代表，胡兰畦成为受邀请人之一。在莫斯科郊外的一个消夏别墅里，她与高尔基握手问好，但她却提出了一个要求，说中国有五位左翼作家（隐夫、柔石、李秋实、胡也频、冯铿）被反动派杀害了，请求他发出抗议声音。

高尔基不但记住了这个牵涉到作家的事件，还记住了这个勇敢的女子。他特地让胡兰畦坐在自己右边，左边就是莫洛托夫，那时苏联的党和国家领导人。高尔基在宴会上直斥中国作家被暗杀事件，并指着胡兰畦对大家说："这是一个真正的人！"接着就讲述了胡兰畦在德国坐牢后的遭遇。他还建议莫斯科市长给胡兰畦安排房子，让她留在苏联工作。普希金广场附近一条街上的房子直接分给了胡兰畦，有书房、卧室、饭厅、洗澡间等等，而那时候，苏联人自己的住房都成问题。《毁灭》的作者法捷耶夫，《钢铁是怎样炼成的》的作者奥斯特洛夫斯基，著名女外交家柯伦泰女士……胡兰畦连续拜访了诸多名家，并继续与高尔基有所交往，直到1936 年 6 月，她重返莫斯科，参加高尔基的葬礼，斯大林、莫洛托夫都是抬棺人，而她则与高尔基的子媳手捧遗物，为高尔基执绋。这是一种荣誉，多少党内外人士梦寐以求，这一年她 36 周岁。

但是胡兰畦也曾受到苏联人的怀疑。由于她与王明发生了矛盾，有人报告她是托洛茨基分子，情报机构克格勃一直在调查她。1936 年胡兰畦与同仁一起离开苏联时，克格勃要扣她的护照，却错扣了陆娜君（陆晶清）的护照。当时一起返回的国民党将领陈铭枢，坚持"我们是一同前来的，一同回去，没有人要留下来"，几经交涉，克格勃才放行。

回国后，胡兰畦一直遭受冷遇，国共两党对她都不大亲热。后来是中华民族革命同盟主席李济深邀她参加工作。李济深曾与陈铭枢、蒋光鼐、蔡廷锴等率领十九路军发动福建政变,逼蒋抗日。后来,抗日战争爆发,李济深主张国共合作,蒋介石撤销对他的通缉,并任命其为国民政府军事参议院院长职务,授予李济深陆军一级上将军衔。

胡兰畦见到李济深的时候,正是"西安事变"爆发之时,李济深写了四封急信,分别给宋庆龄、何香凝、张群、吴稚晖,极力说服他们统一政见,保护总裁安全,不可轰炸西安,事变不能演变成内战。这个送信的重任就交给了胡兰畦。

此后,胡兰畦就留在上海,追随宋庆龄继续推进抗日,救助爱国人士"七君子",办刊物(《小把戏》《壁报》),引来茅盾、胡风等名家为她撰稿。可能正是此时她与胡风相识,并因此在后来的"胡风案"中受到牵连。

当"抗战"打响后,她冲到一线去运送物资,代表何香凝到嘉定县外岗镇慰劳十八军兄弟们。当时她成立了一个特别的组织——"上海劳动妇女战地服务团",她自任团长,奔赴前线,帮忙救援,安抚民心,组织文艺表演,甚至冒着敌机轰炸的危险组织抢割稻子。大撤退时,在南昌,她巧遇陈毅。此时,这支"火线上下来的女兵"团体已经引起轰动。那天晚上,她们受邀去为大学生作报告。煤气灯下,观者如潮,民心大振。一张纸条传到了胡兰畦手中。她看到一个熟悉得不能再熟悉的名字,她朝思暮想的名字。抬眼望去,不远处站着的男人,"面色憔悴,形容枯槁",正是陈毅。

"我结束了报告,急忙向他跑去。我们紧紧握着手,高兴得泪花只在眼眶里转。"

她问:你还在呀?是真的吗?

他答:也几乎见了马克思!

此时的胡兰畦已经与陈梦云离婚。她是自由身,她有权利追求一切应该属于她的幸福。

他们谈论了很久很久,陈毅身为新四军筹备人,正在召集旧部,他满

1937年10月，上海劳动妇女战地服务团成立，胡兰畦（左六）任团长

脑子都是斗争和革命，言语中提起的都是毛泽东的战术。说到他的死里逃生，惊险而幸运。先是穿着老百姓给的破衣烂衫，吃着山里的竹笋，躲躲藏藏，有一次差点就跑不掉了，他被四处包围，要不是国民党官兵追在后面，大喊捉活的捉活的，不敢开枪，他肯定牺牲了。

在悬命逃亡中，最惊险的是他跑到了一处悬崖。要么成为俘虏，要么跳下去。他选择了后者。追兵对着下面扫射了一阵，撤去。而他跳下去时正好被藤萝树枝中一块突出的石头托住。后来第二波追兵又扫射了一番，他直等到天黑才敢上去。听他讲述时，她的心都快跳出来了。

终于谈到了感情问题。她说了离婚的事。胡兰畦记下来陈毅说的话："一九二七年李淑宁（赵一曼）要求你与陈离婚，看来还是对的。分手以后，他虽然没有出卖朋友，出卖同志，但是他并未照我们分手时所商量的路线去做。个人生活走的是资产阶级的道路。"[①] 他们已经相识 15 年，武汉一别竟是 10 年。她自述于 1937 年冬与陈毅订过婚。（"这事新四军的项英等同志知道，陈毅父母也知道。"）这次江西会面恰恰是 1937 年年底。他们谈了一个通宵。她在回忆录里说：

---

① 胡兰畦：《胡兰畦回忆录 1901—1994》，四川人民出版社 1995 年版，第 357—358 页。

这一夜，我们谈了很多，很多，倾诚而谈，滔滔不绝，时间过得特别快，不觉窗外天色已经大明了。

我与陈毅相识十多年，最初只是朋友和同志关系，没有想到其他。他在江西打游击时，很久没有消息。许多人以为他牺牲了。因此在南昌突然与他见面重逢，我与他都非常惊喜。这时，我也是共产党员，与他志同道合，比较了解，谈得非常投机，真有说不完的话。我觉得早就应该与他结合在一起。而且，我已经与陈梦云分手，在婚姻上有重新选择的自由。这样，我们才订婚的。对这事，我们双方都很慎重，很认真。他写信给他的父母，告诉了这个决定，并在信中说："我同她志同道合，同信仰，同工作，在几个相同的情况下，我们订了白首之约。"后来，他写给父母的信，都是通过我转去的，他一家人对我都很好。

陈毅的婚姻亦有不幸。1930 年在江西信丰，他与当地 19 岁的女学生萧菊英结婚。1931 年陈毅外出开会，归途遇敌人袭击，绕路回去，萧菊英听闻陈毅已牺牲，于是跳井殉情身亡。陈毅写下《忆亡》诗："泉山渺渺汝何之？检点遗篇几首诗。芳影如生随处在，依稀门角见冰姿。"1932年重阳节，经李富春、蔡畅介绍，陈毅与 18 岁的兴国女红军赖月明结婚。1934 年红军长征后，陈毅留守江西中央苏区，动员赖月明散从大局带头疏散回乡隐蔽、打游击。二人于 10 月 20 日分别，此后赖明月下落不明。1937 年国共合作抗日，南方红军三年游击战争结束，陈毅才得知，赖月明在被捕后跳崖自尽。陈毅写下《兴国旅舍》诗："兴

陈毅

城旅夜倍凄清，破纸窗前透月明。战斗艰难还剩我，阿蒙愧负故人情。"

谈话结束后，已经是鸡叫三遍了。陈毅送胡兰畦到了百花洲。"烟波与客同樽酒，风月全家上采舟；莫问台前花远近，试看何似武陵游。"碧波粼粼的湖东，自古就是诗人雅集的胜地。这位现代大诗人，心里又在想着什么大作呢？

他鼓励胡兰畦，继续往战地走下去，团结一切可以团结的力量，为现在的抗日，也为将来的光明。

此后，胡兰畦又见到新四军副军长项英，他读过她的《在德国女牢中》，印象大好，并说这书在延安成了教材，鼓励她们的战地服务团继续办下去，往前走。那些天，她与陈毅有过多次见面，有一次在皖南，陈毅还在雪夜前夕送了她一二里地。为了解决她的转党问题，他还亲笔致信邓颖超、蔡畅，让她带着去。

然而，他们的恋情终究没能修成正果。胡兰畦独自饮了这杯苦酒，却从不觉得委屈：

那时，我们隐蔽了共产党员的身份，在国民党罗卓英部队领导战地服务团，他是新四军的领导干部，如果我与他正式结婚，就会暴露身份，不能再坚持在国民党部队作战地服务团的抗日工作。……为了抗日，为了工作需要，我们只好暂且牺牲个人幸福，决定各回各的工作单位，待抗战胜利再说。

最初，我与陈毅住地相距较近，我知道他经济困难，常资助他买鞋袜及生活费用。

后来陈毅去皖南，他给我写信说："马革裹尸是壮烈的牺牲，从容就义是沉默的牺牲，我们为革命牺牲个人的幸福，是最伟大的牺牲。为了革命，我们就吃这杯苦酒。假如我们三年不能结合，就各人自由，互不干涉。"为了革命，我们只能作这样的决定。

分别后，当时的环境通信很困难。皖南事变后，我很担心陈毅他们的安全……1947 年，国民党报纸大肆宣传陈毅被炸死，在山东开追悼会……陈毅的父母很悲伤，我安慰他们，把在成都沙河堡草店子集资办的农场，约 30 亩地，连同房屋，两万元本钱，贡献给了他父母。并说明，我们都是他们的子女，会关心他们的生活的。

后来听说陈毅在新四军已与张茜结婚的事，我为他高兴。我是自愿为革命放弃这桩婚事的，心里也就没有什么委屈。

1940 年，陈毅与张茜结婚。陈毅在结婚前写一首诗《赞春兰》："小箭含胎初生岗，似是欲绽蕊吐黄。娇艳高雅世难受，万紫千红妒幽香。"有人想到了胡兰畦。但也有人说，张茜本名张春兰。

胡兰畦继续带领着战地服务团前行。她们一路上出生入死，从前线到战后游击区，后来还随军到了武汉，宋美龄亲自设茶会欢迎和招待她们（胡兰畦回忆：但有女队员因此事在"文革"中被揪斗迫害）。直到 1939 年的除夕夜，她们还活跃在江西的火线上，去了湖南、贵州，然后辗转回到家乡成都。很多年轻时的好友都去了，譬如她最钦佩的杜黄，而她的弟弟则被分配在保卫卢沟桥部队中，听说现在已经做了连长。

那时候，为战争需要，成立了军事委员会战地党政委员会，李济深任副主任，蒋介石任正职。委员中国民党高级将领众多，成分也很复杂，有爱国"七君子"，也有共产党代表周恩来，周还是副主任。胡兰畦此时刚刚参加了国共合办的游击队干部培训班，讲课者有吴稚晖、周恩来、叶剑英等。后来国民党高级将领陈诚要求胡兰畦特许入党（国民党），并且这批学员全部加入三青团。胡兰畦请教了叶剑英，得到的答复是，为了大局，全部加入。由此，她一直活跃在复杂的战区和不同党派中，也就难免为以后的"大清查"埋下隐患。

1939 年 7 月份，她从成都到重庆，李济深一直有意扶持革命青年，就主动找陈诚，问胡兰畦作何安排，此前，陈曾有意把胡兰畦再派往前线去。

陈诚以邓颖超已经回延安，如果胡兰畦单独开展工作会被蒋夫人误会为由，坚持让她回前线去。李济深"将计就计"，按照程序给了胡兰畦一个合适的位置：由军事委员会战地党政委员会委任胡兰畦为少将指导员，委令的落款是蒋介石和李济深，并指令她前去三、六、九战区协同工作。要知道，在当时的国民政府里，女将军除了"中国空军之母"宋美龄外，其他的几个屈指可数，胡兰畦突然被宣布为少将军衔，一下子引起了很多人的闲言。他们又去找李济深理论的，说这个女的，怎么可以做将军？李济深坦然解释：以她的革命历程，要是男的，可以做中将了！

检阅部队，视察防区，胡兰畦的少将生活神清气爽、意气风发，她在日记里写道："深秋的天空、水色、山花、野草都另有一种美丽。随着深秋带给我们的湘赣北大捷，是多么振奋人心！所谓的皇军，在长沙会战中惨败了……"

胡兰畦不知疲倦地奋战在前线，有时一天要行军80公里。她亲历了最残忍、血腥的战争场面，最终病倒了。此时，与她一起的很多服务团成员都有心脱离十九集团军，回到新四军去。她托病离开，服务团也在不久后解散。皖南事变时，她正在手术中，陈梦云来看他，告知她新四军军长叶挺被俘。她当即问：陈仲弘有消息吗？

时光到了1947年6月，突然传出了一个惊人的消息：陈毅被炸身亡。当时正是国共内战之时，情报战也暗战正酣。陈毅被炸身亡的小道消息到处都是，就连当时的《中央日报》都刊登了陈毅追悼会的经过。当时陈毅父母向胡兰畦写信询问情况，沉痛不已。胡兰畦知道他们经济窘迫，马上卖田救助，并回信说："我一定负起给二老生养死葬的责任……"直到陈毅被炸的谣言被澄清，她仍在照顾二老。

在上海即将解放时，胡兰畦参与了对张轸等国民党部队的策反工作。

这是中国人民政治协商会议四川省委员会在她讣告上的证词。1949年初，胡兰畦以惊人的胆略，置生死于度外，只身穿越火线，成功地完成李济深交给她的任务，策动国民党军队起义，为加速解放战争的胜利做出了贡献。她的政治立场是坚定的。

她站在上海的街头，汇入茫茫的游行队伍中，庆祝上海解放，迎接一个新的时代，远远地，她看到了市长陈毅的身影，在主席台上，他大声疾呼着什么，她一点点远去，直到再也看不见了他。

新中国成立后，她失业了。为了吃饭，她组织和尚尼姑开饭店，大众饭店生意红火，但心里终归委屈。上海，她不想待了。她去了北京，北京华北大学工学院院长留她管理总务，实际上就是管理伙食。她拼命努力搞好学生伙食，不料遇到"三反"成了怀疑对象，被迫"反省"，轮番审讯。后来调到图书馆任副主任，又遇反胡风问题，她之前办报曾刊发过胡风的稿子，因此与之认识，于是又是一轮批斗，被打成右派，后来被下放到农村去劳动改造。"文革"中，去抄家的人把她所有的外文书都拿走了，临走时还把高尔基的木刻像取下，说不准挂外国人的像。可那是高尔基啊！马克思不是外国人吗？她心里不服气。

她不知道挨了多少次批斗，那些小家伙对着年已古稀的老太太猛打耳光，打到最后她急了：打死我没有关系，我没有什么对不起共产党的！最后，她的耳朵还是被打聋了。她没有钱吃饭，妹妹每月给的20元根本就不够，她就只好向好心人去借，刘心武所说的借钱借温暖，并非妄猜。

她生性倔强，和自己赌气，坚决不去找过去那些要人求救，尽管她与宋庆龄、何香凝都在一个城市里。唯一记录的就是给陈毅写信，但也只是含蓄地署名陈仲弘，结果对方告知：查无此人。此事在她的回忆录里也有记载：

上海解放后，我遇到了一些坎坷，心想陈毅是了解我的，便写了信给陈毅。他没见我，让潘汉年跟我谈话。我心中觉得很歉然。潘见我时曾说："陈毅已儿女成群，你还找他干什么？"我听了很生气。……此后我与他没有再见面，是很遗憾的。"文化大革命"中，我看到一篇文章谈他的情况，便写信给他，劝他要冷静些。我在信上写的名字是"陈仲弘"，外交部给我退了回来，说是"没有此人"。

浩劫结束，退休的她坚决要求回成都养老。1979 年，胡兰畦在《百科知识》第 1 期上发表了《和高尔基相见的那些日子》一文，很多人知道了这个非凡的女杰，也引来不少失散的朋友，他们兴奋得纷纷给她写信联系，断了线的风筝又连到了一起。

1982 年，廖承志特地托人寻找当年追随何香凝的胡兰畦、陆晶清和刘天素三位妇女，并把她们接到北京，白首聚首，感慨万千……有人说，廖承志的接见对胡兰畦是一个肯定。后胡兰畦获彻底平反，恢复党员身份，成为全国政协委员。

1994 年 12 月 13 日，胡兰畦在成都病逝，她的《讣告》中职务有这样的排列：

中国共产党党员，中国人民政治协商会议第六届全国委员会委员，政协第四、五届四川省委员会常务委员，四川省文史研究馆名誉馆员，四川省黄埔同学会顾问。

四川省政协在《讣告》中对她的一生给予很高的评价："在我国民主革命各个时期她都为中国人民解放事业做过贡献。建国后她虽长期遭到误解和不公正待遇，但仍坚定不移地拥护党、相信党，服从组织安排，积极参与社会主义革命和建设。"

但我更愿意把诗人元帅陈毅的《幽兰》送给她：

幽兰在山谷，本自无人识。

只为馨香重，求者遍山隅。

兰香送远，引人探胜，本来寂静荒凉的山谷，从四面八方来了觅兰的人。只要自己是馨香的，何愁无人赏识呢？《幽兰》，既是一首饱含哲理意味的诗，也是颂兰幽香的绝唱！

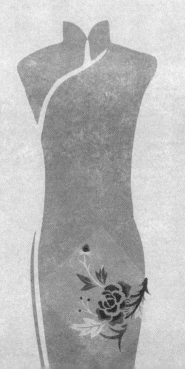

黄绍兰

（1892—1947）

····················

民国木兰不开花

····················

博文女学校校长黄绍兰，余弟子也，其通
明国故，兼善文辞，在今世士大夫中所不
多见，勤心校事，久而不倦。

——黄侃

民国木兰不开花

每每读到黄绍兰的介绍，都会生出一肚子的疑问来。有才气、有胆识、有志向、有机遇、有成就，可以再举出一长串支持黄绍兰走向学术之路的理由。不提什么反清、反袁、办学以及为中国共产党一大代表提供便利的功绩，单单说她是章太炎一生唯一的女弟子便已足够了。

"吾死以后，中夏文化亦亡矣。""哲学，胡适之也配谈吗？"从皇帝、太后到扛鼎祭酒的大师，章太炎把什么人放在眼里过？手下门生中，他格外垂青的就算是黄侃黄季刚了。女生中，除了夫人汤国梨外，恐怕黄绍兰还能入他的法眼。

偏偏这个黄绍兰就嫁给了黄侃。偏偏这个黄侃就是不待见黄绍兰。偏偏这个自诩为黄木兰的牛女就爱吃黄侃这壶醋，死都不放。师母汤国梨实在看不过去，大骂黄侃是个"无耻之尤的衣冠禽兽"。[1]

"蕲春人物彬彬"，说的是湖北蕲春出人物。女的出了黄绍兰，男的出了黄季刚。

看介绍说，黄绍兰生在晚清，自幼跟着父亲读书，性格泼辣爽朗。有一点和师傅章太炎很像：章仰慕顾炎武，移名太炎；黄以花木兰自励，嫌原来的"梅生"太温和，更名为绍兰。绍，继承延续之意。

名字改完了还不算，还得照着去行动。这也是民国人的一种特性，知

---

[1] 汤国梨口述，胡觉民整理：《太炎先生轶事简述》，见许寿裳：《章太炎传》，百花文艺出版社 2009 年版，第 153 页。

行合一。不过，黄绍兰比花木兰有学问多了，汉口教会学校打基础，京师女子师范学堂长学问，在学校里还干了一件"大逆"的事。1908年，慈禧、光绪先后驾崩，学校举行"哭临"，人家都是面朝灵位站立，虔诚之至，就算是做做样子也罢。但她偏不，一屁股坐在了地上，背向灵位，不知道她的心里那是美啊还是乐啊。这倒有点提前"师承"的意思。章太炎骂慈禧吸食民膏、割地求荣，骂光绪小儿是菽麦不分的"载湉小丑"，早已经在民间疯传。

不过，后来章太炎肯接受黄绍兰为徒，并非因为革命，恰恰是因为学识。

黄绍兰与章太炎的师生缘，当然少不了黄侃这个环节。

荆楚蕲春出过不少名人，黄家作为地方大姓，从不落后。蕲春县青石岭尹家河黄洼湾有处人家，家长黄笑春虽家贫，但从不放弃学业，经史、医道、文学，样样精通，且为文自成一体，不受拘束，有心问仕，却屡战屡败，索性弃仕，安心教授下辈。他膝下无子，带着几个女儿，讨生活的同时供养她们上学。其中一女，名为学梅，聪颖强记，性格泼辣爽朗，很为他喜爱。

黄家两公里外有个大樟树村，村子依山傍水，有三峰山被誉为"笔架山"，村里有两口池塘谓之"砚池"，有风水先生说这是出文曲星的风水宝地，人们听了只是一笑，谁也没有当回事。

但村里出过一位大人物，叫黄云鹄。黄云鹄学识渊博，据说是北宋黄庭坚第17世孙。他是咸丰三年（1853）进士出身，官至二品，负责纪委监察，执法严正，有"黄青天"之誉，但也得罪了不少人。

文人多喜欢游历四方，有一次，他出游四川雅安金凤寺，与寺中一位能诗的和尚酬唱甚欢，竟流连多日，连上班都忘了。这事被人知晓后参了一本，执笔的幕僚不问青红皂白，直书"流连金凤"四个字。简练的文字常常能杀人于无形。清朝文字狱罄竹难书。上面的人见奏折上有"金凤"

字样，误以为是歌舞伎一类人物。官吏不许狎妓，可严可松，可大可小。没多久，他就辞官携全家返乡。

归乡后他专心治学，诗书画赋，留下了不少作品，并与张之洞交往甚密。

或许，黄云鹄因着廉洁被冤枉栽倒了风流韵事上。但他的回家，为儿子黄侃的前途带来了几多预示。

黄侃初名黄乔鼐，鼐是古时的大鼎。这名字寓意再明显不过了，黄云鹄希望儿子成就大才。黄侃是他 60 岁后所得，老来得子，更为珍惜。

而世间关于天才，传说总是源源不断。据说黄侃抓周时，稚嫩的小手抓的是笔墨。老黄一手把酒，一手摇晃着小儿，喜笑颜开。三四岁时，黄侃即能跟着诵读苏轼的《念奴娇·赤壁怀古》。儿时人出对"进进出出笑颜开，人人满意"，黄侃对"挑挑拣拣花色美，件件称心"。最传奇的是，黄父赴张之洞约请，率子入武汉。有一次，黄侃在书店迷上了《资治通鉴》，最后与老板打赌，背诵其中章节，临走时赢得了六本《资治通鉴》，"神童"之说不胫而走。

神童黄侃曾拜读于同姓黄笑春门下，学习经史，同学中就有小他 6 岁的黄学梅。青梅竹马，情窦初开，若有发展亦是顺理成章。就这一细节，章太炎夫人汤国梨说，黄绍兰十二三岁时，曾拜黄侃为私塾老师。推算当时年龄，黄侃应为 20 岁，正是情感滥觞的季节。

黄笑春看在眼里，并不作梗。他虽保守，但终对这个出身名门，且学艺俱佳的同姓才子心怀好感——好像学习好的孩子，总能得到大人的偏爱。

到了升学的季节，黄侃告别荆楚，去了日本留学。黄绍兰进了江汉教会学校，诵读圣经同时不忘《史记》和《木兰辞》。

在东瀛，黄侃夜读撒尿，与楼下的章太炎不骂不相识，成为响当当的大师大徒。归来时，天朝已经快变了天。立宪呼声、革命呐喊、改革风潮……光绪皇帝诡异地驾崩，疯狂而充满欲望的女人慈禧随之病逝。大帝国面临大变革。

各种势力蠢蠢欲动。饱蘸着革命的浓墨，黄侃从辛亥群雄的发源地东京风尘仆仆而来。

他的武器是笔，如椽大笔。其《大乱者救中国之妙药也》中说：

> 中国情势，事事皆现死机，处处皆成死境，膏肓之疾，已不可为。然犹上下醉梦，不知死期之将至。长日如年，昏沉虚度，软痛一朵，人人病夫。此时非有极大之震动，极烈之改革，唤醒四万万人之沉梦，亡国奴之官衔，行见人人欢戴而不自知耳。和平改革既为事理所必无，次之则为无规则之大乱，予人民以深痛巨创，使至于绝地，而顿易其亡国之观念，是亦无可奈何之希望。故大乱者，实今日救中国之妙药也。呜呼！爱国之志士乎？救国之健儿乎！和平已无可望矣！国危如是，男儿死耳，好自为之，毋令黄祖呼佞而已。

非大乱不能大治。黄侃一向固执加倔强。

这是宣统三年（1911）的7月，帝国内忧外患，革命烽火一触即发。已是同盟会员的黄侃赶赴武汉，拜访了革命报刊《大江报》报馆，其主编詹大悲是黄侃的蕲春同乡。众人会面时推杯换盏，群情激昂。听完《大乱者救中国之妙药也》一文，詹大悲拍案叫绝，当即签字，送排字房发排。

七月流火的武汉，这篇200余字的

黄侃

猛文一上市就受到疯狂追捧，报纸为之脱销。言论发酵，思想的传染力，早已经不受腐朽的清廷掌控。

通缉、抓人。《大江报》馆遭查封，詹大悲、何海鸣被捕入狱。黄侃远走他乡。

他去了哪里呢？

此时，黄侃已是有家室的人，但他与原配妻子王氏聚少离多，共同语言本就不多。

黄侃惦念着那个昔日的同学黄学梅。

眼见外强攻掠，内政恶化，黄学梅一直仰慕鉴湖女侠秋瑾，目睹混乱时局，久生忧愤，要做新朝的木兰。她从北京师范学堂以优异成绩毕业，心智成熟，早已褪去稚气。求学期间，她由于不尊光绪、慈禧忌日，险些被开除学籍。后来她去河南开封女子师范学堂教书，宣传的还是革命的一套，与黄侃的"大乱方有大治"不谋而合。

辛亥春，大地回暖，百草初萌。两人从荆楚走出，在中原相遇，分外激动。黄侃入河南政府就职，兼职教学，课堂上常有发起革命、掀翻清廷等敏感词语，颇为扎眼。激情碰撞中，他们生出了温柔的情怀。两颗带有坚硬外壳的心变得柔软紧贴。同居之说，沸沸扬扬。汤国梨说，两人同乡同姓，且黄侃辈分在黄绍兰之上。但一对新人，何曾在乎旧俗？

甜蜜之旅总是短暂。由于他人告密，黄侃待不下去了。他像师长章太炎一样，开始逃亡之旅。

乱世之中，两人黯然道别。有人说感情最不是东西，但感情常常让人不知东西。

走吧，走吧，大丈夫何患无前途？革命的先声已经响起，你就是那冲锋的猛人。我将随你而去，助战，助战！"上马击狂胡，下马草军书。"这样的诗句，黄学梅吟读得声声有力。黄侃心潮澎湃。

那天说好不送，但还是去了。阴天，行人很少，气压有点低。黄侃拿出昨夜仓促而作的《清平乐》：

> 香浓语腻，略解恩恩意。人静秋街风细细，怊怅两人空醉。
>
> 满堂灯影摇红，回思却是朦胧。重现不知何处，青溪昨夜相逢。

黄绍兰不忍面读，只是笑容相送。眼见那个人远远的，远远的，只剩下小小的黑点，心中早已泪流成河。

辛亥革命爆发后，武昌首义成功。但很快清军卷土重来，反攻势头很猛。黄侃与众革命人士商议，在蕲春发起"孝义会"武装起义，准备从湖北北部攻击冯国璋部，救武汉于水火。一时间，黄氏祠堂聚齐三千义士，虽然武器落后，但士气高涨，大有一举攻进帝都的势头。无奈当地劣绅顽固，不但不依，反倒告密。清军大举围剿，义军溃不成军。黄侃再次逃亡。

黄绍兰岂肯落后？当武昌成为一片火海时，她偏往里面钻去。黄兴对她下达密令，要她赶赴上海，联系同盟会上海领导人陈其美等人，实现光复。事成后，黄绍兰留在上海都督府继续革命。义旗高悬，大势已开，风往北吹，北伐势在必行。用人不分党内党外，更不分男女。

"铁衣寒光关山度，谁说女子不如男。"黄绍兰有了用武之地。上海作为革命后备大本营，在男人冲杀之际，几多血性女子要求上前线，于是女子北伐光复军组织了起来。其核心领导人就是沪军都督参谋长黄郛的夫人沈景音。黄兴夫人徐宗汉也积极助力。黄绍兰善马术和剑术，她加入后，很快成为一大主力。得知消息的进步女性纷纷报名，数百人的队伍蔚为壮观，更有不少成员是新婚不久。一个时代的进步，不只表现在物质的丰富，更要求心灵的自由释放。黄绍兰觉得，这真是壮阔的时代，可以不用裹小脚，不用恪守女德，不用惧怕闲言，唯一要做的就是释放、激情、激情，全部的激情。

女人从来没有这样敞亮过，她们的热情鼓动了义士们的雄心。陈其美很快批准为北伐女队提供军备和经费。接受报名，发放军衣军备，筹划后勤保障，研究战术，规划行军路线……黄绍兰忙碌不已，似乎要把所有浪费的时间都狠狠地补回来，都拉到这个辉煌的新时代来。

姐妹们英姿飒爽，素颜示人，再也不靠浓妆艳抹取悦谁。她们要还自己本来面目，明媚而美丽。

辛亥烽火连天烧的寒冬，她们的先头部队去了南京，进驻南京碑亭巷，被称为"女子荡宁队"。舆论一片褒扬："九州深仇未敢忘，纤纤弱质冒严霜。沙场胜似香闺乐，抛却金针且荷枪。"

秋瑾的铁姐妹吴芝瑛女士盛赞她们："一洗数千年来女子昧弱之习。如拨云雾，而见青天。"这支军队，冒着炮火，完美地配合革命军打赢了南京之役。无形的精神力量，有时真是不可估量。

后来，孙中山亲自对这支部队下达北伐令。作为革命军中唯一的女队，女子北伐光复军被改编为女子北伐队，重新编制为临阵、补阵、侦探、卫生四队，继续北上。

不知道黄绍兰是否注意到，部队里有一位大眼睛、鸭蛋脸、身材苗条的女教师。她在上海教授新学，芳名汤国梨。

参加女队前，汤国梨写下"莫道秋光多肃杀，经霜红叶烂于花"的诗句明志。女队初期，经费无着落，正是汤国梨建议组织游园会进行筹款，到处邀请有识之士参加，以高价推销入场券，同时准备许多高级饮料、纸烟、雪茄、

·············· 汤国梨

饼干、糖果、水果、鲜花和妇女用的化妆品，还有队员们当场自制的三明治，在会场中举行不定价的义卖。最终总共募集到五万多元钱。后来，女队解散，向孙中山请示这五万元款项的用途。孙中山予以嘉奖，并建议作为办学校和报社的经费。

或许是匆匆一瞥，或许是有过一面之缘，也或许是压根就不曾相识，但黄绍兰与汤国梨这次共同的经历，必定为后来的交谊奠定了基础。

北伐队解散了，留守南京的黄兴留下这个本家后辈做事——教书，只是教授的群体很不一般。大批革命者牺牲在了新旧天地中，留下许多孤儿。

黄绍兰提议建立辛亥革命烈士忠裔院，"为造就忠裔，矜恤孤寒"，她自任院长。民国陆军部拨款专办，南京大石桥的昭忠祠辟为校舍，成立后响应者众多，从全国各地送来的烈士遗孤多达数百人。

这些孩子来自不同的地方，年龄也有悬殊，教育背景更是参差不齐。为此，黄绍兰把他们分为两期：6—11岁的进行幼稚园教育，11—15岁的进行小学教育。以《小学章程》为标准，对他们因材施教，授以军事教育及国民应有之常识，量才培育，这样既解决了战争孤儿的生存问题，又为社会培育了大量建设人才。她与教员们精心编写的白话教材也效果颇佳。昔日的昭忠祠变身为辛亥烈士忠裔院，琅琅的读书声从院墙内传来，直至今日的南京师范大学附属小学。

这是1912年的5月，她站在学校大院里，看着金陵上空的飞鸽，看着孩子们渐渐从丧亲的阴影中走出来，在阳光下肆意地奔跑。她觉得，这是她一生最美的事业。

有时候，她真想写封信告诉那个博学的老师兼学长兼族叔兼知己黄侃：我在这里一切安好，你好吗，你那里天晴吗？你若安好，便是晴天。是啊，就那么说些废话也好啊。是知己的话，就连废话都会弥足珍贵，都像镶嵌了密码，随时可以读出更深一层的意思。这些琐碎的事情，不过就是我掰碎了的思念。此时的黄侃在哪里呢？还没等黄绍兰找到确切地址，她的理想校园就在风雨中飘摇了。

仅仅过去了一年，"二次革命"失败，拖着小辫子的满人张勋攻陷了南京。全城哗然。忠烈遗孤危在旦夕，黄绍兰镇定自若，安排师生转移，革命军积极配合，护送他们的战友后代回家。

南京是肯定待不下去了，黄绍兰处理完学校事务后，直奔上海，向黄兴夫妇汇报了学校的善后情况。黄兴及夫人徐宗汉对黄绍兰大为赞许。这是个可用的巾帼。他们留下了她。

当黄绍兰正在筹谋着下一步该为革命做些什么时，陷入迷茫的她再次想起了那个写诗给她的黄侃。小心地摊开那张纸条，诗句映入眼帘——其实她早已经背诵下来了，但还是想亲眼看看，见字如面。她也纠结过，这个人毕竟已有家室，又是同姓尊辈，不可再生枝节。

人常说女人的理性远远胜过男性，其实不然。男人一旦决意他求，一定会断然离去。而女人则常常恋恋不舍，甚至走回头路。水做的女人，随容器而方圆。

上海的街头，摩登而迷幻，海派的花花绿绿与洋人的各色时尚掺杂在一起，构成这个中国最大都市的缥缈风景。在这里，黄绍兰想过见到一切能够见到的人：生人，熟人，亲人，未知的爱人，却唯独没有想到，见到黄侃。

关于两人的相遇，无论是正宗传记还是流传的黄侃日记，都表明是黄绍兰主动上门。此说颇有道理。黄侃为其长辈，又曾是其师，年龄也大她几岁，上门拜访合情合理，与男女感情谁主动无关。

黄侃的心是忐忑的。多年不见，这个女子是瘦了，胖了，美了，丑了，学问是否长进，性格是否变化，有没有许配人家？或许最后一条才是他最关心的。

他乡遇同乡，又是多有交情的同乡。两人短暂地沉默，时间似乎一下子静止了。在这滔滔黄浦江畔，在这繁花似锦的闹市一隅，他瘦了，她依旧是贤淑的美。四目交投，一股暖暖的热流，穿肠而过。

他有太多的话想说，像是积攒了千万年。她有太多的惆怅想倾泻，像是从天上落下的银河。但他们什么都没说，就这么看着对方。四周静谧，或许是他们忽视了那些庸俗的繁华。只想这么静着，生怕惊动了什么，敏感的东西。

长衫拖地，目光如火。黄侃打破了沉默。言语中没有多少值得记录的内容，更多的内容都隐含在了心里，隐含在那些普通的客套话里。她听懂了。

家乡义事失败后，黄侃觉得自己终不是个打仗的人。到上海后，他像中邪似的，一头扎进了书堆里，任窗外风雨呼啸，唯有书香宜人。

人说，上海是富人的天堂，你所能想到的想不到的享受和奢靡，只要有钱，都能够随时获得。

但黄侃只是一介书生，且他追求的方向只是读书。他读书的方式很辛苦，必正襟危坐，一丝不苟。他对书籍有着圣洁的敬爱。读书每有计划，不受任何因素影响，就算耽误了，也要秉烛夜读，直到读完计划页码，方肯就寝。

1913 年的除夕夜，万家欢聚，爆竹轰鸣，璀璨的烟火升腾在外滩的上空。孤寂的黄侃，伴着书香一起守岁，凝神端笔，且读且注。他言，读书前"要如一字不识人"，方能读书。他喜欢随手圈点，许多书都不止圈点了一遍。如《文选》圈点数十遍；《汉书》、《新唐书》等书 3 遍；《清史稿》全书 100 册，700 卷，他从头到尾，一卷一卷地详加圈点，绝不跳脱。直到临终前，他仍一面吐血，一面坚持将《唐文粹补遗》圈点批校完。

这一年来，《尔雅》、《广韵》、《说文》，等等，黄侃在学术上收获颇丰。饭桌上，他拿出了自己闲时就手而作的诗句，递给黄绍兰：

戎幕栖迟杜牧之，愁来长咏杜秋诗。

美人红泪才人笔，一种伤心世不知。

簪笔何殊挟瑟身，天涯同病得斯人。

文才远愧汪容甫，也拟缡辞吊守真！

菜不多，荤素搭配，黄侃还要了一壶酒。黄绍兰没有怎么动筷子，也拿出了她写的近作，有些犹豫地递给了黄侃。

黄侃阅后会意，心里一块石头落了地。他问黄绍兰接下来有什么打算。生逢乱世，除了漂流，还有什么更好的打算？绍兰含糊回答，她心里要强，哪里愿意在这个熟悉的陌生人面前泄露心思。但她同时又是矛盾的，欲拒还迎。

章太炎一生之中最爱弟子黄侃，多次夸奖盛赞，得知黄侃去世时，他痛苦地喊道："这是老天丧我也！"

与此成对比的是，章夫人汤国梨似乎对黄侃颇有"成见"，一再"揭发"黄侃："据说，他一生共结婚九次。刊物上曾有'黄侃文章走天下，好色之甚，非吾母，非吾女，可妻也'之说。因其有文无行，为人所不齿。"[①] 不过细想想，这样一位狂士，若是没有几个性格特点，岂不早就淹没在深不见底的学人中了？

从知道黄侃已婚的那一刻，黄绍兰心里便已惴惴不安。她隐约感觉到，这是一次冒险的旅行，不知道终点在哪里，不知道中途会发生什么，但却无法阻止自己往前走。

新旧交替的时代，多少新人娶了旧人。胡适、鲁迅、孙中山、蒋介石……无一例外地遭遇了"糟糠之妻"。那一拨人的原配，大多与丈夫没有多少共同语言，想的多是过日子、生孩子。她们不知道，也不想知道外面

① 汤国梨口述，胡觉民整理：《太炎先生轶事简述》，见许寿裳：《章太炎传》，第151 页。

发生了什么，海外到底有多大，她们心里只能容得下一个家，一个男人。而这个男人恰恰心似狂野，恨不得拥有整个银河星系。这些旧人最终大多沦为"闲职"，慢慢枯萎而去。其中，胡适的太太江冬秀是个大大的意外，至死两人都是恩爱的，即便间有枝节，也不妨碍胡适这个"新三从四德"夫君的完美形象。

黄侃也不例外，原配王氏守在那棵大樟树下，眼望一双被誉为"砚池"的河塘，除了等待，还是等待，直到油尽灯枯。

在摩登现代的大上海，这桩不伦之婚进行得恍惚而温暖。他们有着太多的共同语言。黄绍兰自小习经史，对文章、尔雅、六书、音韵多有研究，这些都是黄侃的强项。黄绍兰一手书法也写得漂亮，楷法直追溯到晋唐，模仿三代帝师翁同龢几可乱真，众多名家为之赞叹称奇。黄侃的书法则以"楷书四大家"的欧阳询、赵孟頫为蓝本，融会贯通，五体皆能。他自称常"照写《阁帖》中汉章帝、晋宣帝、张芝、皇象、索靖、蔡琰草书及所称古法帖"。

单单书法一题，两人就足以聊上几天几夜。当然，面对栀子花一样芳香的才女，黄侃不可能只与她谈书法。她21岁，正是丰腴诱人之际；他27岁，却是气壮如牛之时。他是她的第一个男人。他有些激动，觉得这是上天赋予他的神作。他天生多情，于"好色"此一爱好从不满足，甚至在词中发感慨：

> 沧波泪溅，算留得、闲愁未断。凭曲栏，讶瘦杨如我，难招莺燕。

"讶瘦杨如我，难招莺燕"，居然自怨长得不够帅，招惹的女子还不够多。黄侃真算不上帅哥，但这丝毫不碍他寻求"招莺燕"。这厮到底想招多少莺燕呢？或许，永远都不够。因为这取决于一种叫雄性荷尔蒙的物质。

这种物质，才子中人人皆富足，王国维、徐志摩、郁达夫，谁又能说没有呢？只是黄侃善于发泄，不愿隐藏。含蓄的王国维则全都倾注在了古板学术上，直到投湖而去。

云散雨收。黄绍兰微微有些失意，但说不上来是欢喜后的失意还是因为担心失去而失意。幸好，还有正事暂时收心，创办上海博文女子学校的担子落在了她身上。这是个革命延续的学校，名流云集，众多要人关注。

当黄绍兰忙着筹办事宜时，意外还是发生了。黄侃在上海的生活几欲断炊，他接到了北京大学文学院的引荐任教。这是个好机会，黄侃不顾黄绍兰的意愿，毅然而去。

黄绍兰日子也不富裕，平时兼职做家庭教师补贴生活。这时另一个意外接踵而来。她有了。别人称之为"有喜"，她不敢妄称。因为她始终有一种不踏实感。欣喜，忐忑，无助。她唯一能想到的人，只有黄侃。但偏偏这个人不在身边，他会是怎样的反应呢？毕竟我们是夫妻啊，只不过他用了假名而已。但情感不假，夫妻生活是事实啊。

但这证人只有一个黄侃。意外还会有吗？会。吕碧城是响当当的先锋女性，她有个胞妹正在北京读书。其与黄绍兰有些交情。她的一封电报，险些让黄绍兰窒息而去。人间不幸的不是猜不中，恰恰是不幸言中。黄绍兰的不踏实感如影随形，现在终于降临，只是时间早了很多。

黄侃到北京不久，就与一位名叫彭欣缃的苏州籍女学生相好并同居。传言说，这位彭欣缃年轻漂亮。传言还说，这桩婚是有人做媒的，说女方出身名门，外祖父还中过状元。如此云云。黄绍兰脑子里一片空白。

不是说好要相守相思吗？

前游如梦谁能记，回首空流泪。朱颜那得似从前，惟有秋光依旧自年年。　　天涯纵有知心侣，不解怜卿苦。夜长人静酒初醒，万境萧条何处诉深情。

难道这曲《虞美人》是写来糊弄小孩子的?

没有眼泪,没有痛骂,没有仇恨,有的只是痛苦。她要去问个究竟。

她太了解这个多情种了,但心里还是充满着侥幸。感情的事似乎常被侥幸蒙蔽。愤慨之余,她来不及收拾行李,就匆匆赶赴北京,手里紧紧地捏着那张结婚证书,像是扼着自己的未来命运,还有肚子里孩子的呼吸(按汤国梨述,黄绍兰与黄侃育有一女)。

"情敌"见面,没有任何争执,有的只是两位高知识女性的温婉和文明,还有克制。然而,表面上理性使然,但内心中,明明流窜着一股怒火,对负心人的怒火。告他重婚罪,他应该受到惩罚。两位女子意见统一,联合起诉。

但很快,黄绍兰就发现了问题,结婚证上的新郎明明是李某某,而非他黄侃,如何能告得赢?她退缩了。但实际不如说是,在她的内心里,并不想这个人受苦遭罪。这么大的京城,这么大的国家,她所在乎的不过就是这一个男人。她不但要撤诉,还力劝彭欣缃好生照顾黄侃,说这个人只知道死用劲,拼命读书,你们若是幸福,我也欣慰了,之后颓然返沪。

回来后,黄绍兰原本泼辣外向的性格,开始变得幽闭内向。有什么事情,总是严严实实地裹在心里。肚子一天天大了,思念一天天淡了。孩子如期而至。新鲜生命的来临,总是给予母亲的惊喜。是个女孩,像玉一样透明,取名阿钰。

这个时候,她生命中另一个重要的男人来了。是父亲,那个博学而固执的黄笑春。他本只是前来探望这个让他骄傲的女儿:高材生,参加革命,倡议办学,结识名流要人,前途无量,让其颇觉欣慰。但眼前这个女婴的到来,给他兜头泼了一盆凉水。当他知道这一切与那个他颇欣赏的黄侃有关时,更是大怒特怒。他有一千个理由去找那个负心的王八蛋讨个公道,但他没有,反倒为难起了自家女儿,冷然决定,与这个正需要照顾的女儿断绝父女关系。

这对黄绍兰来说，不啻雪上加霜。体内的剧痛一阵阵袭来，满目白色的医院，显得如此悲凉而绝望。是女婴的啼哭，让她有了活下去的勇气。母性伟大之处在于，可以为一个男人死上上百遍，但一定会为孩子好好生一回。

抚养孩子，自习经史、书法，筹办学校，她忙得不亦乐乎。忙，成了最好的疗伤药。

在教育前辈黄炎培、黄兴夫人徐宗汉，以及邵力子、邹鲁、张继等人支持下，学校创办顺利，黄绍兰任校长。支持人中还出现了汤国梨的身影。就在黄绍兰与黄侃感情蜜月期时，章太炎迎娶了汤国梨。这段本该流传甚久的佳话，却成为黄绍兰不堪回首的郁闷往事。

交往期间，黄侃不可能不向黄绍兰提起章太炎。这个名字在学界，如雷贯耳。博文女校所在地为上海白尔路，距离章太炎先生寓所嵩山贝勒路礼和里，不过是十多分钟的路程。章家两个女儿都在博文女校小学部就学。就此，黄绍兰与汤国梨有了正式的交往，说起各种往事，那一年的女子北伐队自然成为共同的话题。

汤国梨很是欣赏这个木兰精神、菩萨心肠的女子。黄绍兰刻苦好学，写下了《易经注释》四卷本，一直压在箱底，不敢示人。章太炎是研究易经的大师，如果让他斧正，定有大收获。机会不容错过，她抱着追星般的虔诚之心，大着胆子请汤国梨帮忙。如果能有机会拜大先生为师，那真是祖上修来的福分。

章太炎门下弟子并不少，从日本一直拜到了国内，散布各处，但女弟子尚是空缺。或许是无人能胜任，或许是缘分未到。

黄绍兰于苦难背运中有了转机。汤国梨从中帮忙，说了她不少好话，其实只要把黄绍兰真实的学识如实转达即可。但也有可能，汤国梨有意让先生收下一位女弟子，一是这位女子的确胜任，且是章门第一弟子的女人；二是她自己平时常受先生的鄙薄，譬如她好不容易作了一首好诗，拿过去后，却被诬为哪里抄来的。既然你那么看不起女流，那就收一位女弟子试试如何？

名人收弟子多有门槛，大师更少不了这一关。章太炎淡然说：按说我是不大收女弟子的，但见你心诚，就试试吧。这样吧，你试着写几篇三体《石鼓文》，如写得好，就破例收徒。

什么是《石鼓文》？顾名思义，是一种刻在石鼓上的文字，它们三五字成句，刻在十个高约一米的鼓形的石头上，所刻字是秦始皇统一文字前的大篆。这种刻字据说最早追溯到了周朝，所记为秦国国君游猎四方的诗句。字形舒展大方，依倚磊落，如危岩乍缺，圆不至规，方不至矩，为书家指归。康有为曾赞这一字体"如金钿委地，芝草团云，不烦整裁，自有奇采"。

章太炎是明眼人，之前稍微留心看看黄绍兰的《易经注释》，就知道这个女子根底如何了。现在让她抄写《石鼓文》，也不知是考验还是刁难。但古有程门立雪，今天我章太炎大小也是一介大儒，哪能轻易应允？

字如其人，这话放在黄绍兰身上再合适不过了。黄绍兰的字方圆有度，张弛有力，看似秀气，实则刚劲，字形俏美，端丽有韵，看着不像女书，但也不纯粹是男书，通篇干净素雅，又潜藏着一股不甘心的倔强和善念。

汤国梨说："绍兰便把《石鼓文》写成三体四卷，要我请太炎指正。所写一笔不苟，字均娟秀端正正如其人。太炎看了，赞赏不已，遂收为弟子。"

渐渐从个人情感中挣脱出来，黄绍兰全心投入到学校和学业上，压抑的情绪暂时有了喘息的机会。学校培养出了一大批人才，曾任上海同济大学校长的夏良厦即毕业于博文。稍稍闲时，黄兴两个儿子、黄一球、黄一美也跟着她学习，她尽心教授。一美后来出国留学，毕业于巴黎大学，先后服务于国民政府外交部和赈济委员会，与张继之女张瑛成婚。一球先后在德、美研究航空机械，抗战后回国，在民航公司工程部任职，后与程潜之女程博德结婚。

这一年来，黄绍兰过得充实而有力。女儿健康地成长，追在妈妈身后不停喊着"妈妈、妈妈"，有时还能念出几句古诗来。绍兰欣慰怡然。

学校越办越好，但是经费却越理越缺。汤国梨说，黄绍兰只知钻研学问，却不善于打理杂务。其实，她对外交际也是外行，财务出现危机不是偶然。黄绍兰的教育过于理想化，她更多的精力投入到招生和教学上。而作为一所体制外的学校，脱离了收益，肯定会难以为继。

民国9年（1920），博文学校停止。黄绍兰去了南通，在状元实业家张謇的门下产业教学。不到一年，她又返回上海，收拾河山，重振博文学校。张謇给了她一笔钱。到底是被她的精神感动了，还是她自己求助的，不得而知。事实是，博文学校在民国10年（1921）春得以复学，地址就在上海蒲北路。章太炎还亲自书写校牌，撰写校歌，全力支持这位女弟子办学育人。

就在当年，1921年7月19日，上海的《民国日报》上还刊出一则启事：

博文女学招生　黄朴君鬻书启

文艺专修科，注重中西文学，算术附属高小，国民各班均有余额插班，亦可寄宿，八月廿四号开学。名誉校长张謇，校长黄朴君女士。绍兰毕业北京女师范，学术湛深，文章、尔雅、六书、音均（韵）之学，深窥堂奥，性喜临池，楷法出入晋唐，于率更书体致力尤深，效北平翁学士书，几可乱真，造门求书者跃趾相接。创办博文女校，先后数载，家之为毁。此来学款不继，筹措益艰，君锐志进行，再接再厉，同人佩其毅力，热心劝仿海上名人鬻书助赈之例，酌收润金，以资苴补。君谦让未遑，强而后可。兹由同人公凝润格，□□代留心翰墨者勿贵远忽近，交臂失之。宗舜年、张謇、高野侯、宗书年、黄炎培、黄厚成，张志潜、章炳麟、王承谊、张美翔、章梫同启。收件处，上海法租界白尔路博文女校。

启事内容一目了然。其中对黄绍兰的简介精练到位，无论是书法还是学识，都有精准的介绍。关键是介绍人都是响当当的大腕。应该说，黄绍兰执着办学的精神深深感染了这些有识之士。一介女流尚且如此倾心，男人再不出头，岂不汗颜？

关于这则启事，章太炎的孙子章念驰先生曾提供信息，说章太炎在报刊上还写过一段有关博文女校校长黄绍兰的《附识》，全文如下：

> 博文女学校校长黄绍兰，余弟子也，其通明国故，兼善文辞，在今世士大夫中所不多见，勤心校事，久而不倦，观其学则之缜密，则知其成绩之优矣。女子求学，当知所以。附知数言，以为介绍。太炎记。

章念驰以为，太炎先生这短短一段文字，这是对女弟子和办女子学校的高度赞扬，因为太炎先生不是一个肯随便恭维人的人。在旧中国，女子唯下，女子成才尤难；女子难当，女子办学尤难，而黄绍兰

黄绍兰手迹

一面钻研学问，一面勤于办校，博得了太炎先生和社会的尊敬，是很难能可贵的。

细读上面的启事，还能发现一个微小的信息：黄绍兰更名了，改叫"黄朴"，更字"君素"。木兰远去，素心归来。可以想象，一个来回奔波讲堂，并跟随大师研学的单亲妈妈，正在沉淀。尽管在老师处时不时地听到黄季刚这个名字。她如今亦只想把他当成一个名字，而已。

启事刊登五天后，一个重要的历史事件降临在她的身上。有人用"开天辟地"来形容这个事件。中共一大会议，从上海滩到嘉兴红船，相信很多人耳熟能详。但在当时，这是一个偷偷摸摸的秘密会议，相信也引不起黄绍兰多大的紧张和激昂。她所要做的，就是提供便利。

她是心存善念的人，助人是分内之事。只是这个忙是要冒大险的。结社结党，自古以来在这个国家都是杀头的缘由之一。

据说核心人物陈独秀因系上海租界当局严密注意人物，不能到上海参会，于是由陈公博代上。在经历了巡捕房的一番搜查与盘问后，陈公博已经有些忐忑，连出去走路，都觉得有暗探在对他盯梢跟踪。"7月31日那天早上5点多钟，我在睡梦中忽然听到一声很尖厉的枪声，继而便闻有一女子锐利悲惨的呼叫。"住在他隔壁的旅客被杀，这个夜半插曲，令陈公博再也不敢待下去了，竟然带着新婚妻子去西湖避风头度蜜月去了。等他三天后回到上海，才知道最后一次会议已经在嘉兴南湖的一艘游船上开完了。

关于这次重要会议与黄绍兰的联系，草草几句就可说清：当时博文女校正在放暑假，与会人员借用女校作为会场和宿舍，黄绍兰给予了配合和招待。

但详细情况和内因还需要更多的人还原。

汤国梨说："一九二一年七月底，正在学校暑假时间，中国共产党的第一次代表大会，即在博文女校举行。参加者有张国焘、周佛海、陈公博、毛泽东、李汉俊、李达、陈潭秋、刘仁静等。参加者分别为一个地区的代表。如李汉俊、李达为上海代表。周佛海为日本代表。大会的组织是很简单的，张国焘被选为主席，毛泽东、周佛海为秘书。除李汉俊、李达家在上海，陈公博住在大东旅社，其余参加中共一大代表大会的各位代表，即以博文女学为临时宿舍。他们是用'北京大学师生暑假旅行团'的名义为掩护的。据黄绍兰说：'这次中共一大，在博文女学共开了四天。在第四天傍晚，忽发觉有法租界巡捕房的侦探，几次在附近出现。后来，就在博文隔壁的李汉俊家里继续开会。'"①

据与会者包惠僧回忆，"（学校）当街的两间中，靠东的一间是张国焘、周佛海和我住，邓中夏同志到重庆参加暑假讲习会，路过上海也在这间住了几天。靠西的一间是王尽美、邓恩铭住，毛泽东同志是住在靠西的后一间。大会开始的前一天，在我住的那一间房子内商量过一次（算是预备会）"，"毛泽东同志在代表住所的一个房子里，经常走走想想，搔首寻思"。

想必那些后来登上中国最高位的要人，把最真实的一面留在了那个不起眼的女校中。有人以为，博文女校的重要作用，不亚于兴业路"一大"会址与南湖船舫，章念驰以为："它绝不仅仅是一个'临时宿舍'而已。但是，对这一点重要作用，过去不知为什么不十分强调。尽管博文女校在1959年即被作为上海市文物保护单位，但知它历史者仍寥寥。"

军阀混战，民心不稳，政治不明，各种新思想新势力正在崛起。1921年的盛夏，中国共产党诞生在上海。这在中国历史上绝对具有划时代的意义，更是改变中国史的大事。黄绍兰以一个民办学校校长，竟成为其中一个哨兵，有人说这是大历史的小巧合，但也有人觉得，巧合之中亦有一些必然因素。

这些说法主要分为两种，第一种是会议方直接与黄绍兰取得联系。说

---

① 汤国梨口述，胡觉民整理：《太炎先生轶事》，见许寿裳：《章太炎传》，第151页。

是这个住所是由李达夫人王会悟联系的，王会悟与黄绍兰熟识，博文女校正好距离开会地点较近，又值暑假，师生多不在校。后来很多人把王会悟的照片错用为黄绍兰。还有人说，黄绍兰本身热衷革命，与志士仁人有所联系，一大开会借用她的学校理所当然。黄绍兰与一大代表李汉俊[①]都是湖北人，有着同乡之谊。李汉俊的嫂嫂——李书城的续弦薛文淑，当时便是博文女校的学生。

第二种则与黄侃有关。据何秉冲在《国学大师——黄侃》中说："1921年7月中国共产党第一次代表大会在上海召开，事先他（黄季刚）受老同学董必武所托，另信给上海法租界博文女子学校校长黄绍兰，让'一大'代表打着北京大学暑假旅行团的名义，由黄绍兰向他们提供了几间校舍。[②]"

王庆元的《黄季刚先生年表》记载："中国共产党第一次代表大会在上海召开，董必武同志与先生（黄季刚）有旧交，特托筹觅会址，先生即函商于博文女中校长黄绍兰女士，届时会议代表即以北京大学旅行团名义寓居上海博文女中。"

叶贤恩先生的《黄侃传》则绘声绘色写道："此后，时有革命志士往来于'博文'。毛泽东曾多次过访，并以糖果饷钰钰。[③]"

总觉得政治与女人无关，不是偏执偏见，是偏爱。女人，哪里是玩政治的角色？抛开政治因素不谈，黄绍兰敢在乱局之中，冒着抓捕危险，接待敏感人物，本身就是一种果敢。当然，也有人说，当时她可能真不知道这次会议的重要性。但从她过后的表现看，就算知道，她也会照常接待。

---

① 李汉俊（1890—1927），湖北潜江人。中国共产党第一次代表大会代表。早年留学日本。回国后积极推进建党工作。1922年回武汉组织学生、工人开展革命活动。1927年被反动军阀杀害，年仅37岁。

② 《社会科学》1991年第7期，第55—58页。又见章念驰：《我的祖父章太炎》，上海人民出版社2011年版。

③ 黄绍兰女儿，有写作珏。

无他，只因她是一个坦诚女子。

这次会议，让她再一次听到了黄侃这个名字。此时的他，已经在武昌高等师范学校教书两年多，但他并不怎么快乐，甚至有些哀伤。黄侃在给北大学生一封信中，结尾是："离别诚独难，思之尚销魂。"

原配王氏已经去世多年，原本想着回家任教能多照顾些，结果三子因其母早逝而夭折。黄侃当爹又当妈，拉扯几个孩子长大。"索饭儿痴看冷灶，拔钗妇去对空帏"，这可谓是他的真实心情写照。

这个时候，他又遇到一个女子。她清新、无邪，像一朵初开在晨间的睡莲。走在武昌江边的大道上，她身上散发着溪水般的甘甜。她略微内向，知书达理，一看就是出自书香门第，她叫黄菊英。

没错，又是同姓同乡，甚至黄菊英还是他大女儿的同班同学。平常，黄菊英还尊黄侃为师，执礼甚恭。黄侃又欣喜又别扭。

黄菊英比黄侃小 17 岁。年龄上的悬殊是个诱惑。他摒弃师生之别，发起求爱。爱的礼物当然是他最拿手的文字：

今生未必重相见，遥计他生，谁信他生？缥缈缠绵一种情。

当时留恋成何济？知有飘零，毕竟飘零，便是飘零也感卿。

一曲《采桑子》打动了那颗芳心。黄菊英也曾有过犹豫：同姓不婚？师生不伦？

黄侃的性格依然直率：让那些无聊的人说去吧，害怕闲言还不活了呢！不要怕，有我呢！

黄菊英默然应允。她哪里知道，后面的苦日子已经潜伏在不远处。

民国年间，师生恋比比皆是，沈从文与张兆和即是一对。但像黄侃这样，连续找了三个女学生为妻的，倒是鲜见。苏州彭氏早已与他分居断了联系，黄绍兰更是心里堵着一股怨气。

偶尔黄绍兰也会看到报纸上刊登关于黄侃的花边消息，无非是这位为人师表者如何好色之奇谈怪论。她只是淡淡苦笑。就算确认了黄侃与黄菊英结婚的消息，她仍旧淡然，所有的情绪，不过是祝福与嫉妒两种。

黄绍兰携女在上海度日期间，汤国梨主动收留她母女俩，常常接济。在黄侃与黄绍兰之间，她显然更偏心绍兰。她回忆中有一事：

> 绍兰一度去南通当师范学校国文教员。一年后，即辞职返沪。在黄季刚未去北大前，绍兰以母女二人生活成问题，仍将与黄季刚的关系，向我全盘托出。我听后，以黄季刚实在可恶，但一时又无法协助绍兰解决问题。乃和太炎商量，为他们调解。那天，约两人都到我家来吃饭，我一见黄季刚便极力捺住心中的愤怒，而平心静气地指出他用欺骗手段玩弄女性，事后置绍兰母女于不顾，真所谓："小有才适足以济其奸！"他对我虽不敢顶撞，却似充耳不闻，一手握一瓶酒，一面喋喋不休地责骂绍兰，为自己辩护而推卸责任。绍兰则一味哭。结果，太炎主张黄季刚每月给绍兰一百元，每季度付一次为三百元。黄季刚说："没有钱。"向太炎借了三百元给绍兰，补助她母女生活，但以后黄并未履行诺言。[1]

也有消息说，他俩是因为一时口角之争，愤然分开。民国癸亥年（1923），黄侃曾写下两曲《虞美人》，其一便是前文引过的"前游如梦谁能记"，另一首则更缠绵悱恻：

> 一夜秋寒人未寐，弄影疏萤，来照涓涓泪！万种缠绵无好计，高楼一样伤憔悴！　落叶惊风飘暗砌。漏尽香沉，帐掩帘垂地。相

---

[1] 汤国梨口述，胡觉民整理：《太炎先生轶事简述》，见许寿裳：《章太炎传》，第152—153页。

见依然如梦里，可怜别去真容易！

盛夏的夜，黏湿而纠结。在湖北老家任教的黄侃躲在书房，遥寄绍兰，烛影摇曳中，他像是重回少时私塾，回到了那个曾与学梅赏青梅骑竹马的朦胧时代，那个叫黄季刚的少年，他几乎想不起来是什么模样了。

而她黄绍兰则记得真真切切。至死都记得。

历史的激变，让她暂时放下了情爱。北伐战争打响时，她与黄兴夫人徐宗汉积极参与上海工人运动。后来，黄绍兰还参军成为浙江省防军司令蒋伯诚司令部的秘书，"四一二"事件后，她退军回校。

此时，博文女校的另一位主政人汤国梨，身兼校董、教务长等职，尽心帮助绍兰兴办教育。"九一八"、"一二·九"事件爆发后，黄绍兰与徐宗汉、蔡元培夫人周俊等组成"上海反日救国大同盟"，投入到上海抗日烽火中，组织慰问，发送慰劳品，救治伤员，支持驻沪十九路军坚持抗战月余。

后来，黄绍兰的事业全部集中在了办学上。博文女校有小学和中学两部，学生从初创时100余名学生到后来的300多名。上海市教育局于1933年底以"设备简陋"为借口，取消了博文女校中学部。黄绍兰不能接受，决意将小学部也停办。

当时，章太炎正由上海迁居苏州，创设"章氏国学讲习会"，全国各地来求学者，不乏学界名人。黄绍兰作为章氏门下高足，被聘为讲师。台下众多男生听讲，不禁心生佩服，此人国学知识真是了得！黄侃也曾在此讲课，不知道两人是否有过客套交往？

此时的黄绍兰变得沉静了，一心只想着教书，教书。你黄侃不是才气大吗？我亦不比你差。这口气一直赌到1935年的10月，黄侃在南京的寓所突然病逝。他的书斋"量守庐"里一片冷清。新房初起，他却载着满腹经纶就此远去，给无知的世界留下深深的遗憾。

白发人送黑发人，66岁的章太炎号啕大哭，叫着：这是老天爷要灭我啊！这是老天爷要灭我啊！

而那一旁，守着孩子们的黄菊英情何以堪？为维持家庭窘境，她常常向娘家借钱营生。

黄绍兰本是恨这个负心人的，恨着恨着就成了一种习惯。他曾把酒骂她，如今死于酒精，吐血而亡。突然间人没有了，她心里一下子揪心的空。

还没等她缓过神来，打击接踵而至。翌年6月，恩师章太炎亦因病长辞，讲习会停办。憋了大半年的黄绍兰大哭不止，像个受尽委屈的孩子。

此后，她沉寂十年。中途曾去过广州任教，自修《易经》，其讲义被出版传播，而后回到了上海，在法租界仍旧教书。

一天，她宁静如庵堂的清淡生活突然被打破了。有两个小青年寻上门来，他们是黄侃与苏州彭氏的孩子。抗日战争全面爆发，在北京与黄结婚的彭氏特郑重叮嘱二子："到了上海，先找黄绍兰，见面时，必须跪着叩头叫娘。"二子到沪后，遵照其母嘱咐，找到黄绍兰，立即双膝下跪，很恭敬地叫"妈妈"。绍兰明知此二子为彭氏所生，而二子的面貌，宛然青年时期的黄季刚，精神突然受到极大刺激，当天便发生了精神病。

看到母亲病了，阿珏赶紧送她入院治疗，但是没几天，医院就通知她说，母亲死了。她怯怯生生地不敢靠近，只是远远地看见母亲面部连头颈覆盖着毛巾。黄绍兰的死因可疑。汤国梨说："所以事后我们猜测，可能为自缢身死。黄绍兰的如此结局，难道不是这无耻之尤的衣冠禽兽——黄季刚害她的吗？"

能够如此狠心责骂狂生黄侃的，也只有师母汤国梨了。黄侃心里最尊敬的那个人就是老师章太炎，这一点，恰恰与黄绍兰相同。对师母的责备，他也从不顶撞。

章太炎先生逝世三周年时，黄绍兰笔蘸深情，赋诗一首：

夫子文章可得闻，驱胡一檄静尘氛。

大观有教真无类，中行居贤不乱群。

否塞那堪天地闭，遁藏宁以死生分。

锄经长忆微言在，独抱韦编自策勋。

对于黄侃，她没有留下只言片语。

黄侃一生写过不少诗词，其中有一首《木兰花》，却似无意间为黄家木兰作的一个真实写照：

平生好作悲秋句，辛苦填词嗟已误。谁怜飘泊向江关，魂断故园无觅处。　　霜华镜里应无数，醉后雄心还自诉。天涯惟觉夕阳多，此意茫茫成独喻。

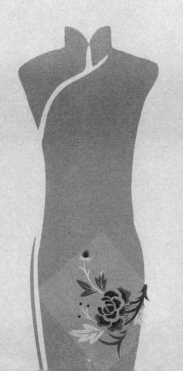

刘沅颖

（ *1899—1936* ）

....

鸳鸯蝴蝶玉梨魂

....

当读者爱上作者，情也《玉梨魂》，殇
也《玉梨魂》。

鸳鸯蝴蝶玉梨魂

....

　　北京长安街区有条名街为报子街，古往今来，历史典故不少，街里有家同和堂大酒店。1924 年，这家酒店举行了一场轰动京城乃至江南的婚礼。轰动的原因，就在于男女主角家庭地位的悬殊，还有双方身份背景的传奇性。

　　新郎为文学界鸳鸯蝴蝶派鼻祖人物徐枕亚。新娘为末代状元刘春霖小女刘沅颖。

　　鸳鸯蝴蝶派出了不少名著，也出了不少名人，是为中国现代文化之新生重要流派之一。但一直受到诟言，被指摘之处无非就是媚俗、消遣性和过于才子佳人，说到底就是没有关注民生国事，没有心怀天下。

　　其实大可不必这样责难文学流派，关注人性、关注爱情、关注命运，未尝不是在关心国事民生。徐枕亚那部《玉梨魂》不是深深打动了状元千金吗？

　　就连毛泽东都曾鼓励鸳鸯蝴蝶派作家周瘦鹃说："你是个作家，要写些新东西，只要群众喜欢读你的文章，那么你的文章就是好文章，希望你努力多写一点，我等着看你的新作品。"

　　徐枕亚作为鸳鸯蝴蝶派创始人物是当之无愧的，他的作品曾风靡大上海乃至津门之外。其代表作《玉梨魂》，10 年间发行了 32 版，销量几十万册，当时连南洋一带，都翻版不绝；民兴社还据此改编成新剧上演，其影响更为扩大。在新文学运动兴起之前，《玉梨魂》可说是文坛最为畅销的一部著作。鲁迅曾说，与那些狭邪小说相比，像《玉梨魂》这样的鸳鸯蝴蝶派小说，"实在不能不说是一个大进步"。周作人也曾表示："文章很是肉麻，为鸳鸯蝴蝶派的祖师，所说的事，却可算是一个社会问题。"后来这部作品还被拍成电影公映，成为中国最早涉及寡妇再嫁的影片，轰动亦是自然。

徐枕亚为何写作这部作品，背后又有着怎样的故事和隐情呢？一部作品、几首悼念亡妻的诗作，竟能俘获千里之外一位千金小姐的爱慕，并直接誓言非作者本人不嫁。一个是小学教师出身的小文人，一个是殿选状元郎的大千金，这是怎样的一场不可思议的爱情？

这场婚姻，注定是要轰动的，甚至就连举办婚礼的地点同和堂也跟着沾光而名声大振。

我们暂且先从男主角徐枕亚的身世说起。

清末民初的一切都是混沌的，文学也不能例外。正所谓乱世出枭雄，不破不立。这个时候，也正是各个新兴流派蹿红冒尖的大好机会。徐枕亚应时而生。

徐枕亚出生在常熟，这里是言子的故乡，言子即言偃，字子游，是孔子弟子中唯一的南方人。徐枕亚出生于读书人之家，5岁上学，8岁能说辞，有"神童"美誉。他喜欢古典文学和诗词，饱读酣览，奠定了扎实的文学基础，后来上师范学校，毕业后去了无锡一家小学教学。在无锡执教的经历，成为他日后创作的源泉。这里，有他的初恋，有他难以自拔的爱恨，还有他的《玉梨魂》。

徐枕亚开始写作，是到了上海之后。1912年，民国伊始，社会崇新。徐枕亚负责编辑《民权报》，却似乎对政治不大有兴趣。能触动他的，还是情感，私人的情感。他怀念起无锡一段似是而非的懵懂之恋。

很多名著都似乎难以与作者本身的经历割裂，徐枕亚的《玉梨魂》也不例外。

《玉梨魂》作为一部言情小说，在今日看，其实剧情并不新颖，但在当时却是"思想过火"。小说男主角是家庭教师何梦霞，女主角是一个哀怨美貌的寡妇，叫白梨影。白梨影会写一手艳词，清冷独眠之夜望月兴叹；而住在她隔壁的家庭男教师何梦霞，则挑灯夜读批改作文。两人白日为世俗礼法所羁，拘束礼节；晚上却相思成疾，鸿雁暗传。于情理之中而发生，因道德礼仪而终止，或许正是徐枕亚当时对小说结局的构思，就如古人所说的"发乎情而止乎礼"。但何梦霞控制不了疯长的情感。

　　这种地下热恋似火遭遇烈风，熊熊燃烧，既有传统的待月西厢的苦况滋味，又时时像地火一样冲出表层，对封建伦理公然挑衅。他们之间的书信往来靠何梦霞的学生、白梨影的儿子鹏郎传递。在封建礼教的重压下，寡妇不可能再嫁，何梦霞为此忧愁憔悴，梨影便介绍她的小姑筠倩与梦霞订婚。但何梦霞仍然暗恋着可望而不可得的梨影，筠倩也因此郁郁寡欢而夭亡。最后，梨影染上时疫病故，何梦霞含悲忍痛东渡日本学军事，辛亥革命时回国，在攻战武昌的厮杀中阵亡。临死前，何梦霞苦苦相思的还是风姿绰约却已经香消玉殒的梨影。

　　悲情使然。不过如此。

　　不知徐枕亚在写作时，是否曾感伤己事，掷笔长叹，椎心泣血？因为，这正是徐枕亚的故事。

　　早期时，鸳鸯蝴蝶派作家范烟桥曾断言，小说《玉梨魂》多虚构和夸张之辞，意思是恐怕其中章节不大可信。但徐枕亚却不认同，他曾在续篇《雪鸿泪史》序中叙述，我写作这个故事时，并未以小说为出发点，想的只是把情节告诉大家，因此也希望读者们不要以小说看待这个故事。

　　如此说来，真有此事了？

　　后经热心人搜集，发现了徐枕亚与青年寡妇陈佩芬的往来书信和诗词，洋洋洒洒近百页。有人对照原著核对并佐证，证实了其中多个真实的章节，均为徐枕亚亲身经历。

譬如徐枕亚于 1909 年至 1911 年在无锡鸿山西仓镇的鸿西小学教学, 所住地点为蔡家, 并兼任家庭教师。蔡家有个寡媳, 正是陈佩芬, 出身书香门第, 会吟诗会做对, 还有个 8 岁的儿子跟着她读书学习, 这便与小说中送信的孩子鹏朗对上了号。

小说男主角为何梦霞, 徐枕亚又名枕霞。陈给徐的信中多次称呼其为 "霞君", 并批注有 "白梨花也"。两人所局也只一墙之隔, 隔窗偷窥,

徐枕亚

"帘中人影, 窗内书声, 若即若离, 殊有咫尺天涯之感"。

有一次, 徐枕亚回来后发现写作的诗篇不见了, 寻找中发现了一朵戴过的花朵, 很快就明白了诗篇是陈佩芬所取并遗花示意。后来, 徐枕亚还送了陈一张照片, 陈欣喜之余, 只要求尺寸越小越好, 其原因无非是想好好珍藏并不被外人发现。寒暑假日, 正是两人相思离别日, 陈痛苦万分, 多次吟诗赋离愁:"虽暂别二月, 无奈心心难割难舍, 君须记盟誓, 莫负爱心, 毋使佩望中翘首也。" 陈佩芬是爱徐枕亚的, 毫无疑问。但她要守节。因为她面前有道高高的墙, 叫封建礼教。为了追求陈佩芬, 痛苦的徐枕亚甚至写了血书表达忠贞爱意, 令陈心痛得如同被人摘掉了心肝, 恨不得马上死掉。而这情节, 在《玉梨魂》中有着详尽动人的描述。

更令人叫绝的是, 后来, 陈佩芬确实将小姑蔡蕊珠许配给了徐枕亚。1910 年冬, 两人成婚, 婚后不久, 蔡蕊珠就忧郁而死。这纤弱女子承载了三个人的爱情, 这婚姻注定沉重悲痛。只是蕊珠之死却不是小说所述为情所困, 而是庸俗得不能再庸俗的婆媳之争。

据说徐枕亚母亲谭氏颇为强悍, 且患有精神病, 经常旧病复发, 责难

蕊珠。开始时蕊珠还能忍受,后来就干脆回娘家去住。徐枕亚是个孝子,但又不能辜负蕊珠。他深刻体验到了"双面胶"的别样滋味。于是,他一个人躲到乡下去教书,写回忆录。

很快,辛亥革命爆发了。《民权报》创刊,主编是革命党人戴季陶等人。经推荐,徐枕亚加入《民权报》。在编辑报纸期间,他完成了《玉梨魂》。《玉梨魂》在报上连载后,他名声大振。

《玉梨魂》里,徐枕亚刻意让何梦霞、白梨影双双死亡,一个殉情,一个殉国,实现了合二为一。可是现实中,悲剧正在继续。

1915 年冬,徐枕亚兄天啸年仅 4 岁的女儿不幸夭折,嫂嫂悲痛欲绝,母亲谭氏竟横加责骂,致使嫂嫂上吊自尽,天啸离家。蔡蕊珠胆战心惊之余,被婆婆逼着与徐枕亚离婚。徐枕亚只好假意离婚,在上海背处租赁房屋与其母女同居。没多久,两人小女夭亡。这时谭氏赶来上海兴师问罪。后来,两人又生下一个男孩,婆媳关系略有缓和,徐枕亚给儿子取名无咎,希望"既往不咎"。

结果,婆媳再次闹翻。徐枕亚心情抑郁,极度嗜酒,曾因过量饮酒得了咯血症,更有说他自暴自弃,还抽上了鸦片。徐母死活闹着要儿子与儿媳离婚,最终得逞。1922 年 12 月,蔡蕊珠由于产后失调,心情抑郁,最后疾病缠身竟至不治。当时徐枕亚长女可贞 11 岁,儿子无咎仅只 6 岁。徐枕亚悲痛之极,整日以泪洗面,自取"泣珠生"为笔名,写悼亡词 100 首结集《泣珠词》发表。

徐枕亚在妻子挽联中凄惨写道:

总算好夫妻,幸其死,不乐其生,先我逍遥托尘网;

可怜小儿女,知有父,忘有其母,对人嬉笑着麻衣。

这个时候,京城中一位状元千金看上了他,而且非他不嫁。

1905 年，慈禧太后假光绪皇帝名义颁下谕旨，宣布所有乡、会试一律停止，在中国延续了 1300 多年的封建科举考试制度至此宣告废除。而 1904 年的状元刘春霖，便成了中国最后一位状元。

据说甲辰恩科主考官在阅评完殿试试卷后，从 273 份试卷中选出 10 份，并按名次排好，呈送给慈禧太后"钦定"。会试第一名本为谭延闿，可因其与参与变法的"戊戌六君子"谭嗣同同姓，主考官担心慈禧怪罪，就把谭的试卷扣留下来，而把广东人朱汝珍的试卷排在了第一位，刘春霖的试卷排在第二位。相传慈禧首先看到"朱汝珍"的名字时，由"珍"字联想到为她所害的珍妃，而且其时造反的都是广东人居多，心中陡生厌恶。第二份试卷字体清秀俊丽，慈禧十分欣赏，看到试卷署名"刘春霖"，心中大喜，连赞"春霖"名字起得好，因为这一年全国大旱，正急盼一场春雨。再看刘春霖的籍贯"肃宁"，寓意肃静安宁，这对摇摇欲坠的清王朝来说，无疑是个"吉兆"。于是慈禧朱笔一挥，将刘春霖点为头名状元。

刘春霖成为状元虽有偶然因素，但能名列状元候选人名单，本身亦是有真才实学的。他的一手好字当时全国闻名，其出版的小楷法帖多年来广为流传。后来他担任徐世昌任总统任内的内史秘书，同僚们知道他字好，常常找些上品请他鉴赏。有一天，有人拿来几幅孙禄堂的字帖给他看。这位孙禄堂是清末民初名满海内外的武术大师，他将形意、八卦、太极三大名拳熔于一炉，独创自成一家的孙氏太极拳，被世人尊为内家拳的一代宗师。科举时代一向尊文不尊武，作为文状元，刘春霖是不大看得起武师的。但他看到孙禄堂的字刚柔相济、浑然天成，深表钦佩，后来坚持拜在孙禄堂名下学拳，可见其求才好学之心。

刘沅颖便是刘春霖的独女，所受宠爱与教育自不必多说。可这个状元千金，却只凭一本《玉梨魂》，便将那缕情丝系在了远在江南的徐枕亚身上。

刘沅颖在北平读了《玉梨魂》和徐枕亚悼念亡妻的词作后，内心被深深打动。她由醉心作品而钦慕作者，由与作者通信到恹恹成病。

按说刘沅颖长得眉清目秀、容貌丽人，又有文翰气质，又是状元千金，到谈婚论嫁之年岂有不被热追的道理？可是直到20多岁，她依然未婚。刘沅颖当时是怎么想的我们不得而知，但从其父年表考核看，刘春霖当时隐居于北平，未曾做官，其女刘沅颖怕是除了读书看报外，颇为无聊。

突然有一天，她遇到了一种前所未有的文体和题材，那就是鸳鸯蝴蝶派的《玉梨魂》，其中表达的真爱让她为之心醉。她在阅读之后，敬慕之心油然而生，她并没有强压住这股热情，而是试着去释放。

徐枕亚生于清光绪十五年农历七月初九日（1889年8月5日），刘沅颖小他10岁，如果说徐枕亚身上还有一些晚清习气的话，刘沅颖身上则更多民国气质，自由、奔放、不羁、坚持和固执的时代特征已经深嵌在这位大小姐的性格中。据说刘沅颖从中学时期就迷上了《玉梨魂》，其时清末的先锋思想俨然幽灵一般，在精英分子和知识阶层游荡。

> 曙烟如梦，朝旭腾辉。光线直射于玻璃窗上，作胭脂色。窗外梨花一株，傍墙玉立，艳笼残月，香逐晓风。望之亭亭若缟袂仙，春睡未醒，而十八姨之催命符至矣。香雪缤纷，泪痕狼藉，玉容无主，万白狂飞，地上铺成一片雪衣。此时情景，即上群玉山头，游广寒宫里，恐亦无以过之。而窗之左假山石畔，则更有辛夷一株，轻苞初坼，红艳欲烧，晓露未干，压枝无力，芳姿袅娜，照耀于初日之下，如石家锦障，令人目眩神迷。

这是洋洋十余万字的《玉梨魂》的首章开篇，刘沅颖正是从这里开始进入故事。一对相爱的人，只因为女的是年轻寡妇，男的是家庭教师，再怎么努力爱，终是白费。身份决定爱情，一个被逼着守贞，一个被逼着守礼，一场支离破碎的爱情，精准完美地揭露出封建礼教对自由人性的摧残。这无奈的爱无耻的礼！刘沅颖少女的心为之激荡。她想象着这多情的才子，如何挥笔指点情感。"初不料有情好月，未曾圆到天中；无主残花，不久香埋地下。一面已悭，百身莫赎。"这婉转凄凉的爱情，在他笔下也是一种动情的绝美。每每读至夜深人静，泪眼婆娑中，脑海不禁虚幻出徐枕亚的形象，如能对面畅谈，哪怕是飞鸿传书，话上几句心得，也算聊慰心安了。直到她渐渐成熟，接受了更多的新思想，并读到那凄凉堪比《玉梨魂》的悼妻诗《泣珠词》时，她再也忍不住了，投书。

《玉梨魂》出版后，一版再版，时人称"魂飞天外、魄力万方"，意思是指销路广。这部作品于 1924 年被上海明星电影公司搬上银幕，女主角是中国第一代电影明星、"银幕第一悲旦"王汉伦，这位明星本身就是苏州的大美女。电影公映时，曾邀请徐枕亚观看，他写了观后感：

> 不是著书空造孽，误人误己自疑猜，
> 忽然再见如花影，泪眼双枯不敢开。
> 我生常戴奈何天，死别悠悠已四年，
> 毕竟殉情浑说谎，只今无以慰重泉。
> 今朝都到眼前来，不会泉台会舞台，
> 人世凄凉犹有我，可怜玉骨早成灰。
> 一番惨剧又开场，痛忆当年合断肠，
> 如听马嵬坡下鬼，一声声骂李三郎。
> 电光一瞥可怜春，雾鬓风环幻似真，
> 仔细认来犹仿佛，不知身是剧中人。
> 旧境当前若可寻，层层节节痛余心，
> 梦园一幕能如愿，我愧偷生直到今。

有人说，这是才子在回望那场黏附在自己身上的悲恋，也是他间接地承认了自己的故事。

据说正是在这个时候，他收到了北方的来信，文体隽秀，文白混杂，那女体的小楷，既工整又不失俏皮。这清新芳香的闺秀，来自于谁家？清清雅雅的文字里，透着崇拜、尊敬，但也隐藏着谜一般的故事，勾起了徐枕亚的好奇。

这个时候的徐枕亚并不如意。妻子病逝不久，母亲又让他烦心窝火，创作也陷入了低潮期。有人说，这个阶段，他从大上海回到小城常熟，做了地方刊物的名誉编辑，抑郁嗜酒，甚至得病咯血。

此时，沉闷的阴云下，忽然开出了一朵绮丽的小花。这京城的少女，在信里还附了诗词，对《玉梨魂》的桥段烂熟于心，大谈感想，并表示愿拜他为师。于人生荒地里，突然遇到这文淑女子，徐枕亚既意外又惊喜，马上回信表示愿与之结交。

两人很快诗书往来，鸿雁不断。徐枕亚感慨作诗曰："误赚浮名昧夙因，年年潦倒沪江滨。却从蕊碎珠沉后，又遇花愁玉怨人。风絮劫中初入梦，绮罗丛里早抽身。天公倘有相怜意，甘待妆台作弄臣。"

几番书信来往，更让两人好奇心加重，见面的欲望也愈加强烈。据说刘沅颖为了见徐枕亚，一度借口南游，到上海与徐枕亚相见，明确表示愿以终身相许。无奈，门不当、户不对。

对此，曾有多个版本说明当时刘春霖的态度。

据说，有　次刘春霖发觉女儿心情有些蹊跷，就问为什么。刘沅颖遂在枕边取出《玉梨魂》给父亲看。状元郎从没读过这类书本子，只翻了几页就拍案叫绝说："不图世间还有如此才子！"于是托人替女儿做媒，不久徐枕亚就入赘刘府。此说显然带有演绎的情节。

还有一版本是，刘沅颖仰慕徐枕亚，但父亲刘春霖却不同意他们议婚，认为门不当户不对。于是，聪明的刘沅颖想出了一个办法，她让徐枕亚以学书法为名拜刘春霖的莫逆之交樊樊山为师，央樊樊山做媒。由于樊樊山出面，刘春霖终于应允了这门婚事。

更有说法是，当时刘春霖仍是封建思想，坚决不允出身悬殊的婚姻。刘沅颖以死相逼家里同意婚事，并有诗"愿魂化蜀鸟，啼血在君前"为证。在私奔未遂下，她开始绝食。而那一头的徐枕亚更是一再表达忠贞的爱心，复诗："尺书碧血缄身世"，"蚕蜕终多不了缘"。眼看着僵局难下，刘沅颖母亲出来求情，并在亲友帮忙下出主意，一方面请徐枕亚拜樊樊山为师，这樊樊山是何人呢？清末民初的大文人，曾做过官，被袁世凯特聘为参政院参政，颇为受宠。此人与刘春霖关系堪称莫逆；另一方面，由刘春霖拿出几千元给徐枕亚修建新房，为女儿置办嫁妆。如此一来，婚事面子上过得去，现实中两人也过得下去。就这样，徐枕亚与哥哥徐天啸及文友李定夷等同赴京城，以文字姻缘，结秦晋之好，一段婚姻，终得圆满。

民国名作家张恨水的成名作长篇小说《春明外史》中，就隐含着徐枕亚和刘沅颖的浪漫婚恋，其第49回《淑女多情泪珠换眷属 书生吐气文字结姻缘》中，就连人名都有迹可寻，譬如刘春霖对应"黎殿选"——既是状元，当然是"殿选"了，且"刘"、"黎"同音；徐枕亚成了"余兰痕"——"徐"、"余"相像不说，张先生还为这主人公起了一个字"梦霞"，《玉梨魂》里男主角正是"何梦霞"；而刘沅颖则成了"黎昔凤"——父亲是状元，又常在总统府行走，女儿自然是人中之"凤"了。怪不得有人觉得，张恨水的小说就是徐、刘的情感实录。

在小说里，也有这样的情节："不料数千里之外，竟有一个翰林公黎殿选的小姐，为他的诗所感动，和他心心相印起来。于是他有到北京求婚这一事。"樊樊山的影子也在《春明外史》里出现，即"卫梅庵"。此人多次上门为徐枕亚说媒，结果黎殿选躲来躲去不见他。最终卫梅庵以《诗经》中的《关雎》开导黎殿选说，"周文王他就是提倡自由结婚的人"。当然，小说里也突出这桩婚姻的促成，与护女情深的黎太太"威逼利诱"

徐枕亚与刘沅颖结婚照

不无关系。

总之，刘沅颖，以爱之名，开始了中国一段新式婚姻的旅程。

当时在老北京的饭庄子里，西城的聚贤堂和同和堂是最有名的两家。同和堂菜肴独特，环境优雅，饭店内院落宽敞，各个院落花木扶疏，毫无市井俗气。1924年秋，刘沅颖与徐枕亚的婚礼即在同和堂举行，一度引起轰动，也为同和堂做了一次活广告。

在婚礼上，端庄美丽的刘沅颖还身着当时流行的新式旗袍，其特点是略显腰身，长至小腿肚，倒大袖，一时传为时装界佳话。

末代状元的千金成婚，本身就是新闻；大才子北上迎亲，更是成为媒体追捧的对象。当年，各路记者纷纷前来报道此事，一纸风行的《晶报》以《状元小姐下嫁记》为题记录了此事，文中倒是对刘春霖颇为好评，说他同意女儿自主择婿，成全了爱女婚姻，实在是紧跟时代风气，破除旧习，树立了新风云云。女儿大婚，老子有面子，可谓增喜。

婚礼上，一对新人浓情凝视中，自然少不了谈论《玉梨魂》。一本书成了无言的媒人。有好事人考据说八卦，说在洞房花烛夜，新娘在床头大审夫君，说小说情节逼真动人，是否确有此事，是否真有寡妇情人，徐枕亚尴尬不已，着忙解释。事情不论真假，倒也为这桩姻缘添了些浪漫情调。

刘沅颖婚后一直住在北京，徐枕亚在进行文学创作之余，往返于两地。1928年2月，沅颖生下一子，取名无病，想是寓意全家都不要再陷入病痛折磨，生活也要健健康康地向前推进。可是生活偏偏与人作对。

不久后，徐枕亚与蔡蕊珠所生长女可贞因饮食不周得病，在1929年春病死。三年后，长子无咎也得了同样的毛病死亡。而枕亚的三女可久也过继他人。在常熟居住期间，生长在北方的刘沅颖对南方水土不服，饮食不惯，经常生病。身为名门闺秀，她出入都有丫鬟照顾，气质高傲，可是生有精神疾病的婆婆手握家庭大权，事事都要做主张，经常指责刘沅颖，紧张的婆媳关系再次出现。

刘沅颖十分苦闷，她怎么也想不到会有如此强悍无理的婆婆，要知道在京城时，母亲对她可是娇宠非常，如今经常遭受婆婆责难，当然不肯就范，更何况她曾接受新式教育，于是婆媳关系彻底闹翻。只是让她困惑并极度失望的是，作为自己的丈夫、自己最信任的人、自己百般坚持所嫁的一代才子，这个徐枕亚怎么可以在无理的母亲面前一再退让，因循苟且？难道他不在乎我吗？难道他不爱我吗？

正如今日几乎所有男人都曾经历的一个问题：母亲和老婆一起跳河，你先救谁？

徐枕亚虽然传播着新式思想，但仍是旧式文人心思，他依然坚持百事孝为先，在所谓的爱面前，他所偏心和袒护的仍是行孝，如此就无意中纵容了母亲的恶行，更严重伤害了一颗痴爱他的心。

刘沅颖是一个做事干脆利落的新女性。在失望后，她带着孩子一气之下移居别处，不久后抑郁身亡。

刘沅颖的失望可说是到了极致，在临终前，因担心儿子无病会落到婆婆手中受到戕害，她居然请求徐枕亚让无病与她同死！

后人对于刘沅颖的死因也有颇有闲言，但不管是对徐枕亚从崇尚到失望而忧郁致死，还是因富家千金过不惯贫下中农的艰难生活郁闷致死，或是虽想回头却难以面对父亲的奚落郁郁而亡，刘沅颖总归是忧郁而死。徐枕亚再次陷入悲痛。失望之后的希望，希望之后的失望，如此颠倒玩弄的人生，换做谁都难以承受，何况是一位多愁善感的男版黛玉呢？于是，他的悼亡诗写得更加凄惨悲凉，他的笔下更是晦涩枯瘦，甚至引起了墨资纠纷。

徐枕亚连失刘沅颖，哀痛伤心之余，写下《忏云》八首寄托哀思。他本来就患咯血之症，随着年龄的增大，病症发作愈加频繁。沅颖的死对他来说是个巨大的打击。他经常发病，便将9岁的儿子无病托付给兄长天啸代为抚养。1934年，徐枕亚因清华书局经营不善亏空过大，将书局盘给大众书局，在兄长天啸的资助下在家乡开了家小店，做起了鬻字、刻印的生意。——徐枕亚写得一手好字。1922年9月，中共中央创办了机关刊物《向导》周刊，封面上"向导"二字便是枕亚所书。

为纪念刘沅颖，徐枕亚自署斋名"云忏楼"。他心情越来越坏，日日沉湎于酒，生活颓废，一度不得不靠告贷度日。一天，有人敲门寻徐枕亚，因当时枕亚样子落寞，来人怀疑非本人。那人放下宣纸笔墨，对徐枕亚说，他大老远从上海跑来，就是要求徐枕亚的书法。临走前，他留下银两作为润资，并定下取字之期。此人取走徐的书法后带回上海请人品鉴，结果笔墨苦涩，一无灵气，被怀疑是赝品，于是回来找徐枕亚退钱，徐却早已把润资换了油和米，但这书法确实是徐的手迹。这时正好徐的好友来访，慷慨解囊帮徐退了润资。徐枕亚的书法玉润珠圆，风流蕴藉，颇受时人所重，但他落魄后才思枯竭，精神涣散，字也写得僵枯了。加之来人之前就怀疑他非徐本人，这才引起误解。才子落魄，情何以堪啊！

据说当时在海虞（今常熟）市上，同时发现三奇人，其一善笑，其一善哭，其一善噤其口如哑。笑者之心热，哭者之心悲，哑者之心冷。三人正是三兄弟，哭者正是徐枕亚。

1936 年，刘沅颖病故，这直接导致了徐枕亚的急病发作。翌年，他在日寇飞机空袭常熟城的轰炸中病殁。弥留之际，他托兄善抚无病，且悔恨道："余少年喜事涂抹，于文字上造孽因，应食此报。"徐枕亚病逝的地点，正是《玉梨魂》诞生的地方。

应该说，刘沅颖是《玉梨魂》受感染最深的一位读者。因着这部小说，她怀抱对爱情的幻想，横冲直撞地向前奔跑，只是很快又回到了现实。她难以承受这极致的落差，很快陨落消失，连魂魄都不知所向。但她敢于突破封建藩篱，敢于坚持自己的信念，坚决不背叛自己的爱情，值得称道和歌颂。

徐枕亚的一生，恰如《玉梨魂》书末词中所说："还只恐，未偿宿债，今生又欠。"而刘沅颖，就像另一首词中所说："怜我怜卿，相见太无端。痴情此日浑难忏。恐一枕梨云梦易残。"

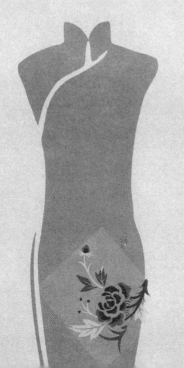

徐自华

（1873—1935）

生前知己不多人

天生风雅是吾师，拜倒榴裙敢异词？
为约同人扫南社，替君传布廿年诗。
——陈去病

生前知己不多人

....

中国友谊境界最高的当属伯牙子期。俞伯牙与钟子期因"琴音"而成为"知音"。一位朝中高官，一位山野樵夫，因一首琴曲即成至交，不幸的是，一次交往之后再次赴约时，樵夫钟子期病卒。俞伯牙悲伤痛哭，在其墓前抚琴一首："子期子期兮，你我千金义，历尽天涯无足语，此曲终兮不复弹，三尺瑶琴为君死！"随之摔琴叹知音。如此超然于现实，直接深入到灵魂里的千古友谊，却又如此短命和脆弱，着实可叹可赞。

在近代史上，也存在着这样一段知音之交，就是秋瑾和徐自华。

秋瑾大名鼎鼎，已经成为一曲轰轰烈烈的绝唱。相对来说，徐自华的光芒有些黯然，却依然低调地闪耀着，如一湾暖融融的流水，轻轻淌进知情者的心里，感染着每一位了解她故事的人。

在革命的文学社团南社众多社员中，姐妹同参社的有三组，其中就有徐自华、徐蕴华姐妹。但这姐妹俩的关系似乎远远比不上秋瑾和徐自华的金兰之交。说徐自华是秋瑾最亲密的战友和最可靠的姐妹，绝对是没有一点夸张。有时候看朋友的交情，真的不是看生前，而是看其死后。

秋瑾去后，徐自华冒死完成其安葬西湖的夙愿，并亲自守墓，自己死后也随之葬在附近。从命运上看，徐自华与秋瑾有一种同病相怜的感觉。

徐自华字寄尘，号忏慧，1873 年出生在浙江石门县澛溪（今桐乡县崇福镇）。徐自华家族也属学而优则仕的传统套路。其祖父徐宝谦，号亚陶，清光绪六年（1880）进士，曾任安徽庐州知府；父徐多镠，号杏伯，国学生，诰封奉政大夫。

家族里都是读书好学之人，徐自华从 5 岁开始跟着舅父学习，到 10 岁时已会五言八韵诗。光绪十三年（1887），其叔父徐多镵任广东顺德县令，15 岁的自华随父亲赴叔父任所，与堂姐惠贞切磋诗学，朝夕对吟。

徐自华在《听竹楼诗稿·自序》中写道："余年甫五龄，即从学舅父。性寡慧，日受书六、七行，常恐诸兄姊先背诵，勤读不辍。晨兴间或少晏，色便不豫。"徐自华天赋极好，学什么进步都很快，而且敢于尝试做一些事。想来古代有才女子不少，胆敢出头做事的却寥寥无几。其祖父徐宝谦看在眼里，赞叹不已，有《示女孙自华》诗云："果然一介比书生，修到梅花骨格清。我已三更幽梦醒，楼头犹听读书声。"并将一方印文为"一介书生"的翡翠图章赠给徐自华。后人《文稗类钞》文学门中有条目记载："自华、蕴华尤著称于时。"

徐自华在 19 岁时曾随父赴安徽探望在庐州做知府的祖父，并代阅童生诗卷，品评等第，可说是头头是道，以至于祖父常暗暗惋惜："是女倘投身作男儿，必木天中人也。"木天就是翰林院。

近年来，关于江南女性的诗词研究越来越繁荣，在《江南女性别集》和《国朝闺秀诗柳絮集》里就收录有动辄上百万的清秀文字。以前，提及江南文化，无疑是才子或是入朝为官者的天下，女性则多为两种，一是窝在家里如《浮生六记》里芸娘一样与夫君"过家家"，吟诗作赋也是"玩票"；另一是则为风月场里的女子，即便玩点文艺腔，也属于"花红柳绿宴浮桥"间或的小插曲、小玩意，助助兴而已。

胡文楷先生《历代妇女著作考》著录清代女性达 3660 余人，而美国加州大学戴维斯校区历史学系教授曼素恩据胡著统计的数据显示，"长江下游"的清代女作家有 2258 人，占清代女作家总数的 70.9%。其中以江苏最多，浙江其次，安徽再次。她们大多出身名门，或是有书香气的富绅之家，她们不甘庸俗，不愿意就此默默逝去，留下了清灵文字的时候，也听到了意外的心灵声音，没有刻意的雕琢，没有沉重苦难的诉求，只有随意的感想，如同山涧溪流在花草中汩汩流过，无意间累积出洋洋千万言中国女性心灵史。

张令仪就是一位。她生于桐城派所在地，父亲张英曾为文华殿大学士兼礼部尚书。弟弟张廷玉任保和殿大学士、礼部尚书，时有"父子双宰相"之说。她最早时期的创作多达十几册，传至今日，不到百阙，其数量仅次于老乡吕碧城。其人诗词远没有吕碧城凛冽肃穆，更多的是私人化写作，记录女性细腻心情渐变过程，不大涉及公共，如：

眼儿媚（雨窗即事）

料峭轻寒不卷帘。细雨压重檐。莺慵燕弱，花欹柳软，特煞堪怜。　替花愁绝花知否，空自锁眉尖。天应入梦，人如中酒，常则恹恹。

踏莎行（金钱卜欢）

鹊语无灵，灯花难卜。心期暗向青蚨祝。龙文掷罢费端详，依稀似许归期速。　黛减螺痕，臂消红玉。寒衾一束和香宿。高楼独上更销魂，陌头杨柳参差绿。

翻阅早期江南女性的诗词，可见她们无论经历苦难，还是命运多舛，文字中总是呈现着泰然和安稳。如叶小鸾，出身文士家庭，父亲既为官又为文，但家境流变，她亦早嫁，不到17岁就夭亡了。最喜她的那首《虞美人 · 看花》：

阑干曲护闲庭小，犹恐春寒悄。隔墙影绕一枝红，却是杏花消瘦、旧东风。　海棠睡去梨花褪，欲语浑难问。只知婀娜共争妍，不道有人为伊、惜流年。

是这样清冷的文字，任你天雷地火，任你落花飞蝶，我自我的韵致悠远。在没有女权佑护的那个时代，这样的文字本身就是一种自立和品质。现代的江南才女杨绛，仍然保持着这样笃定的文风和气质。

以徐自华的才气，留下百十阕空灵的文字，完全是没有问题的。在她早期所处的时代，以其女子之身，就算才气再大，也没有机会做官。她的人生升级就是嫁人。

1893年春，21岁的徐自华出嫁了。嫁的人是浙江湖州府归安县南浔镇富绅梅谦吉之子梅韵笙，婚后生了一子一女。婚后七年，丈夫病故。中年丧妻是男人一大伤心事，而女子丧夫呢？不亚于天塌下来了。那时维新变法还在前期的酝酿中，对于28岁就守寡的徐自华来说，这意味着从此要一个人寂然下去。又七年后，其女亦夭亡。才女，是否就要如此凋零？

幸她遇到了秋瑾，使得两人的人生都得到了改变，这是后话。

从一个女人的常理来说，徐自华丧夫后是极其悲痛的。但徐自华的悲痛却有着别样的滋味。

首先，从史料上分析，徐自华是属于思想先锋派的女性，打小就远离脂粉，性格像男孩子，有意做一番事业。其次，这桩婚姻是遵照封建社会的婚嫁原则，完全是"父母之命，媒妁之言"。其小妹徐蕴华曾撰《记忏慧词人徐寄尘》介绍：

> 1894年，寄尘22岁，嫁南浔梅氏。翁姑善居积，富资财，爱钱如命，事事刻薄，即细小的新妇零用，亦要取之母家。婿韵笙，性庸懦，不劳而食，无所用心，文学无基础，工作又怠忽，入泮以后，便把诗文束之高阁。两人情好不洽，原因就在于此。

"寄尘"是徐自华后来的名号，据说是仿效同为南社成员的吴江袁希谢的晚号。公婆家虽是有钱人，但平时吝啬，且不染文才，不免令徐自华失望，自此影响到婚姻质量。

她在婚后一年写道：

> 寂寞闲庭欲暮时，疏帘细雨织愁思。
> 忏除慧业拼焚稿，感触乡心又赋诗。
> 瘦影怕临明镜照，吟怀剩有短檠知。
> 比来悟得安心法，处世无才且学痴。

1897年，也即是徐自华出嫁后第三年，疼爱并看好她文才的祖父徐宝谦去世了，她作了《哭祖父大人》四章，悲痛之中，似乎也在感叹着自己的命运无奈。

而在谭嗣同就义的那年，她写下了"我望燕云挥热泪，无心赏菊再衔杯"。谭嗣同在菜市口被砍头的那个时节，正是金秋黄花开。

诗词化为一种无形的海波，不断撞击和推波着这位不甘心的女子。就在丈夫病逝后，她的《悼亡》诗也是悲中有愠：

> 黄鹄哀鸣泣赋歌，一场恶梦七年过。
> 红颜大半才名误，恨抱千秋薄命多。
>
> 七载相依共唱随，可怜聚首两年期。
> 书来从未催归棹，眷恋庭闱体寸私。

七年的婚姻，却只在一起过了两年。除了说感情不和外，还能有什么说法呢？

秋瑾

这一点倒与秋瑾有些相像。

徐自华的丈夫去世的那年，正好是八国联军入侵之际。这时，随夫在京城生活的秋瑾也受影响回到老家。两人都感受了国运衰败，前途茫茫。而后，丈夫再次前往赴任时，秋瑾就与丈夫出现了分歧。

秋瑾的婚姻也属封建产物，这个骨子里追求自由平等的剑气女子，怎会甘心就范呢？那个时候的男子不是一头扎进仕途苦苦钻营，就是酬应于歌楼酒榭。秋瑾的丈夫已经是仕途中人，热衷权贵却懒于国事，恐怕也不是什么大恶事，但秋瑾是烈性女子，她追求的不是一家的安乐享受。两人的思想很快背道而驰，据说后来两人干脆分居了。秋瑾曾记录夫妻生活："琴瑟异趣，伉俪不甚相得。"在其《满江红》中也有记其黯然心情：

> 小住京华，早又是，中秋佳节。为篱下、黄花开遍，秋容如拭。四面歌残终破楚，八年风味徒思浙。苦将侬、强派作娥眉，殊未屑！　身不得，男儿列，心却比，男儿烈。算平生肝胆，因人常热。俗子胸襟谁识我？英雄末路当磨折。莽红尘、何处觅知音？青衫湿！

后来，秋瑾索性自费东渡日本留学，并很快加入了革命组织。再后来，她从夫家获得一笔办报的经费后，和家人诀别，声明脱离家庭关系（后人考证，秋瑾夫君王家对秋并不薄，多次给钱资助，并把两人合葬在一起）。在对丈夫彻底失望后，秋瑾曾提出离婚，被夫家拒绝了。但秋瑾从此醉心革命，不再寄情婚姻，一直到就义。在这期间，秋瑾的一个好姐妹陈阙据说因为婚姻不幸早逝，只有 21 岁，秋瑾悲吟长挽诗为其"招魂"。

同病相怜。这个时候，秋瑾遇到了徐自华。有人甚至断言，若没有这场相遇，秋瑾可能还是秋瑾，但徐自华可能就是那个被赐予贞节牌坊的旧式女子。

夫君去世后，徐自华并没有立即走上社会的前沿，仍旧循着旧规——不能相夫，仍要"教子"："大地茫茫，看白战、终宵未歇。帘卷处，彤云密布，朔风凛冽。世界三千都变玉，霜闺一色空疑月。唤娇儿、且读旧楹传，柔肠裂。熊丸课，期望切；三迁教，惭难及。叹凄凉身世，那堪重说。旧事已随流水去，新愁只付鹃啼血。剩寒宵百感上心头，乾坤窄。"（《满江红·雪夜课儿感从中来爰赋长调》）那几年，徐自华经历"五载之仲，连遭四丧"，"至光绪壬寅，家运欲轲，迭逢凶变。大兄受沉，嫂氏胡、王，侄益尊相继沦逝"。亲属的猝然离世，让她感到对孩子教育的重要，还有对自身的蹉跎纠结。

徐自华在丈夫死后三年写诗曰：

> 荏苒三年眼泪枯，虽生犹死益伤吾。
>
> 深尝艰苦空人世，反羡安眠在冥途。
>
> 剩有啼鹃千古恨，可能化鹤一归无。
>
> 忍哀营奠营斋事，还课双雏膝下孤。

同年（1903）七夕夜，徐自华孤枕难眠，陪伴着她的似乎只有或悲愁，或解忧的文字。那首《贺新凉》填得令人心凉：

> 此夜难成寐，步闲阶、露凉人静，微风乍起。瘦影凭栏清似水，相对自怜憔悴，那更堪、年来情思。触景伤心心易感，瘗双蛾损尽眉峰翠。愁如许，愁如醉。　抹空纤月如钩细。听桐阴蛩声唧唧，满

阶秋意。离合悲欢供领略，寸寸柔肠断矣。怎禁得、千行红泪。乞巧何心增怅望，问双星奚地埋忧处。思往事，皆情累。

苦闷至极的秋瑾，遇到了郁闷至极的徐自华。

1906年春，同盟会会员、南浔乡绅张弁群在南浔东栅创办浔溪女校，慕自华才学，聘请她担任校长。这时，正在谋求革命的秋瑾得知家乡开办了一所女校，有意去结识几个女界同志，以扩大革命队伍。

这年的春天，秋瑾去浔溪女校参观，徐自华作为校长自然要亲自接待。仅仅是一次见面的交谈，真正再现了俞伯牙与钟子期的"知音"之交。无论是谈封建婚姻，还是混沌的国事，皆是慷慨激昂，越谈越对脾气，一下子深入到了灵魂里，相见恨晚。

一个是一身剑气，一个是一身义气。

按照民国作家郑逸梅的描述："两人一见各相倾倒，日夕欷歔，纵论家国，遂订金兰契，自华年长为盟姊，秋瑾为盟妹。"此后，徐自华还力邀秋瑾在浔溪女校任课，秋瑾心里似乎只有革命，哪里是个教书匠呢？但她还是在校数月教授日语、理化、常识等课。可见她是舍不得这位新交往的知音姐妹。在校期间，秋瑾还收了一位女弟子，正是徐自华的小妹徐蕴华。

秋瑾教授徐蕴华写诗，嘱其不要无病呻吟，要实质性地关心国事和革命。1906年夏，秋瑾还赠给徐蕴华一首诗（《赠徐小淑二章》）：

> 况复平生富感情，《骊歌》唱彻不堪闻。
> 重来敢爽临歧约，此别愁心增为君。
> 此身拼为同胞死，壮志犹虚与愿违。
> 但得有心能自奋，何愁他日不雄飞！

也可以说，在校期间，秋瑾已经表露出为革命视死如归的慨然心态。

徐自华深谙诗词之意，这首竞雄之诗，不但深深影响了徐蕴华，更深刻影响了徐自华。

徐自华在当年曾赠诗秋瑾（《赠秋璇卿女士》其二和《晚窗同璇卿妹小酌叠前韵》）：

> 萍踪吹聚忽逢君，所见居然胜所闻。
> 崇嘏奇才原易服，木兰壮志可从军。
> 光明女界开生面，组织平权好合群。
> 笑我强颜思附骥，国民义务与平分。
>
> 风催花信始萌芽，轻暖轻寒万物华。
> 携得清樽消寂寞，懒随浊世斗豪奢。
> 兰言畅领倾忱久，萍迹欣逢告慰差。
> 欲促春光有诗檄，唐宫羯鼓不须挝。

秋瑾离开浔溪女校，有说是因其宣传革命思想，校方受迫辞退她。之后不久，徐自华也辞去了浔溪女校校长的职务，回了娘家。秋瑾还赶去看望了金兰姐姐。徐自华父亲病逝后，秋瑾专门前来吊唁，居住在徐家半个月。她们常常彻夜长谈，对外面的世界了解日渐增多，徐自华有了入世的心，她与妹妹徐蕴华都在秋瑾介绍下加入了同盟会和光复会。秋瑾提到，她要在上海办报纸，宣传革命，许徐自华一个位置。

当得知办报经费缺乏时，徐自华捐资1000元，徐蕴华捐资200元，据说是卖掉家里田产和首饰得来的钱。"我劝红闺诸姐妹，添妆略省买花钱"，徐自华入股《中国女报》后，不断呼吁女界觉醒自强。

《中国女报》宣传的是女权运动和革命思想，这份刊物对当时的妇女解放运动和民主革命起了很重要的舆论作用。

有人说，徐自华和秋瑾女侠相识、相交，是她人生路上的重大转折。在这之后，徐的诗风都为之一变，不再是闺阁缠绵，而是真正的忧国忧民，从上引徐自华所赠秋瑾两诗可窥一斑。1907年春，徐自华与秋瑾游览杭州西湖时，写下了《满江红·感怀用岳武穆韵》：

> 岁月如流，秋又去、壮心未歇。难收拾、这般危局，风潮猛烈。把酒痛谈身后事，举杯试问当头月。奈吴侬身世太悲凉，伤心切。　　亡国恨，终当泄；奴隶性，行看灭。叹江山已是，金瓯碎缺。蒿目苍生挥热泪，感怀时事喷心血。愿吾侪炼石效娲皇，补天阙。

这次西子湖畔的约会，成了历史上一段凄美的绝唱。

二月的寒风依然凛冽，一对巾帼携手登上凤凰山，吊唁了南宋的故宫，望着西湖不禁凄然。两人当时还在趁机侦察城乡内外的出入道路，绘制了军用地图，以便将来起义时用。

南宋的场景一一浮现在眼前。杜甫的《春望》缓缓流动："国破山河在，城春草木深。感时花溅泪，恨别鸟惊心……"

秋瑾、徐自华拜谒了湖畔的岳飞墓地，吟咏起岳飞的《满江红》时，秋瑾声泪俱下。徐自华看在眼里，疼在心里。谁让她是秋瑾的知音呢？

徐自华不禁疑问："难道你要死葬在这儿么？"

秋瑾答曰："倘得埋骨于此，我愿足矣！"

徐自华接话："如你死我前，我定葬你于此；然如我先你而死，你也能葬我于此乎？"

秋瑾一笑："这就看我二人谁先得到这个便宜了。"

四个月后，秋瑾在绍兴轩亭口惨遭斩首。

此前，应该说徐自华的内心是充满纠结的，一方面她无条件地支持秋瑾的起义，有一次听说秋瑾筹备武装起义经费，她倾己所有支持，这个细节，日本学者永田圭介在《秋瑾：竞雄女侠传》中曾有描述。那段时间，秋瑾正忙着光复军和策划在杭州起义的事宜，当时还受到一些保守派的不支持不理解。

而另一方面，徐自华也与秋瑾发生了分歧。根据郑逸梅的记述，徐自华与秋瑾游览西湖时，秋瑾秘密侦察场内外出入径道，绘为军用地图，以备日后之用。当时徐自华看到秋瑾如此激进心切，就以时机尚未成熟讽她，不该如此心急，秋瑾倒是接受了。

后来，秋瑾曾邀请徐自华去代她打理《中国女报》，时间要几个月，徐自华就说母亲生病在家需要照顾，就没有答应。秋瑾却有些不悦，说她忽视公事，太恋家了。

还有一次，她俩同游上海张园，小憩品茗时，秋瑾见一名留学生挟一名雏妓乘车而来，在这花娇柳媚之地，露出一副轻狂放浪之态，她忍无可忍，立刻上前用日语狠狠地教训了他一顿，那人还算识相，赶紧灰溜溜地走了。徐自华静观这一幕，不由得打趣秋瑾横加干预是"真杀风景"。秋瑾则爽爽脆脆地回答道："我如鲠在喉，不吐不快！"

同样是在徐自华所作的《秋瑾轶事》里，有一次，秋瑾酒后耍大刀，问徐姐姐看她是历史上的哪位，徐回答是刘备家的孙夫人。结果说着说着，就绕到了两人婚姻上，秋瑾竟说要帮徐自华介绍对象。这对姐妹或许是酒喝多了，但内心对正常婚姻生活的渴望，却与常人无异。

秋瑾曾有《谢道韫》一诗："咏絮辞何敏，清才扫俗氛。可怜谢道韫，不嫁鲍参军。"有人说是赠予徐自华的，但其实也是映射她自己。

"客星同聚暂游春，触目湖山几怆神！死后名希无上品，生前知己不多人。欲浇垒块还凭酒，甘作牺牲岂惜身？忍向凤凰山上望，宋家陵寝没胡尘。"这是徐自华与秋瑾游览西湖时的随笔。

"生前知己不多人"成了残酷的现实。

秋瑾就义后，徐自华几乎哭昏过去，并因此生病。想起起义前的最后相见，徐自华慷慨地将自己的全部积蓄约值三十多两黄金捐出。秋瑾将自己身藏的翠钏回赠："事之成败未可知，此区区物畀阿姊纪念何如？"并临别赠诗："此别深愁再见难，临歧握手嘱加餐！从今莫把罗衣浣，留取行行别泪看。"

莫忘将我的遗骨安葬在杭州西泠！乱世中一对思想独立的女子紧紧抱在一起，放声大哭。

翠钏在手，睹物思人。徐自华尝到了俞伯牙猝失钟子期的千古悲痛。

清政府仍在加紧搜捕余党，徐自华姐妹自然也在其列。这个时候，无人敢领取秋瑾的尸体，仅由善堂草草成殓。灵柩先放在绍兴府山山麓，后又移至严家潭殡舍暂厝，但舍主得知这是杀头的女革命党棺木，断然拒绝，后只得移放在偏门头大校场近旁。柩上只覆以草苫，借以避风雨。凄凉野祭，毅魄难安。

徐自华耳边响起了"秋风秋雨愁煞人"的绝句。"岳王坟前诺言可信么？"

·················· 1908年徐自华、吴芝瑛建造的秋瑾墓

徐自华站在雨中，脸上已分不清是雨水还是泪水。于是，她赶赴上海，找到秋瑾生前好友吴芝瑛、陈去病面商落葬之事，这个时候，恰逢她的女儿蓉患白喉不治而亡，只得急归，悲上加痛。

这一年的冬季奇寒无比。徐自华赶赴西湖，在苏堤春晓处为秋瑾相墓，正好与苏小小墓、郑贞女墓成美人、节女、侠女三坟鼎足。于是，徐自华多处托人，购得西泠桥畔墓地。

12月31日，一年中最后的一天，徐自华拖着病体与义女濮亚华冒风雪，渡钱塘，至绍兴。在漆黑的夜里，点燃烛火进入文种山，摸索寻找到秋柩，以重金雇夫役潜移至常门外严家潭丙舍，等待秋墓建成，再择日会葬。

1908年初，秋墓建成。墓志铭由徐自华撰，吴芝瑛书，著名篆刻家洲泉胡菊邻刻石。"呜呼！鉴湖女侠秋瑾之墓"立于墓门。当年2月，徐自华携秋瑾孤魂落葬西子湖畔。

当时足有400多人前往秘密拜谒送祭。秋瑾不寂寞。

徐自华如释重负，吟诗一首："湖云山树总悲凉，春晓苏堤柳未长。添个鉴湖秋侠墓，游人凭吊泣斜阳。"

徐自华还与陈去病一起秘密创立"秋社"，众人推徐自华为社长（民国后孙中山曾任名誉社长），决定每年秋瑾殉难日举行纪念活动。这样一个地下组织誓要继承秋志。

可是很快就走漏了风声。是年9月，清廷巡查御史常徽到杭州，在西湖发现了秋墓，大为恼火，立即上章弹劾，奏请平墓。后来，平秋墓获准，并缉捕徐自华、吴芝瑛。徐自华一面密遣徐蕴华到杭州去，与朱瑞、徐自华母等收藏墓碑于秋社，一面急电催陈去病商量对应。可是已经来不及了。非但墓已毁，灵柩也被挖出。无奈只得先由秋兄宗章迁回绍兴落葬，后再由湘潭王氏专丁运湘，与其夫王廷钧合葬一处。

而徐蕴华冒死前去埋藏墓碑，竟被清廷巡逻队击伤。至于被通缉的徐自华，只得暂避上海。

徐自华牢牢记得岳飞墓前的约定和承诺。从此，她对革命更加投入。1909年，革命的文学社团南社在苏州虎丘山下成立，徐自华与徐蕴华共同加入。南社领袖柳亚子、陈去病等人将徐自华比作忧国忧民的李清照。柳亚子赞词曰：

奇才如许，有青绫障外，谢家琼树。生小女儿溪畔路，弄月评花闲住。漱玉新词，断肠旧恨，谁辨今和古？蛾眉绝世，人间脂粉如土。　　伤心风雨联吟，江湖结客，往事休重数。抔土西泠留未得，剩尔骚坛一旅。翠羽萧条，梅花零落，迸入哀弦去。因缘文字，一编珍重曾睹。

陈去病诗赞其云：

> 天生风雅是吾师，拜倒榴裙敢异词？
>
> 为约同人扫南社，替君传布廿年诗。

很快，辛亥革命爆发。当时浙江相继光复，而石门仍为清吏所据。当时居住在苏州的徐自华，急电浙江都督府民事部长褚辅成救援。褚派革命军200人攻下石门，至此全县光复。

看着手里的翡翠镯，她心里想的还是秋瑾何时回到西子湖畔。

革命成功后，徐自华再次来到绍兴，参加绍兴军政府为秋瑾举行的盛大追悼会，登台发表演讲，会后搜集秋案及大通学堂档案携回秋社保存。她写下《中原光复重人越中有悼璇卿》诗四首和《满江红》词一阕。

这个时候，革命后的湖南政府在长沙岳麓山修建了烈士陵园，已经将秋瑾的墓迁葬于此。徐自华提出迁秋墓，遭到了湖南方面的婉拒。

徐自华姐妹与陈去病多方奔波呼吁，此时中华民国成立，孙中山就任临时大总统。后经民国政府批准，又有陈去病前去湖南斡旋，两省商定，迎送秋瑾的遗骨至西湖。

革命人拘捕了昔日怂恿平毁秋墓、曾任浙抚的张曾扬幕府章介眉。徐自华见到章介眉，义愤填膺。章似乎也知错了，愿捐田三千亩，取其一部分作秋侠祭产。于是，徐自华决定以此联名请浙新政府允建秋祠。后建成

迎接孙中山（前中）赴浙江视察合影，徐自华居右三

秋祠、秋心楼和风雨亭，以供凭吊。1912年年初，徐自华组织举办秋瑾追悼大会，白马素车，三四千人参加，盛况空前。同时，她还搜集了众多秋瑾遗物充实秋社。

秋瑾字竞雄，于是，徐自华又与革命人士在上海创办竞雄女学，校长为秋瑾女儿王灿芝。徐自华还邀请了陈去病、胡朴安、黄宾虹、庞树柏、徐蕴华等执教该校，培养了众多人才，称一时之盛。

看着王灿芝成长，徐自华暗自欣慰，但更挂念秋柩尚在湖南。徐自华嘱陈去病去湖南，至长沙护秋柩归浙。是年12月4日，秋柩抵沪，徐自华、徐蕴华及各界人士迎灵。36名竞雄女学学生陪护灵柩，数万民众肃立江岸，含泪致敬。数百女学学生白衣素服，执绋前导，沿途哀乐声声。灵柩护至绍兴会馆，举行追悼大会。徐自华主奠，泪流满面。次日，徐自华护送秋柩抵杭，灵柩暂停秋社。8日，孙中山到秋社祭秋，面允自任秋社名誉社长，并撰挽联一副：

江户矢丹忱，垂居首赞同盟会；

轩亭洒碧血，愧我今招侠女魂。

1913 年秋，秋瑾被重新葬于杭州西湖西泠桥的原墓地。徐自华心愿得了，一曲知音终得圆满。

此后，徐自华继续秋志，参与革命。"二次革命"失败后，她资助同志亡命海外；其遇害者陈尸市曹，无人敢收殓，则遣人经纪其丧。袁世凯称帝后，徐自华奔走于苏州、上海间，策应讨袁斗争。后来，袁世凯督冯国璋任江苏都督，对孙中山领导的革命党和江苏反袁力量镇压，徐自华与陈去病在上海竞雄女校谋划在苏州起义抵抗。当时，徐、陈躲在苏州阊门一间旅社内指挥，事前与警察所长说通了，结果所长突然变卦，很快警察将其包围，徐自华秘藏重要文告、旗帜暨印信于裹腿之内，空手从边门脱险。陈去病等人则乔装逃去。

1920 年，徐自华追随孙中山到了广东，后奉命回杭州葬苏曼殊于西湖孤山，当时徐自华为了实现与秋瑾陪葬的诺言，曾在西子湖畔购得墓地，并为好友陈去病同购一墓地。苏曼殊去世后，陈去病主动提出将其墓地让与苏曼殊。身体不适的徐自华自此留在了西子湖畔，长期待在秋社，为秋瑾守墓。

1927 年，北伐军底定东南。徐自华召集秋社同人联名请愿，收复了军阀孙传芳当政时被刘氏夺占的秋祠，筹措资金把严重毁损的秋祠重新修葺。在秋瑾逝世 20 周年纪念日，由徐自华主祭，重举升主人祠典礼。

这一年，她与秋瑾分别已 20 周年。这一年，秋瑾女儿王灿芝正好大学毕业。徐自华拿出当年秋瑾赠与的翡翠钏交与王灿芝，嘱言："此汝母物，亦汝王氏聘礼中物也。而予为之外府，日月已迈，今老且病，不完璧归赵，将欲奚为？子其宝之，见钏犹见汝母也。"

1935 年夏的一天，徐自华坐在秋墓前，追随秋瑾的英灵，安然而去。

据说徐自华去世的那天正好是农历六月六日，正是秋瑾的第 28 个祭日。那天，徐自华早早起来，穿上崭新的辑里丝①衣裙来到秋瑾墓地，动作迟缓而虔诚地跪在秋瑾的十字碑前，小心地擦拭着墓碑。

天堂里的秋瑾看着疾病憔悴的姐姐徐自华，必是心疼到了极点，于是，她决定接姐姐而去。这一年，徐自华63岁。

徐自华去了，但由于北伐期间杭州禁葬，其灵柩只能安放在秋祠，一放就是两年，后被安葬在杭州公墓。日本占领杭州后，公墓变成靶场，徐蕴华将姐姐的灵柩安放在孤山之麓的原定墓地。

按说从此这对金兰姐妹该咫尺相守于西湖了。结果，"文革"的时候，徐自华墓遭到破坏，秋瑾墓也未能幸免，遗骸还被迁至鸡笼山。直到20世纪80年代，人们上书邓颖超，秋瑾墓才得以迁葬回西子湖畔。

今天，徐自华的遗骸还在鸡笼山脚下的茶园里，她在远远地看着姐姐秋瑾。这辈子有一知己，足矣！

---

① 辑里丝，原名七里丝，产于太湖流域浙江南浔镇、江苏盛泽镇一带。

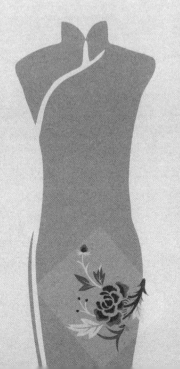

杨荫榆

（1884—1938）

只是当时已惘然

在鲁迅一生的骂战中，或许再没有第二个女人能够被他如此重视地骂，如此狠心地骂。

只是当时已惘然

....

鲁迅在徘徊。京城三月的天仍旧裹挟着寒意。这是 1926 年 3 月 25 日的正午的阳光。国立北京女子师范大学大礼堂里正在纪念两位非正常死亡的学生，她们是刘和珍、杨德群。

大礼堂外，树影婆娑，有学生间或走来走去。鲁迅满脑子都是一个女人的形象，有熟人过来与他打招呼时，他还在想着，这个女人怎么如此残忍？

"先生为刘和珍写点什么吧！"那熟人说完就走了。

鲁迅决定下笔写。文中除了纪念刘和珍的点滴往事外，更少不了对那个叫杨荫榆的女人的开骂。在他一生中的骂战中，或许再没有第二个女人能够被他如此重视地骂，如此狠心地骂。

翻开这位手持"匕首"的作家文集，从 1925 年 5 月 10 日写的《忽然想到》到 1925 年 8 月的《女校长的男女的梦》，再到 1925 年 11 月 23 日写的《寡妇主义》，直到 1926 年 4 月写就并进入中学课本的《记念刘和珍君》，杨荫榆的恶名无篇不在：张牙舞爪，恶婆婆，武断，迫害，"可恶、卑劣"。

现实中的杨荫榆到底是什么样子呢？很多人不禁好奇。

三姑母皮肤黑黝黝的，双眼皮，眼睛炯炯有神，笑时两嘴角各有个细酒窝，牙也整齐。她脸型不错，比中等身材略高些，虽然不是天足，穿上合适的鞋，也不像小脚娘。我曾注意到她是穿过耳朵的，不过耳垂上的针眼早已结死，我从未见她戴过耳环。她不令人感到美，可是也不能算丑。

这是钱锺书夫人杨绛叙述的。杨荫榆是杨绛的三姑，亲三姑。他们是地道的无锡人。杨绛到苏州名校振华学校读书，还是杨荫榆的意思。无锡的钱锺书也是在苏州上的学，两人也因此有了很多共同语言。苏州，注定是他们的福地。

当杨荫榆在京城作为名校校长被舆论"围攻"，被各界指责时，她想的还是苏州，而非出生地无锡。她想回到那个平静的初中，那座恬淡的古城，那才是最让她释然的地方。

每个人的人生都有不同的阶段，杨荫榆的一生大抵可以分为三段：无锡段、北京段、苏州段。

无锡杨家是标准的书香门第，教书的教书，办学的办学。杨荫榆的哥哥杨荫杭即杨绛的父亲，早期在无锡创办了锡金公学。杨荫榆于光绪二十五年（1899）被学校送往日本早稻田大学留学。在日本时受孙中山、黄兴等人的影响，他与一批留日学生成立了励志会，从事反清活动。日本毕业后，他又赴美留学，在宾夕法尼亚大学获得法学硕士学位。辛亥革命后，经张謇推荐，杨荫杭任江苏省高等审判厅厅长，后被任命为京师高等检察厅厅长。也或许正是有一位这样的哥哥，让鲁迅误以为入京后的杨荫榆"广有羽翼"。但实际上，这时杨荫杭早已经远离官场，去南方做学问去了。

大户人家的孩子唯一的任务就是读书。杨荫榆先在哥哥创办的公学就读，后到苏州景海女中和上海就读。杨荫榆走的路线与哥哥差不多：先去日本留学，后去美国留学，回国后不久就创造了中国教育史上一个新的纪录：第一位大学女校长。

但这个小名叫申官的江南姑娘险些就走了另外一条路。杨荫榆出生的年代是晚清，一切弊病尚未退去，包括包办婚姻。

杨荫榆姐妹三个。大姐最美，父母十分疼爱。二姑娘、三姑娘都没有什么相貌，父母对后两个姑娘总有点疏忽，以致她们姐妹间也不要好。这可能算是杨荫榆最早体会到的人情冷酷。

光绪二十七年（1901），杨荫榆边读书边憧憬着未来的新生活，浑然不知即将落在她身上的是怎样的一桩包办婚姻。包办婚姻那时候讲究门当户对，有没有感情是另外一回事，辱了家门那可是家族大忌。杨荫杭的妻子早在娘家就知道男方"少爷"是个低能儿，就算三妹妹长得有点丑，也不该嫁给一个整天流哈喇子的弱智吧？这个嫂嫂心地善良，就暗地里与夫君商量，应该与婆婆去说说，拦阻这门婚事。杨荫杭虽然留过洋，且办新学，但事情真轮到自己身上，就不敢多说什么了：这门婚事在我留日时就定下来了，不可能取消的，母命难违。

但嫂嫂仍旧去找了婆婆论理，说：三妹妹眼下正在上学，前途未定，不该早嫁，再说了，就算嫁人也该嫁个正常点的，你怎么就狠心把女儿嫁给一个傻子呢，有没有考虑过她的幸福呢？婆婆不甘示弱：我是她母亲，我生她养她，这点家还不能替她当了？人家的儿子的确有点不聪明，但家世殷实，有头有脸的，也不指望她过去赚钱养家，只要安心过日子、生孩子就行了。女孩子读书能读到什么时候？这个家还轮不到你来指指点点，我倒要问问荫杭是怎么管媳妇的呢！

新婚之夜，杨荫榆被掀掉了红头盖巾，17岁的她定睛一看，不禁傻了。难道这就是我要陪伴一生的夫君吗？面前是一个傻乎乎的男子，嘻着嘴，紫红的牙肉露了出来，嘴角还流着哈喇子……

新郎官看到一身大红的新娘子，不禁兴奋起来，上来要拥抱。杨荫榆本能地反抗。新房里传来几声惨叫。等新郎出来，傻姑爷的脸已经被抓破了。杨荫榆呆呆地看着自己指甲上的血迹，又怕又委屈，眼泪止不住地流。

冷却一阵子再说吧。新郎是常州人，但就住在无锡。杨荫榆直接回了娘家。婆家人就等啊等，以为她过几天就会回来了。后来实在不耐烦了，婆婆来了。这婆娘是出了名的凶悍，先是派轿子来接她，她不肯回去，又派贴身的老妈子跟着轿子一起来接，左右说服，杨荫榆只得跟着回去了。

但是没过多久，她又跑回来了，和一个没有任何感情的傻丈夫对视，她受不了，更不要说行夫妻之礼了。这一次死也不回去了。她对嫂子强调说。

那家人是独生子，渴盼着能娶个儿媳妇传宗接代。婆婆亲自上门到杨府，带着一干人马，风风火火来带人。杨荫榆早已领教过婆婆的泼辣，早早躲到了嫂子的大床帐子后面。结果婆婆叫喊着，直接闯进这间卧室，生生把她拖了出来，一副很得理的模样。

杨家本还有些歉意，但见这个婆婆如此粗鄙，话语上不禁有些嗔怪。杨荫榆也不知道哪里来的一鼓勇气，挣开婆婆的揪扯，对着她气势汹汹地讲道理，厉声表态：断绝关系，取消婚姻。婆婆顿时傻眼，一旁的杨家人也不站在她这一边，她只得黯然离去。从此，两家不再来往。

杨荫榆挣脱了枷锁。但外界对她风言风语不少，说她是"老姑婆"、"灭门妇"。如此无锡是肯定待不下去了。还是嫂子理解她的苦衷，与杨荫杭商量，帮助她在附近找个好学校。邻近的苏州自设立通商口岸以来，到处设立教会学校。位于苏州天赐庄有所景海学校，收费不菲，但据说课程超前。杨荫榆在兄嫂的帮助下，入校学习。两年后，转到上海就学，同班的有章太炎未来的夫人汤国梨。

1907年5月，杨荫榆毕业，后参加官费留学考试合格去往日本。6年后，大清王朝已经变身中华民国。她从日本以优异成绩毕业归国。记得毕业之时，她因成绩优秀受到校方嘉奖，奖品是一对金光闪闪的别针。哥哥此时已经在北京进入仕途。而杨荫榆只有志于教育。她被聘为江苏省第二女子师范教务主任，教生物学课程。次年就到了北京，任国立女子高等师范学校的学监。她学会了日本人的兢兢业业、严于律己，教育成就突出，得到学生较高的评价，譬如后来成为鲁迅夫人的许广平就提到："关于她的德政，零碎听来，就是办事认真、朴实，至于学识方面，并未听到过分的推许或攻击，论资格，总算够当校长的了。"

也许只有经历过束缚的人才更珍惜自由的机会。杨荫榆所有的精力都用在学习和教学上了，连谈恋爱的时间都没留，就这么单了一辈子。

1918 年，民国的新教育正在激昂前行，留学风潮再起。教育部首次选派教授赴欧美留学，杨荫榆应选赴美，入哥伦比亚大学攻读教育专业。

站台上，为她送行的学生呈半包围状，她们是打心里喜欢这个细心、耐心的老师的，舍不得她走。已经懂事的侄女杨绛跟着大姐也在火车站为三姑送行，她发现自己的老师也赶来为三姑送行。这位老师和不少大学生在站台上哭得抽抽噎噎，杨荫榆则站在火车尽头一个小阳台似的地方，也只顾拭泪。站台上旅人匆匆，火车的蒸汽弥漫其间，交叉的轨道伸向不知目的地的远方。火车在鸣笛催促了，杨荫榆缓步上车去，不忍回头。蒸汽机轰鸣，列车开动。

杨荫榆从车窗探出脑袋来，用力地向学生们挥着手，一边挥，一边匆匆擦掉眼里的泪水。站台上学生有的跟着跑，有的在大哭，似乎她们永远见不到了。

杨绛回来后写道："我现在回头看，那天也许是我三姑母平生最得意、最可骄傲的一天。她是出国求深造，学成归来，可以大有作为。而且她还有许多喜欢她的人为她依依惜别；据我母亲说，很多学生都送礼留念；那些礼物是三姑母多年来珍藏的纪念品。"

自此，杨荫榆结束了无锡的人生阶段，开始了辉煌和未知的北京之旅。

四年后一个金色的上午，杨荫榆回到了久违的北京。她连家都没有回，就去寻找昔日那批可爱的学生们。她迫不及待地告诉她们，她毕业了，她再也不走了。还要告诉她们，她在美国见到了大师杜威。她曾作为留美中国学生会会长，曾进入美国多所顶级学院参加活动，感受到美国先进的教学理念。她要与她们分享。

渐渐地，她发现了这些女生们的变化。她们不再温柔，不再听话，多了些戾气和愤恨，她们对现实充满着警觉和敌对。这变化的背后，是五四运动的冲击，是情绪的宣泄，是对军阀当政的不满，是对独裁和专政的抵抗。她们不再轻易哭泣，而是勇敢坚毅。女人是敏感的，但杨荫榆只能感受这表象的变化，却不知道内里的原因，因为她出国太久，她已经与国内现实脱节了。

1924年2月，回国两年的杨荫榆受教育部委任，接替许寿裳任国立女子师范大学的校长，成为中国近代教育史上第一位女大学校长。当时在台上执政的是段祺瑞大总统。他的诸多专政引起了各界反对，尤其是一些经历过新文化运动的大学生们。

两个月后，大名鼎鼎的章士钊从南方而来，成为段祺瑞的北洋军阀集团里的司法总长，并兼任教育总长。他主张整顿学风。学生应该是学生的样子，而不是一天到晚闹革命。

此说并非没有道理，学生首要任务是学习，政府各级应该各司其职，学风不正，教育不兴。章士钊早期鼓吹革命，曾与章太炎在上海组成战线，后留学日本，并在英国旅居过，学贯中西，按说就任教育总长，并推行新政合情合理。

后人在提及杨荫榆时，总会提到她背后的人物章士钊。就连鲁迅写文章批驳时也不例外。似乎他俩是天生的结盟者。他们在理论上的观点的确相同，然而杨荫榆是否章士钊亲自提拔当的校长，并无明证。

就任大学校长后，杨荫榆不再与那些学生打成一片，她开始抓学风，她不能容忍那些散漫和过激。这样的读书机会是多么的难得，她们怎么能不珍惜，而去想着革命、斗争的事情呢？"窃念好教育为国民之母，本校则是国民之母之母。"她工整地写下了这句话。

她在学校里强调秩序、学风，强调学校犹如家庭，需要一个稳定的局面。一个学生，如果连书都没有读好，谈何去干什么大事业？她主张，学生只管读书，不可过问政治活动，她甚至直斥一些学生反对政府的行为是"学风不正"。她亲自抓校务，严禁学生参加校外活动，并对个别人提出警告。学生们觉得，昔日的杨老师变了，尤其是当了校长之后，变得专政起来，简直与当政者穿一条裤子。她们在背后议论她，讥讽她是"国民之母之母之婆"。

杨荫榆哪里能够感受到学生们激变的内心，她错过了辛亥革命，错过了五四运动，错过了太多的激烈。她以为学校纪律能做到令行禁止。不行的话，就来点必要的惩戒。

1924年秋季开学之际，南方发大水，交通受阻，江浙战争爆发，影响通行，部分学生回校耽误了一两个月左右的时间，没有按时报到。杨荫榆在学生回来以后制定了一个校规，说凡是逾期返校的都要开除。三名国文系的学生被要求退学，处分极其严重。但也有一些同样犯错的学生并未得到任何处分。一时间，校园哗然。有学生站出来质疑：为何同罪不同下场？难道是与你亲近的就得到宽容，与你平时有过节的就得到严惩吗？这不是赤裸裸的打击报复吗？

杨荫榆毫不让步，她认为学生不该挑战学校的权威，她以为学生还是四年前的学生，或许是惩戒还不够。当有教员向她建议应该宽容视之，并且要尊重学生们的意见时，她表现出一个校长的威风和专断，不予听取。

背后的闲言闲语逐渐传到她耳朵里，有说她是恶婆婆式管理，有说她是毒寡妇式教育。总之，粗暴、武断、横行、专制、压迫……这些词语一股脑地扔向了她，让她想起了昔日抗婚后的遭遇。

而在明处，学校大学生自治会开始向她施压，直至向她递交了要她去职的宣言，并派代表前去教育部申述她任校长以来的种种黑暗情况，请求教育部撤换校长。

学生与她决裂了。她在失落之余，更多的是愤恨和不服。

如今看来，当初学生们所要求参加的不外乎是反帝国主义、反不平等条约，以及相关公益活动，譬如 1925 年 3 月 12 日，孙中山在北京逝世，学生去参加追悼大会，可竟遭到杨荫榆的阻止，有传说她扬言："孙中山主张共产共妻，我们不能随波逐流受其影响！"还有说她曾破口辱骂学生会代表。

5 月 7 日是国耻纪念日。1915 年 5 月 9 日，袁世凯承认日本提出的"二十一条"，激起全国人民的反日运动。以后人们以日本提出的最后通牒日期 5 月 7 日为国耻纪念日。这天，学生们请人来校作报告，杨荫榆拦阻后，自己贸然登台主持，台下一片嘘声。学生会代表上台向她宣布：我们已不承认你是校长，请速离开会场。这让这个好强的女校长情何以堪啊！看着那些群情激昂的女生们，愤恨、心悸、担心在她心中缠搅在一起。她在嘘声中失态了，大声呼喊："叫警察！叫警察！"但最终还是黯然下台离开。

事件继续发酵。5 月 9 日，立夏后的第三天，京都的炎热来得特别早。杨荫榆决定将自治会的 6 个学生开除出校。她们中就有刘和珍及鲁迅未来的妻子许广平。

鲁迅当时在教育部任佥事，是一个科级干部，同时受聘为女子师范大学的讲师。在这场冲突中，他立场坚定地站在了学生们一边。文人的姿态常常是同情弱者，老师帮学生讲话也无可厚非。他与几位教员达成共识，不能任由杨荫榆横行下去了。据说此时他已经向北师大退回了聘书。

实际上，鲁迅抱打不平已经不是第一次。早在毛邦伟任职该校校长时，鲁迅因一位同乡女学生许羡苏剪了短发遂被女高师勒令退学之事，便几次找毛邦伟疏通，无果后写了篇《头发的故事》，作品主人公"我的一位前辈先生 M"便是当时的校长毛邦伟。鲁迅尤其喜欢在作品里影射，在

《坟·从胡须说到牙齿》中就有这样的片段："虽然已是民国九年，而有些人之嫉视剪发的女子，竟和清朝末年之嫉视剪发的男子相同；校长M先生虽被天夺其魄，自己的头顶秃到近乎精光了，却偏以为女子的头发可系千钧，示意要她留起。设法去疏通了几次，没有效，连我也听得麻烦起来，于是乎'感慨系之矣'了，随口呻吟一篇《头发的故事》。但是，不知怎的，她后来竟居然并不留发，现在还是蓬蓬松松的在北京道上走。"明眼人一看便知指谁。

但是就算没有鲁迅，杨荫榆还是玩不下去。她的前任许寿裳就是被迫辞职的，除了上面的意思外，据说也与强烈的学生意见有关。

后来成为钱锺书夫人的杨绛对这个有点丑的三姑尤其了解，就算很多年不见，都能分析得透透彻彻："她留美回国，做了女师大的校长，大约也自信能有所作为。可是她多年在国外埋头苦读，没看见国内的革命潮流；她不能理解当前的时势，她也没看清自己所处的地位。"

她看上去有些笨拙。这是不少后人对她的印象。更多人把她行为总结为"婆婆式管理"，而且是旧社会的婆婆。但她遇错了对象，时局给她的女生，都是新锐人物。读读鲁迅夫人许广平的书信言论，便可知她的思想活跃和自由主义。她们早已经不是单纯的读书女性了。

杨荫榆是固执的，她以为坚持己见就能有所斩获。她先以校长身份向6个学生的家长发信，告知开除事宜。同时，杨荫榆还在开除6人的公告中称："开除学籍，即令出校，以免害群。"那意思是直接驱逐她们出校。可谓撕破脸皮了。

公告出来的当天，许广平在宿舍里看刚刚出版的第三期《莽原》杂志。那时她的笔名是"非心"，而这两个字叠在一起，便成一个"悲"字，恰如她当时的心情。那天晚上，她执笔给鲁迅写信，最后一句这样写道："给我喝一杯冰结凌吧。"这是赵瑜《小闲事》里的情节。

书里还披露说，鲁迅编辑的《莽原》接到许广平的投稿后，两人关系开始拉近，"二人的师生关系已经有了更多的暧昧气息"。"如果说《莽原》杂志的创办给鲁迅与许广平在教室以外提供了一个心灵上交换眼神的阵地的话，那么，女师大事件则为二人提供了一个私奔的机会。"

而此时，学校里爆发的"驱羊（杨荫榆）事件"正闹在兴头上。

鲁迅致信许广平说："这手段太毒辣了。教员之类该有一番宣言，说明事件的真相，几个人也可以的。"于是，由他起草的《对于北京女子师范大学风潮宣言》，由教师马裕藻、沈尹默、周树人、钱玄同、沈兼士、周作人共7人签名，除介绍事情经过外，指出"六人学业，俱非不良，至于品性一端，平素尤绝无惩戒记过之迹"，"况六人俱为自治会职员，倘非长才，众人何由公举。不满于校长者倘非公意，则开除之后，全校何至哗然"。这篇宣言在《京报》等报刊上发表，也寄给了6人的家长。杨荫瑜即处于被动。

从此，许广平到鲁迅家去，鲁迅和鲁迅母亲就都叫她"害马"，直到他们结婚后，鲁迅还在信中称她为"害马"。鲁迅曾在一信的末尾说道："待'闹潮'略有结束，你这一匹'害群之马'，多来（稿件）发一点议论罢。"

鲁迅等不及了，5月10日他写出了《忽然想到之七》，矛头直指杨荫榆：

我还记得中国的女人是怎样被压制，有时简直并羊而不如。现在托了洋鬼子学说的福，似乎有些解放了。但她一得到可以逞威的地位如校长之类，不就雇用了"掠袖擦

鲁迅

掌"的打手似的男人，来威吓毫无武力的同性的学生们么？不是利用了外面正有别的学潮的时候，和一些狐群狗党趁势来开除她私意所不喜的学生们么？而几个在"男尊女卑"的社会生长的男人们，此时却在异性的饭碗化身的面前摇尾，简直并羊而不如。

5 月 30 日，震惊中外的五卅运动在上海爆发，并很快席卷全国。女师大学生组织"沪案后援会"，支援反帝斗争。又是一次冲突。

到任教育总长不久的章士钊，颇为看重杨荫榆，并支持她的管理方式，不肯换人。并由此与鲁迅结下了"梁子"。

冲突一直延续到 7 月底，并再次升级和激化。学生自治会召开紧急会议，商议对策，一些学生甚至用封条封了杨荫榆的办公室，并派人把守校门，不准她再进学校，据说她只得另找地方办公。

放暑假了，很多学生留守学校不肯走，她以为这样闹下去不是办法。而那些学生则觉得，学校是我们的，不是你杨校长家的，我们有权继续留住。

斗争与反斗争继续上演。杨荫榆带了警察、教工等 50 多人来到学校，明是整修宿舍，实质是强迫学生搬出学校。得到消息的学生们早已紧闭大门严阵以待，有的说当时别的学校学生也赶来支援。

比较多的记载是，8 月 1 日，杨荫榆又领军警入校，殴打学生，截断电话线，关闭伙房，强行解散入学预科甲、乙两部等 4 个班。8 月 10 日，教育部下令停办女师大，另成立国立女子大学。22 日，坚守女师大的学生骨干刘和珍、许广平等 13 人被教育部派出的打手打伤，拖出校门。反正杨荫榆就是个专制婆婆的形象。

但事情总有两面性。也有记载，杨荫榆还比较冷静，她按捺住了警察，叫人主动撤离，使局面暂时得以平息。第三天，伤心失望到了极点的杨荫榆向教育部请辞，获批准。几天后，杨荫榆黯然离京去苏州投奔她的二哥，即杨绛的父亲杨荫杭。

这里还有个小插曲，说章士钊再也看不惯女师大的学生作为，认为她们不受检制，啸聚男生，蔑视长上，礼教全荒，在国务会议上主张停办女师大，另立新校。但鲁迅等6名女师大教师反对改组。据说，章士钊派人跟鲁迅交涉，向鲁迅封官许愿说，你别闹，将来让你做校长。又据说，鲁迅断然拒绝了。后来才有了章士钊建议免去鲁迅职位的事件。当然，后来鲁迅以科长之职打官司，告赢了这位司法总长兼教育总长。这是那个时代值得骄傲的事件。

鲁迅在8月10日发表的《女校长的男女的梦》里，对杨荫榆毫不留情地骂开了：

> 我不知道事实如何，从小说上看起来，上海洋场上恶虐婆的逼勒良家妇女，都有一定的程序：冻饿，吊打。那结果，除被虐杀或自杀之外，是没有一个不讨饶从命的；于是乎她就为所欲为，造成黑暗的世界。
>
> 这一次杨荫榆的对付反抗她的女子师范大学学生们，听说是先以率警殴打，继以断绝饮食的，但我却还不为奇，以为还是她从哥仑比亚大学学来的教育的新法，待到看见今天报上说杨氏致书学生家长，使再填入学愿书，"不交者以不愿再入学校论"，这才恍然大悟，发生无限的哀感，知道新妇女究竟还是老妇女，新方法究竟还是老方法，去光明非常辽远了。
>
> 女师大的学生，不是各省的学生么？那么故乡就多在远处，家长们怎么知道自己的女儿的境遇呢？怎么知道这就是威逼之后的勒令讨饶乞命的一幕呢？自然，她们可以将实情告诉家长的；然而杨荫榆已经以校长之尊，用了含胡的话向家长们撒下网罗了。
>
> 为了"品性"二字问题，曾有六个教员发过宣言，证明杨氏的诬

妄。这似乎很触着她的致命伤了，"据接近杨氏者言"，她说"风潮内幕，现已暴露，前如北大教员诸人之宣言，……近如所谓'市民'之演说。……"（六日《晨报》）直到现在，还以诬蔑学生的老手段，来诬蔑教员们。但仔细看来，是无足怪的，因为诬蔑是她的教育法的根源，谁去摇动它，自然就要得到被诬蔑的恶报。

最奇怪的是杨荫榆请警厅派警的信，"此次因解决风潮改组各班学生诚恐某校男生来校援助恳请准予八月一日照派保安警察三四十名来校借资防护"云云，发信日是七月三十一日。入校在八月初，而她已经在七月底做着"男生来帮女生"的梦，并且将如此梦话，叙入公文，倘非脑里有些什么贵恙，大约总该不至于此的罢。我并不想心理学者似的来解剖思想，也不想道学先生似的来诛心，但以为自己先设立一个梦境，而即以这梦境来诬人，倘是无意的，未免可笑，倘是有意，便是可恶，卑劣；"学笈重洋，教鞭十载"，都白糟蹋了。

我真不解何以一定是男生来帮女生？因为同类么？那么，请男巡警来帮的，莫非是女巡警？给女校长代笔的，莫非男校长么？

"对于学生品性学业，务求注重实际"，这实在是很可佩服的。但将自己夜梦里所做的事，都诬栽在别人身上，却未免和实际相差太远了。可怜的家长，怎么知道你的孩子遇到了这样的女人呢！

我说她是梦话，还是忠厚之辞；否则，杨荫榆便一钱不值；更不必说一群躲在黑幕里的一班无名的蛆虫！

八月六日

什么是虔婆？中国古代传统的女性职业"三姑六婆"中一种，指开设青楼楚馆、媒介色情交易的妇人，亦即是"淫媒"。说白了就是妓院的鸨母，或是社会上俗称的"贱婆"，这句难听的骂街话，专指骂年老妇女的。鲁迅骂人并非不带脏字。

杨荫榆女士任国立北京女子师范大学校长仅一年零八个月的时间，她走得狼狈不堪。

但鲁迅不依不饶。1925 年 11 月 23 日，他的《寡妇主义》总能找到杨荫榆的影子：

> 在寡妇或拟寡妇所办的学校里，正当的青年是不能生活的。青年应当天真烂漫，非如她们的阴沉，她们却以为中邪了；青年应当有朝气，敢作为，非如她们的萎缩，她们却以为是不安本分了：都有罪。只有极和她们相宜，——说得冠冕一点罢，就是极其"婉顺"的，以她们为师法，使眼光呆滞，面肌固定，在学校所化定的阴森的家庭里屏息而行，这才能敷衍到毕业；……

如果说，这次学潮事件就此终结，杨荫榆尚有喘息机会，并在安静的江南洗去尘埃，再迎头上路，而不至于压到躬身驼背，至死难以翻身。

"三一八"惨案发生了。日本驾驶着炮舰联合英美八国向段祺瑞政府施压，他们要把武力安置在中国的海岸线。中国人不依，他们担心软弱的政府会惯性地卑躬屈膝。1926 年 3 月 18 日，北京群众 5000 余人，在天安门集会抗议，要求拒绝八国通牒。段祺瑞政府竟下令开枪，当场打死 47 人，伤 200 余人。

死者中恰恰就有被杨荫榆开除的刘和珍。

鲁迅描述：

> 我没有亲见；听说她，刘和珍君，那时是欣然前往的。自然，请愿而已，稍有人心者，谁也不会料到有这样的罗网。但竟在执政府前中弹了，从背部入，斜穿心肺，已是致命的创伤，只是没有便死。同去的张静淑君想扶起她，中了四弹，其一是手枪，立仆；同去的杨

德群君又想去扶起她，也被击，弹从左肩入，穿胸偏右出，也立仆。

刘和珍是国立北京女子高等师范大学学生自治会主席，死时年仅23岁。鲁迅称这一天为"民国以来最黑暗的一天"，一点都不过分。

段祺瑞说他并不知道其卫兵向学生开枪，更未下令向学生开枪，惨案发生后，他马上赶到现场，在死者面前长跪不起，顿足长叹："一世清名，毁于一旦！"并从此终身吃斋，至死未改。

北京4月的天，寒气犹存。1926年4月，鲁迅参加完刘和珍和杨德群的纪念活动后，心情沉重，奋笔写下了著名的《记念刘和珍君》：

> 她的姓名第一次为我所见，是在去年夏初杨荫榆女士做女子师范大学校长，开除校中六个学生自治会职员的时候。其中的一个就是她；但是我不认识。直到后来，也许已经是刘百昭（时任教育部教育司司长）率领男女武将，强拖出校之后了，才有人指着一个学生告诉我，说：这就是刘和珍。其时我才能将姓名和实体联合起来，心中却暗自诧异。我平素想，能够不为势利所屈，反抗一广有羽翼的校长的学生，无论如何，总该是有些桀骜锋利的，但她却常常微笑着，态度很温和。

这一段里着重提及了杨荫榆。这个女人的形象再次在他脑子里翻腾。段祺瑞、章士钊、杨荫榆，他们是连在一条线上的。这是一种惯性思维。因为他们的站位。执政者、教育总长、大学校长，这样一组排列，足以说明问题。

人与人之间最怕的就是误会。而通常导致误会的就是武断。如今看来，杨荫榆开除学生，严肃学纪，出发点并不算坏，或许也只是执行教育部命令。但她太高估了教育部的政令，又太低估了学生们的能耐。京城学潮是一大势力，后来胡适做北大校长，遭遇罢课和叫骂，有个落款为"启"的学生直接致恐吓信，满纸"丧心病狂、蠢贼、你妈的、拐狗"，并叫嚣着要杀了他。最终胡校长还是忍气吞声了。

有人说，从鲁迅的批评中可见杨荫榆形象：干瘪的老巫婆。但她是个单纯得有点迂傻的巫婆。

看看鲁迅先生对她的调侃："天下所多的是愚妇人，那里能想到这些事；始终用了她多年炼就的眼光，观察一切：见一封信，疑心是情书了；闻一声笑，以为是怀春了；只要男人来访，就是情夫；为什么上公园呢，总该是赴密约。"（《寡妇主义》）

相信杨荫榆读这些文字时，不亚于赤脚站在荆棘上跳舞。她必须承认，低估了代课老师鲁迅。

但为时已晚。她退出北京后，并没有回无锡，而是去了苏州。她需要疗伤，一个有过一次旧时婚姻的女人，孑然一身，被一个男性文人几度开骂"恶寡妇"、"坏淫媒"、"发春的"……她要逃避那些冰冷极寒一如帝都三九天气的文字，狼狈堪比当年逃避那个流哈喇子的傻丈夫。

—— 杨荫榆

流水潺潺，古城悠悠。开春的苏州，绿柳萌芽，红花含苞，等不及的迎春花已经在干将河畔密密麻麻抢开了，倒映在平静如绸的水面，令人安谧。

当京城惨案发生时，杨荫榆正在苏州城里，哥嫂恰好也在苏州，对她安抚照顾，有时还劝她是不是该找个人家。此时的杨荫榆已42岁。

终于离开了是非之地。她以为她再也与北京无关，与那些"刺头"的女生、"帮凶"的男人无关了。她想开始新的人生阶段。

劈头盖脸而来的《记念刘和珍君》把她砸晕了。言论继续发酵。她成了制造"三一八"惨案的段祺瑞政府的帮凶，她成了依附北洋军阀、肆意压迫学生、推行帝国主义和封建主义的代表人物之一。随着这篇猛文编入课文，杨荫榆的大名得以远扬，是臭名，且很长时间不得翻案。从苏州走出去，并曾与杨荫榆同在一校的女作家苏雪林曾经说："她（杨荫榆）原是已故某文学大师（鲁迅）的对头，而某大师钦定的罪案是从来没人敢翻的。"

"真的猛士，敢于直面惨淡的人生，敢于正视淋漓的鲜血。这是怎样的哀痛者和幸福者？然而造化又常常为庸人设计，以时间的流驶，来洗涤旧迹，仅使留下淡红的血色和微漠的悲哀。在这淡红的血色和微漠的悲哀中，又给人暂得偷生，维持着这似人非人的世界。我不知道这样的世界何时是一个尽头！"

这是学《记念刘和珍君》时老师逼着学生必背的经典段落。在杨荫榆看来，这世界也是一片血红，就连鼻翼间都有一股浓烈的腥气。这似人非人的世界，到底何时是个尽头？游离在异乡苍老的古城下，她在无助地疑问。

有时她也在反省，自己到底哪里错了，对谁是有歉疚的，对谁又太过分了。但她想来想去，再如何假设，她都会那样做的，因为这是她的性格。她一下子相信命了。

杨荫榆背着重重的壳开始了人生第三阶段：苏州。

从 1926 年到 1936 年，整整 10 年，杨荫榆的人生履历上只有四个字：教书育人。辗转多校，不改初衷。听说在 20 世纪 30 年代中期，她还自掏腰包创办了一所女子补习学校。

据知情人说，这一时期的杨荫榆，孤独寂寞，没有朋友，只是与小猫小狗做伴。但她热心助人。学校里有一个叫"怪物"的学生，总是喜欢别出心裁，引人注目，麻烦不少，学校要开除此人。她说这样会影响这个青年的前程，最后，竟然为此事而辞职了。

苏州名士尤玉淇上过杨荫榆的课，他在《三生花草梦苏州》中写道：

> 是 1934 年吧，我在苏州中学读书。一天，班上来了一位教英语的新老师，当时我真是有眼不识泰山，站在面前的这位老太太，竟是大名鼎鼎的杨荫榆——曾是北京女师大的校长，美国哥伦比亚大学的教育硕士。
>
> 她上课时才来，下课后即走，很少逗留在办公室内。我人长得小，坐在靠窗第一排第一位，上课钟响过之后，就能看到她从走廊尽头，慢慢地走向教室来了。她夹着一个特大的公文包，装束有时极怪，因为她外面披了件黑色大氅（后来知道是博士衣），放大的小脚，穿着高跟鞋，走起路来，扭扭捏捏，很是滑稽。上课时严肃极了，课堂内的用语，全部用英语，不准说中国话。她每次上课时，在打开大公文包，取出课本以后，还要拿出一个有柄的大单照（放大镜），足有小饭碗大的口径。她是戴眼镜的，但还须拿着这样一个大单照才能看清课文。因为我坐在第一排位置上，所以只要一抬头，就能从她的大单照里看到她放大的鼻子。因此我有时背地里叫她"别�诺姆斯"，意思就是英语的"大鼻子"。但她教课时间不长，不久就离开学校了。

时间突然来到了 1937 年。

杨荫榆有 120 个理由离开即将陷入沦陷的苏州，远走他乡。但她没走。她的行动证明，她是爱教育的。但不少学生并不爱她。就连她的侄女杨绛都在回忆录里坦承：

> 我不大愿意回忆她，因为她很不喜欢我，我也很不喜欢她。她

在女师大的作为以及骂敌遇害的事，我都不大知道。可是我听说某一部电影里有个杨荫榆，穿着高跟鞋，戴一副长耳环。这使我不禁哑然失笑，很想看看电影里这位姑母是何模样。认识她的人愈来愈少了。也许正因为我和她感情冷漠，我对她的了解倒比较客观。我且尽力追忆，试图为她留下一点比较真实的形象。

这里倒有个小插曲，当年钱锺书与杨绛在娘家结婚时，三姑母杨荫榆特地从外地赶回来吃喜酒。她不会打扮自己，平时连逛街都很少，时间都用在备课、读书上了。为此，她特地精心打扮一番，一身簇新的白夏布衣裙，白皮鞋。女人一旦换了装束，马上精神气爽。她以为很潮很美。但她已经七八年不置新衣了，早已经与现实潮流脱轨。她的打扮让许多宾客惊愕，眼光怪异，窃窃私语。小侄女也很吃惊："她怎么披麻戴孝的进来了？"

好像杨荫榆总是做吃力不讨好的事情。

面对学生们背后的指戳闲言，她在公学难以维持下去。女人最怕的不是辛苦，而是一边倒的舆论，还有那些看不见的流言唾沫。这世间堪称最肮脏的液体，凭空要了多少耿介、洁癖女人的命啊！杨荫榆待不下去了。

她辞去公职，自办学社。她放不下自己一身的本事，一个学贯中西的女子，一个用尽半生备课的女人，这是她唯一的选择。你可以说她企图躲避什么，是的，躲避一位"文学大师"发起的如影随形的舆论讨伐后劲。

民国文坛上素以敢说、能说闻名的才女苏雪林，打小就是一个男性化的女孩，被称为"野丫头"。她在苏州曾与杨荫榆共事一段，后分离多年，但她在异地一直惦记着这个委屈而宽容的女人。有一天，她收到了杨荫榆的信：

去年四月间忽接她一函，说她想办一个女子补习学校，定名二乐学社，招收已经服务社会而学问上尚想更求精进的或有志读书而无力入校的女子，授以国文、英文、算学、家事等有用学问，请我也签名于发起人之列。七月间我回苏州度夏，会见了我最为钦佩的女教育家王季玉先生，才知道二乐学社系荫榆先生私资所创办。因经费支绌，无法租赁校舍，校址就设在她盘门小新桥巷十一号住宅里。过了几天，我特赴杨宅拜访荫榆先生。正值暑假期内，学生留校者不过寥寥数人，一切规模果然简陋。她虽然想同教育当局接洽一所校址并津贴，但未能如愿。①

　　从这段回忆里可以看得出来杨荫榆的尴尬处境。但是苏州本地对于这所学社给予了公允的记录，至今久负盛名的苏州十中前三名的个人石碑分别为杨荫榆、胡适和苏雪林。作为一名女子，热心社会办学，既是开风气之先，也是学人的光荣自觉。1935 年，杨荫榆创办二乐女子学术研究社（有说二乐女中），任社长。1936 年开设国学、家政、英文、日文、图画 5 个学科，翌年改设研究科、实验小学科、研习科。最初社址在苏州盘门内瑞光塔杨荫榆宅，后迁至苏州娄门内四新桥巷 11 号耦园。

　　"耦园住佳偶，城曲筑诗城。"这是耦园内的楹联。这座园林现在已经成为世界文化遗产。耦园前身为"涉园"，取陶渊明《归去来兮辞》中的"园日涉以成趣"之意，是个归隐的好地方。同治十三年（1874）侨寓吴中养病的苏松太道道台湖州人氏沈秉成购得废园，易名"耦园"。耦通偶，寓夫妇偕隐意，沈秉成夫妇在园内偕隐了八年，伉俪情深，十分恩爱。穿行在假山流水间，看粉墙黛瓦，观万物盛衰，孤身一人的杨荫榆有过一瞬想结束这可怜的独身生活。花木生趣，池水生动，鱼儿欢快地畅游着，天上的云彩悠然划过清冽的水面，留下几丝伤感的情愫。

　　这个有些破败的名园，渐渐恢复了生机。遗留下来的藏书楼里，旧卷

---

① 苏雪林:《浮生十记》，江苏文艺出版社 2005 年版，第 264 页。

舒展，学生们如饥似渴。杨荫榆仿佛找到了自己的终生寄托，唯有教育，才能复苏她体内沉淀已久的女人芳心，教育是生命的活力，是对好日子追求的积极动力。

她本该过另外一种生活。与杨荫榆一向情同姐妹的大嫂曾经常对儿女念叨："三伯伯（无锡方言：姑母）其实是贤妻良母。"杨荫榆的大哥杨荫杭也曾经说过："申官（杨荫榆小名）若是嫁了一个好丈夫，她是个贤妻良母。"

想想民国多少女子能够有林徽因、张爱玲、陆小曼那样的造化，她们可以尽情爱一场，轰轰烈烈之后就算惘然，也留下了传奇。作为一个女人，杨荫榆无疑是充满缺憾的，像一个完美的红苹果，硬生生地被谁啃噬掉一个大缺口。

杨荫榆重返苏州，或许本身就是一个悲剧。她越是想结束北京的段落，就越是在乎与之有关的链接。自费办学之路坎坎坷坷。苏雪林回忆说："不过所可恨者，她挥斥私财办理二乐学社，而竟有某大师私淑弟子们故意同她捣乱，像苏州某报的文艺副刊编辑某君，就曾屡次在报纸上散布关于她不利的谣言。将女师大旧事重提，指她为专制魔君、女性压迫者、教育界蟊贼、甚至还是什么反革命分子。一部分无识女生受其蛊惑，竟致退学，所聘教员也有不敢与她合作者，致校务进行大受妨碍。荫榆先生言及此事时颇为愤愤，我亦深为不平。"

杨荫榆顶着狼狈的帽子继续前行，不是因为有多伟大，而是实在不知道自己还能做什么。无能为力，是一个女人最孱弱的时刻。

据说她的学校搬来搬去，多次求援，却四处碰壁。不久，学社面临夭亡的命运，而她仿佛也预感自己生命走向了尽头。无论是四邻八舍，还是与之有过交往的，都觉得这个人孤僻古怪。此时，鲁迅已经去世多日。得到这消息后，她并不欢喜，反倒是加剧了的绝望。

关于她的死法有好几个版本，这恰如她模糊的人生过程。

但有一个事实是，日本鬼子进驻了苏州后，杨荫榆曾随着哥嫂、姐姐避居太湖之畔的香山，后又返回城中。回去后，其他人寓住胥门，她则继续回到盘门外陋室。盘门，古称冷水盘门，吴越大战，清兵入关，朱元璋围杀张士诚，据说都是从这个城门杀进来的，屠戮无数，阴气很重。

日本人是什么种，你还不清楚吗？那么多人都走了，你一个单身女人，为什么不去上海，或是香港避一避？据说这是杨荫杭对妹妹杨荫榆的劝说。但她没走。没走本身或许就是一种决心，一种抗争。苏州陷落后，作为留日的高材生，日军当然不肯放过杨荫榆，多次请她出任伪职，但都遭到拒绝。那些烧杀抢掠，那些尸骨累累的暴行，让她暂时忽视了自己的委屈，她觉得再怎么闹，都是中国人，凭什么日本人在这里撒横呢？凭借娴熟的日语，她曾几次到日军司令部提出抗议，要求他们放过平民百姓。

杨绛回忆称："三姑母住在盘门，四邻是小户人家，都深受敌军的蹂躏。据那里的传闻，三姑母不止一次跑去见日本军官，责备他纵容部下奸淫掳掠。军官就勒令他部下的兵退还他们从三姑母四邻抢到的财物。街坊上的妇女怕日本兵挨户找'花姑娘'，都躲到三姑母家里去。一九三八年一月一日，两个日本兵到三姑母家去，不知用什么话哄她出门，走到一座桥顶上，一个兵就向她开一枪，另一个就把她抛入河里。他们发现三姑母还在游泳，就连发几枪，见河水泛红，才扬长而去。"

杨荫榆为同胞与日军交涉是事实，死于日军枪下也是事实。也有说，她是为了保护学生清白才牺牲的。是的，为救他人命运抵抗侵略军的暴行死亡，应该称为牺牲。

苏雪林在一段时间后才得到杨荫榆的确切死讯："数月前一位旧同学从桂林来信告诉我说'女教育家杨荫榆先生已于苏州沦陷时殉难了'。死的情况，她没有说明白，因为这消息也不过从苏州逃难出来的朋友口中听来。只说荫榆先生办了一个女子补习学校，苏州危急时，有家的女生都随父母逃走了，还有五六个远方来的学生为了归路已断，只好寄居校中，荫榆先生本可以随其亲属向上海走的，因要保护这几个学生，竟也留下了。'皇军'进城，当然要照例表演他们那一套烧杀淫掳的拿手戏，有数兵闯入杨校，见女生欲行非礼，荫榆先生正言厉色责以大义，敌人老羞成怒，将她乱刀刺死，所有女生仍不免受了污辱云云。……前日高君珊先生来嘉定看朋友，谈起荫榆先生，才知道她是真死了。不过并非死于乱刀之下，而是死于水中。是被敌军踢下桥去，又加上一枪致命的。她的尸首随流漂去，至今还没有寻获。死状之惨烈，我想谁听了都要为之发指，为之心酸的吧。"

到此可以找出杨荫榆未及时离开苏州的原因了。苏雪林继续回忆："咳！荫榆先生死了，她竟遭大日本的'皇军'惨杀了，谁能料到呢？她若不办二乐补习社，则无女生寄居，无女生寄居则她可以轻身遁往安全地点，她的死是为了保护女生而死，为了热心教育事业而死。"

1938 年 1 月 1 日，一个新年度的开端，本该是美好而充满希冀的。冷水盘门外严寒依旧，护城河里的水都结冰了，城外一片荒凉，连个行人都没有，只有隐约可见的日本兵。杨荫榆所住地距离日本领事馆不远，学校受到骚扰，她心有怨言。她以为，那些日本人还是当年她在东京接触的斯文学人。她据理以争，责令日军归还学校财产并且向受惊吓的学生赔礼道歉。欺负孩子算什么，有种和军人打去！

日本军官倒还"客气"，表面工作当然少不了，毕竟还要在这城里继续管制，这个女子可以利用，说一定会严肃处理那几个违纪的士兵，让她回去收信。

后来，还真有两个鬼子登门造访了，口口声声称是来道歉的，手里却拿着枪。他们转达长官口信，邀请她上门处理相关事宜。杨荫榆跟着他们走了。不曾想，她刚刚走上遗存千年的吴门桥，鬼子乘其不意，起脚将她踢下河去，紧接着开枪射击。光天化日，众目睽睽，鬼子演出了一场极其丑陋的"击毙逃犯"。这是诸多版本中最可信的一个。

后来，有好心人捞出了杨荫榆的尸体。邻近为她造房子的一个木工帮她入殓。棺木太薄，不管用，家属领尸的时候，已不能更换棺材，也没有现成的特大棺材可以套在外面，只好赶紧在棺外加钉一层厚厚的木板。

杨绛对这口棺材印象深刻："……我看见母亲的棺材后面跟着三姑母的奇模怪样的棺材，那些木板是仓卒间合上的，来不及刨光，也不能上漆。那具棺材，好像象征了三姑母坎坷别扭的一辈子。"杨荫榆享年54岁，于次年安葬于苏州灵岩山绣谷公墓。

我们永远无法知道鲁迅会怎么看待杨荫榆的死。相信他至死也没有原谅这个"恶毒的女人"。但很多人以为，他笔下的那句名言，亦同样适用于今天的杨荫榆："真的猛士，敢于直面惨淡的人生，敢于正视淋漓的鲜血。"最后时刻，她没有任何的躲闪，一如既往。

鲁迅不是上帝，他批评的人并非"永世不得翻身"。杨荫榆在苏州阶段的后半生已经成功挣脱出了北京事件的"流毒"。鲁迅曾说："听说人死的时候很痛苦，我想，反正只有一次，总是会挺过去的。"貌似这位大师临死前气喘不止，修书一封，托日本人内山完造请医，成为绝笔。

闻知老乡杨荫榆死于日本鬼子枪下，无锡老诗人杜兰亭作长诗《哀榆曲》以纪念：

旧主杨家女学士，军门怒去争情理；
拇须虎口语铮铮，却得胡酋声唯唯。
奴隶如何有主权，回头性命片时捐；
淙淙桥下清波浅，凄咽声嘶说可怜。

有人说，人生总是充满着无常，若没有鲁迅的叫骂，杨荫榆不可能这样红，她最后时刻的辉煌，反倒因着前面的纷争得以传播。命运于她的，不只是悲郁，也有垂青。

但杨绛却不这么认为："如今她已作古人；提及她而骂她的人还不少，记得她而知道她的人已不多了。"

如今，要找一张杨荫榆的照片都很困难，这是否正好与她被遮蔽的经历和模糊的面孔形成了恰当的呼应呢？

但苏雪林对杨荫榆的记忆永远是那样的深刻："记得我从前那篇《女教育家速写像》，写到荫榆先生时，曾引了她侄女寿康（杨绛大姐）女士写给我的信几句话来安慰她道：'我们只须凭着良心，干我们认为应当干的事业，一切对于我们的恶视、冤枉、压迫，都由它去，须知爱的牺牲，纯正的牺牲，在永久的未来中，是永远有它的地位，永远流溢着芬芳的。'当时用这'牺牲'字眼，原属无心，谁知今日竟成谶语。她的牺牲，自有其价值，中国一日不亡，她一日不会被忘记。现在我们一面要学荫榆先生这纯正的爱的牺牲的精神，一面也要永永记住敌人这一篇血账，努力达到那清算的一天！"

通过她的回忆，我们还能隐约知晓杨荫榆对鲁迅批评的回应："谈起女师大那场风潮，她源源本本的告诉了我。又说某大师所有诬蔑她、毁谤她的话，她毫不介意，而且那也早成过去了。如果世间公理不灭，她所受的那些无理的攻击，总有昭雪的一天。"

其实，昭雪于她来说，并没有什么实质性的意义了。她的一生总算是活在了自己的记忆里，而非是别人的记忆里。她挣脱了旧婚姻的牢笼，是为大胆；留学于东西方，是为大才；但却没有及时跟上新形势，抱定一颗单纯而固执的心，是为大愚。但最后成就她如烟花般璀璨绽放的，也正是这固执的大愚。

看杨绛回忆三姑母文章称，杨荫榆回到苏州后，生活不济，且不会照顾自己，生了病常常喊嫂子，也就是杨绛的母亲前去伺候。在与人相处中，她还有些"迂"。她认识个善于"灌米汤"的人，是个男性，常请她吃饭，她光知道高兴，却没发现人家是有目的的，陆续向她借钱，一次次借过去，自己造了新房子，还带着小花园。杨荫榆前去催要还钱时，那个男人千般推诿，有天晚上杨去他家要债，那个男人关了电灯，放狗出来咬她。按说在外吃了亏，回来应该与哥哥嫂嫂说说才是，她偏不是，逼了半天不说，但心里又是极其委屈的。

平时生活中，杨荫榆也没有什么闲情逸致，有时想看电影了，不愿意一个人去，就拉上杨绛姐妹一群孩子，但她只给他们买半票，后来孩子们过了年龄，她还是坚持买半票，查票的过来，她还与人家争吵，让孩子们很是尴尬，以后就不愿意再跟着她去了。

在哥哥杨荫杭眼中，这个妹妹似乎还没有从北平事件中走出来，有些消极，整天在家苦坐愁城。她最大的嗜好就是听苏州评弹，为此，杨荫杭常戏谑她"低级趣味"。而且杨荫榆常常喜欢串门去赶戏场子，其实人家根本不欢迎她。但她就是喜欢赶个热闹。从这个细节里可见，回到苏州的杨荫榆并不开心。

近读《吕碧城诗文笺注》，发现一篇她写给杨荫榆的一首诗——《柬同学杨荫榆女士》，据说是她到苏州来寻访杨荫榆后的临别之言。杨荫榆与吕碧城都毕业于美国哥伦比亚大学，吕碧城比她早一届。此次老校友来访，杨荫榆很是开心，那一天，她说了特别多的话，临走之际，她仍觉得意犹未尽，她知道吕碧城以诗词为胜，便请她写几句给自己。吕碧城写下了：

> 之子近如何，秋风万水波。
>
> 瀛黉怀旧雨，乡国卧烟萝。
>
> 吾道穷弥健，斯文晦不磨。
>
> 狂吟为斫地，重唱莫哀歌。

要说吕碧城是杨荫榆的知己，并非夸张，单单从这首临别诗即可知晓几分。诗的前半部分表示，她对杨荫榆近况非常关心，一直记挂，这次终于能够在国内团聚，真是怀念在异国他乡相处时的温馨。得知你这样的才女，隐藏在一个低调之地，我有一些祝福要送给你。以"吾道"句开始，引经据典，寄言杨荫榆。"穷弥健"出自《后汉书·马援传》"丈夫为志，穷当益坚"，并有杜甫诗"旅泊吾道穷，衰年岁时倦"句。总之是勉励杨荫榆，处境穷困，而志节愈益坚健。而"不磨"则出自于《后汉书·南匈奴传》"千里之差，兴自毫端，失得之源，百世不磨矣"。最后两句出自杜甫《短歌行·王郎司直诗》："王郎酒酣拔剑斫地歌莫哀，我能拔尔抑塞磊落之奇才。"这首诗是杜甫写给一个不得志的小官员的。王郎在江陵不得志，趁着酒兴正浓，拔剑起舞，斫地悲歌，杜甫见之慨然，一方面劝他不要悲哀，称赞其有才能自会有所发挥；另一方面说我可以代为向上推荐，尽早实现你的热血抱负。杨荫榆看完这首诗，心情想必久久不能平静。综观其生，杨荫榆难免给人留下孤僻难亲的印象，她的一生亦过于艰难和坎坷，但杨绛的这两段回忆，或许能让我们想起她的时候，多一点点亮色：

> 我听父母闲话中讲起，祖母一次当着三姑母的面，拿着她的一张照片说："瞧她，鼻子向着天。"（她鼻子有上仰的倾向，却不是"鼻子向天"。）三姑母气呼呼地说："就是你生出来的！就是你生出来的！！就是你生出来的！！！"当时家里人传为笑谈。我觉得三姑母实在有理由和祖母生气。即使她是个丑女儿，也不该把她嫁给一个低能的"大少爷"。……
>
> 三姑母由我父亲资助，在苏州景海女中上学。我亲戚家有一位小姐和她同学。那姑娘有点"着三不着两"，无锡土话称为"开盖"（略似上海人所谓"十三点"，北方人所谓"二百五"）。她和蒋家是隔巷的街坊，可是不知道我三姑母和蒋家的关系，只管对她议论蒋家的新娘子："有什么好看呀！狠巴巴的，小脚鞋子拿来一剁两段。"末一句

话全无事实根据。那时候的三姑母还很有幽默，只笑着听她讲，也不点破，也不申辩。

过了些时候，那姑娘回家弄清底里，就对三姑母骂自己："开盖货！原来就是你们！"我记得三姑母讲的时候，细酒涡儿一隐一显，乐得不得了。

俞　珊

（1908—1968）

....

奚羡繁华眼底逢

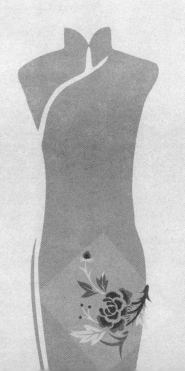

好一个小姐，差些一个大学都被她闹散了。

——徐志摩

奚羡繁华眼底逢

....

那一年，有个叫李云鹤的女子来到了海滨之城青岛，她长得不算太漂亮，头发乌黑浓密，系一根发带，发带前蓬松着一抹刘海，发带后面的头发曾经像瀑布一样披挂到肩际，眉毛弯弯，眼睛大而有神，鼻子挺秀，嘴巴稍稍有些大，但是抿紧了嘴唇的时候还是别有一番动人之处。她后来有两个新名字：蓝苹、江青。

她来这里，是寻找青岛大学副校长赵太侔，此前他是山东省立实验话剧院院长。出生在山东诸城的李云鹤无法忍受家暴，曾出走济南报考实验话剧院，学习话剧和古典音乐。毕业后她去了北平演出，受挫后再回青岛，希望能谋个职业，继续演艺事业。

她见到了赵太侔，并见到了影响她一生的女人——师母俞珊。她是"着浅黄颜色袍子女人的身影"，散发着诱人的"肉欲"，令男人喜欢，令女人艳羡。

记得谁说过，千百年来，漂亮就是一个女人的最高荣誉、最大资本，只要有幸得到这一点，其余便不必再求了。莫泊桑也在《项链》里说过：女人并无社会等级，也无种族差异，她们的姿色、风度和妩媚就是她们的身世和门庭的标志。

如果说中国还有贵族的话，那么最后的贵族已经消失在了民国时代。俞珊出身浙江绍兴俞氏家族。绍兴俞氏，代代出人才，在中国近代史上是名副其实的名门望族。章太炎的老师俞樾即算一位。与曾国藩家结亲的是其先祖俞文葆，他长期在湖南做官，其长子俞明震是晚清著名文人，是鲁迅的老师，夫人是曾国藩长子曾纪泽之女。三子俞明颐，曾任湖南督练公所兵务总办，夫人曾广珊，是曾国藩次子曾纪鸿之女。陈寅恪的母亲，即陈三立夫人俞明诗也是俞家大小姐。俞家后来出的人才数不胜数，其中与陈寅恪同辈的俞大维还做过台湾的"国防部长"，与蒋经国是儿女亲家。其妹妹俞大綵为傅斯年夫人。

俞明震长子即为俞珊的父亲俞大纯，那位俞大维就是她的亲叔叔。俞珊的弟弟黄敬，最早与李云鹤有过交往，并影响李云鹤加入了中国共产党。黄敬的妻子是历史学家范文澜的妹妹范瑾，黄敬曾任新中国天津市第一任市长，兼市委书记，第一任机械工业部部长。这些都是后话了。

俞珊是在日本出生的。1908 年，晚清的仁人志士纷纷前往日本留学，寻找光明之路。俞家自然不会落后。俞大纯是长房长孙，俞明震教授鲁迅时就对他格外重视，正是在这样背景下，他与鲁迅同去日本留学。后来的"苏报案"，就有他的份。他在日本学习制造炸弹，在南京实验时，意外爆炸，魂散他乡了。俞珊正是在这时候出生在日本。后来，俞大纯与革命党联系密切，还被蔡元培吸收进了教育部任部员。

对于子女的教育，俞大纯的态度是，正统、正路和正宗。俞珊的求学由此一路坦途：少时就读于天津南开女中，后入上海国立音乐学院，20 世纪 20 年代中期毕业于南京金陵大学，精通英语、热爱戏剧。

她天生就是演戏的材料。这块璞玉是写国歌的田汉发掘的。今人只知道《义勇军进行曲》，其实田汉早期是以话剧出名的。他早年留学日本，20 世纪 20 年代开始戏剧活动，写过多部著名话剧，如《咖啡店之一夜》、《获虎之夜》、《苏州夜话》等充满浪漫主义气息的剧作都很热门。1927 年，他任教于上海艺术大学并被选为校长，当时他的作品《名优之死》在上海大获成功。

一部好戏的关键在于主角的演绎能力。田汉尤其注重对主角的发现和培养。20 世纪 20 年代后期和 30 年代初期的大上海，是属于南国社的时代。这个艺术社团的前身为南国电影剧社，设有文学、绘画、音乐、戏剧、电影等五部，以戏剧活动为主，主要成员有田汉、欧阳予倩、徐志摩、徐悲鸿、周信芳等，其宗旨是"团结能与时代共痛痒之有为青年作艺术上之革命运动"。这里培养出了中国戏剧、电影、音乐、美术等方面的骨干人才，如唐槐秋、陈凝秋（塞克）、陈白尘、赵铭彝、金焰、郑君里、张曙、吴作人等。

民国初中期，话剧代替了昆曲、京剧的舞台，以其直白、现代性和力量感，吸引了大批的观众。大革命的气息，造就了话剧冉冉升起的契机。

他们讽刺、影射、控诉和表达着，一幕又一幕，一出又一出，老剧新演，新剧不断。有一次，田汉到俞珊所在的学校排练《湖上的悲剧》（后来李云鹤曾演出此剧），这是一出批判包办婚姻、呼唤爱情、思想自由的剧作。观众中，有一位女生的眼睛吸引了田汉——"她有一双令人销魂的金色眼睛"。

田汉正在寻找新戏《莎乐美》的女主角。《莎乐美》是英国戏剧家、唯美主义的代表人物奥斯卡·王尔德的经典之作。莎乐美这个人物一直具有颇具争议，一般认为，她的原型是记载在《圣经》中的古巴比伦国王希律王和其兄弟腓力的妻子所生的女儿，这个女儿帮助她的母亲杀死了施洗者约翰。

莎乐美的美是性感得让人无可抵御，巴比伦国王甚至愿意用半壁江山，换莎乐美一舞。

在王尔德的笔下，故事演变成了充满神话和邪恶的爱情剧。

故事中，莎乐美化身为以色列希律王的继女，16 岁。美丽绝伦的莎乐美公主因为对先知约翰一见钟情，向他表达了爱慕，想得到他的一个吻。没想到，先知毫不留情地拒绝了她。在希律王宴会上，希律王答应只要莎乐美跳一支舞，就满足她的所有愿望。莎乐美一舞过后，开口要的是约翰的头。希律王虽万般不愿，无奈不能毁诺。莎乐美捧起先知的头，终于如愿以偿，将自己的红唇印在了先知冰冷的唇上。她对着先知的头说："你为什么不看看我。只要你看到我，你一定会爱上我……"

那一年，俞珊芳龄20岁。她五官精致，身材曼妙，落落大方，艳而不俗，而她身上散发着的那股神秘感，深深吸引了田汉。他看着她的侧影一点点离去，连说：就是她！莎乐美，非她莫属！田汉慧眼识珠，后来，俞珊果然成了南国社引以为豪的女演员。

在西方的《莎乐美》中，卫队长赞叹莎乐美倾国倾城的容貌：你看见她正在翩翩起舞，看上去多苍白。而莎乐美则对约翰唱出对男性身体的赞歌：约翰，你的身子令我痴狂！你的身子如未经耕耘的野地里的百合一般洁白。

在王尔德的巧妙设计下，彻底裸露身体的女演员，身上披着层层薄纱，脖子上缠绕着闪烁金光的宝石，"莎乐美"在七层纱背后隐约的胴体，令人浮想联翩。在与希律王的舞蹈时，她扭动曼妙身姿，轻轻抖落一层层的舞纱。希律王对莎乐美说："可以去拿你想得到的东西。"

希律王说："她就像位疯狂的女士，一位四处寻找爱人的疯狂女人。她赤裸。她全身赤裸。云层想要为她遮掩，但她不接受。她高挂在天上展现自己。如同酒醉的女人，她在薄云之间踉跄游移……"

全剧的最高潮处就是这场"七层纱舞"，惊艳、神秘、诱惑，人体之美与古典神话相得益彰。

好演员不需要太多的雕琢。对于俞珊来说，再少的指点都是多余的，她一上场就有了活力，散发的磁力牢牢地吸附着台下的观众。

田汉渴望完美，他特别为《莎乐美》配备了强有力的配角，饰演希律王的万籁天、饰演叙利亚少年的金焰、饰演约翰的陈凝秋都是响当当的实力派戏剧演员。

《莎乐美》的"写实布景"则是吴作人设计的。这是首次采用写实布景，在戏剧界，在南国社都是先例。当时莎乐美"七重面纱之舞"的配乐，用的是贝多芬的小步舞曲，由冼星海和吴作人一起演奏：冼星海弹钢琴，吴作人拉小提琴。

关于演出的实况，资深影剧作家唐绍华曾在《文坛往事见证》一书中记录："女主角俞珊全裸穿着珠罗纱半透空之长袍，在照明灯直射下，胴体毕现。俞珊更以呻吟似地轻呼道：'约翰，我要亲你的嘴，你现在还能拒绝了我吗？'如此诱惑，有多少观众，能不被吸引！"

艳惊四座。"莎乐美"有一种充满肉欲的性感之美。谁又能因为性感而拒绝美丽呢？俞珊的美无可遮蔽地绽放了，尽情而恣意。

田汉说："中国剧坛过于荒凉，这样美丽的花栽上一朵也许还有些功利的效果。"

效果是极其明显的，要知道，之前舞台的女主角多为男子反串，如李叔同为扮演茶花女玛格丽特时，毅然刮掉了蓄须；曾孝谷在《黑奴吁天录》中扮演黑奴妻，陆镜若扮演女画家露兰；而欧阳予倩扮演的则是为爱情而牺牲的年轻美貌的女优托斯卡。俞珊的正身亮相，彻底征服了观众。

那是一个注定炽热的晚上，在火炉之城南京。施寄寒在《南国演剧参观记》中记载了该剧在南京首演时的盛况："是晚全场座位不过三百左右，来宾到者竟达四百以上，场内空气甚为不佳。"

由于当时观众太多，剧场秩序混乱，因此从第二场开始，票价由六角提高到一块大洋。这在当时是相当大的数目，因而遭到了观众的抱怨。但是就算是冲着"天界公主"俞珊，他们也愿意来看，看她的激情四射，看她的玄幻冷

·····················俞珊演出《莎乐美》剧照

媚，看她没有天条不受规则的爱的恣意。她那张求爱不得便割下所爱者头颅捧着亲吻的剧照，成了中国话剧史上的经典形象，登上了无数的报纸杂志。2003 年，还作为标志性的画面用在了《插图中国话剧史》的封面和封底上。

俞珊一下子红透了半边天。尤其是 1929 年的 8 月，《莎乐美》在上海滩成功公演后，俞珊的名字飞入了寻常观众家，也飞入那些热衷风月的才子心里。

徐志摩就是其中一位。田汉曾说过："《莎乐美》的演出，还促成了一个半的好事。一个是，蒋光慈（光赤）与吴似鸿的结合；半个是，徐志摩和俞珊的谈爱。"

如果一个已婚的大才子，在自己的书房里，悬挂一位女演员的美艳剧照，且有这位女演员的舞衣，做妻子的会作何感想呢？这位大才子就是徐志摩，他的妻子就是陆小曼。

据徐志摩的义女何灵琰回忆，20 世纪 30 年代初期，上海福熙路四明村，徐志摩府上，"三楼亭子间是徐干爹的书房，……房中有厚厚的地毯，美丽的椅垫，有当时名女人俞珊的舞衣，……墙上挂着一张俞珊的照片，穿着舞衣，描眉画眼，一腿跪在地上，手中托了一个盘子，盘中一个人头，当时又想看又怕看，徐干爹说是什么'沙洛美'（莎乐美）的剧照"。

单单为了这些，估计陆小曼不会多说什么。徐志摩是性情之人，他有追星的权利，也有布置自己书房的权利，就如同她也有吸食"芙蓉膏"（鸦片）和唱昆曲的权利。

　　但后来发生的就不太像话了——俞珊直接住进了徐志摩家。这算是哪门子事？想想陆小曼对林徽因的妒忌心就能知道这两口子当时的争执了。

—————————— 徐志摩

　　此事，在陈定山的《春申旧闻》有所记载："有俞珊者，健美大胆，话剧修养很高，是余上沅的学生。他崇拜志摩，也崇拜小曼，她为要演《卡门》，时常住在徐家，向志摩请教。她又想学《玉堂春》，向瑞午请教。志摩只是无所谓的。小曼却说她肉感太丰富了。论俞珊，确有一种诱人的力量，因此和志摩反目，已不是一次了。"

　　拖着小辫子的大师辜鸿铭曾有个著名的比喻：茶壶与茶杯。男人与女人的关系就是茶壶与茶杯，一个茶壶就应该多配几个茶杯，天经地义。

　　这个理论到陆小曼这里就行不通了，她的爱情是自私的，如同"莎乐美"，死了也要唯我独享。两人争吵时，徐志摩做无奈状，说："你要我不接近俞珊，容易。但你也管着点儿俞珊呀！"陆小曼据理驳斥："那有什么关系，俞珊是只茶杯，茶杯没法儿拒绝人家不斟茶的。而你是牙刷，牙刷就只许一个人用，你听见过有和人公共的牙刷吗？"潜台词无非是警告徐志摩，你甭想有茶壶多配茶杯的念头，怎么样都不行。

　　毋庸置疑的是，俞珊有着"美的蛊惑"的力量，这对于风流才子徐志摩来说，是一种煎熬，也是一种致命的诱惑。陆小曼心里是焦灼的，仿佛受到威胁的惊兔。

　　1930 年 6 月，俞珊参加了南国社第三期公演，担任田汉根据法国梅里美同名小说改编的《卡门》里的女主角。俞珊成功塑造了一热爱自由、富有反抗精神的吉卜赛女子形象。她的美得到重叠式的升级。她的表演天才得到了极致的发挥。如果她就此走下去的话，未来的民国明星史上，她的名字一定不输阮玲玉、胡蝶和王人美。

但家世给她的演艺生涯带来了压力。俞大纯先后在教育部、交通部任职，此后赋闲在家，但其子女多出国留学，回来后不是教授就是医生，皆有体面的事业。对于女儿登台演戏，他本就有成见，且演的又是那样胆大和露骨的戏剧，他更是不容。据说俞大纯一度以登报与俞珊脱离父女关系相胁。世人皆以为，这是俞珊提前终止戏剧生涯的主要原因。

但从史料上看，那个时间段，俞珊病了，生了疟疾和伤寒，从徐志摩与梁实秋的通信内容看，有以下证据："莎乐美公主不幸一病再病，先疟至险，继以伤寒，前晚见时尚在热近四十度，呻吟不胜也。""俞珊病伤寒，至今性命交关。""俞珊死里逃生又回来了，先后已病两个月，还得养，可怜的孩子。"1931 年 2 月 9 日徐志摩给刘海粟的信中说："俞珊大病几殆，即日去青岛大学给事图书馆，藉作息养。"由此可见，俞珊离开舞台原因除了来自父亲的压力外，更大的原因是因病不能再登台演出了。

总之，这位中国话剧界的第一位女明星提前谢幕了，这让田汉大受打击，他逢人就称俞珊是"我们的莎乐美"，乃至于引起妻子的不悦，甚至为此发生过口角。

梁实秋是中国研究莎士比亚第一人，散文才气逼人，一本《雅舍小品》足以见功底。他从 1927 年到 1936 年与鲁迅论战，持续八年之久。他的婚姻是包办的，原配夫人程季淑是安徽绩溪人，与胡适是同乡。程夫人去世后，梁实秋悲痛不已，写下《槐园梦忆》纪念。他们的婚姻被称为"美满的包办"。但在其中也隐含着几多不稳定的情节。因为他认识了俞珊。

1929 年 8 月《莎乐美》在上海公演时，观众中就有梁实秋。之前他经徐志摩的介绍认识了俞珊，但没有想到她的戏会如此"诱人"。但他的笔下却是另外一种味道。他的一篇《八月三日南国第二次公演以后》的剧评发表在熊佛西主编的《戏剧与文艺》上："这戏未尝不可演，很短很有诱人的精彩。……唯美派的肉欲主义的戏，我希望他们不要演了吧。"

在包括徐志摩在内的一片叫好中，突然来了这样一篇东西，田汉不干了。他马上在南国社的刊物《南国周刊》上予以反驳：梁先生这是用古典派的尺寸来量唯美派的东西，真是不解我们的良苦用意，我们本就想在"中国沙漠似的艺术界也正用得着一朵恶之华来温馨刺戟一下"。梁先生此思想有些迂腐古板："他似乎与某小报的批评家一鼻孔出气。除掉莎乐美的肉以外看不出别的东西。我也要问佛西先生：'是研究戏剧的，你以为《莎乐美》除'很短'、'诱人'、'肉欲'以外，无意义吗？"

事后证明，田汉是大大地误会了梁实秋。梁先生对戏本身只是业务探讨，他对女主角俞珊可是关心入微。1930 年，梁实秋接受青岛大学校长杨振声的邀请，到青大执教，任外文系主任兼图书馆馆长。此时，俞珊在上海患疟疾和伤寒，他还不断通过徐志摩询问俞珊的病情，并嘱咐她早日康复。

而俞珊在身体稍微恢复后，竟随梁实秋到青岛，在青岛大学图书馆任职，"藉作息养"。这是一种命运吗？戏里戏外，俞珊正在进行着自己真实的人生。正是在青岛大学，她嫁为人妇，成为一个比她大 19 岁男人的夫人。

这个人就是在当时并不算出名的赵太侔，后就任青岛大学校长。梁实秋之所以到青岛任教，据说也是因着赵太侔。

聊城傅斯年、菏泽何思源、蓬莱杨振声、益都（青州）赵太侔，这是五四运动前后毕业于北京大学的山东籍知名学

············留学时的赵太侔

者。相对于前三人，李云鹤的老师赵太侔低调而名声不那么显赫。

赵太侔早期曾到美国留学，专业是戏剧，他与闻一多、熊佛西都是同学，与梁实秋很早就是朋友，在朋友眼中，他是"一个整天不说话的人"。梁实秋在《雅舍忆旧》中曾经写道："他（赵太侔）写得一笔行书，绵密有致，据一多告我，太侔本是一个衷肠热烈的人，年轻的时候曾经参加革命，掷过炸弹，以后变得韬光养晦沉默寡言了。我曾以此事相询，他只是笑而不答。"

从北京大学到加拿大，再到美国纽约和哥伦比亚，最后转入英国文学系。1924 年中秋节开始，赵太侔和余上沅、熊佛西、闻一多等留美学生，还在异国排演五幕英文古装剧《杨贵妃》，在纽约公演，大获成功，轰动一时。后来又组织演出《琵琶记》，由梁实秋翻译成英文。梁实秋在剧中饰蔡中郎，谢文秋饰赵五娘，顾毓琇演宰相，冰心演宰相之女，著名化学家曾昭抡在剧中也扮演了角色。

回国后，身逢乱世的赵太侔也没有离开过戏剧。他还是中国"国军运动"的发起人之一。

1927 年 9 月至 12 月，赵太侔到上海探访梁实秋，他们到底说了些什么，并不清楚。梁实秋只是对这个人印象深刻：赵太侔，"寡言笑"的人，一多（闻一多）的老朋友，"他曾到上海来看我，进门一言不发，只是低头吸烟，我也耐住性子不发一言，两人几乎同时抽完同一包烟，他才起身而去"。最后梁实秋感叹这个人"饶有六朝人的风度"。

偏偏就是这样一位很闷的教授，娶走了舞台上不羁的"莎乐美公主"。要知道，当时围绕在"莎乐美"周围的男人，已经"暴露"且具有明显嫌疑的才子就有徐志摩、梁实秋、闻一多等人。据说当时俞珊一下子迷倒了八位青岛大学的教授，其他的就不一而足了。

俞珊在赫赫有名的青岛大学搅乱了一池春水，也带出一串青岛大学名教授的艳闻，当时过往青大的徐志摩在给陆小曼的《爱眉小札》中写道：

"好一位小姐，差些一个大学都被她闹散了。"言语中不乏沾沾自喜。接着还显摆"梁实秋也有不少丑态，想起来还算咱们露脸，至少不曾闹出什么话柄。夫人！你的大度是最可佩服的"。

不过事后也有人拿出徐志摩为俞珊捧痰盂的旧闻"调戏"这位潇洒诗人，说明他对俞珊的狂热程度远不下于今日的追星族。

不过，真才子演绎起真性情来，并没有什么尴尬和矫情，相反倒多了几分真实和可爱。对于俞珊来说，可贵是真实，可怖是虚假。

梁实秋是于 1930 年秋天离开上海的，当时是接受青岛大学校长杨振声的聘请，接任青岛大学外文系系主任兼图书馆馆长。在那一年，徐志摩与他的通信中至少有四次提及俞珊。

从徐志摩给刘海粟的通信内容看，俞珊应该是 1931 年 2 月到青岛大学任职图书馆馆员的。到了 1931 年 4 月 28 日，徐志摩、梁实秋的信中就提及了俞珊在青岛大学引发的"艳闻"。

信中所提"艳闻"，或许并非是指梁实秋与俞珊，但梁实秋还是在晚年给予了回应："信里所说的艳闻，一是有情人终于成了眷属，虽然结果不太圆满，一是古井生波而能及时罢手，没有演成悲剧。"（《旧笺拾零》）有人据此推论，有情人成为眷属指的是赵太侔与俞珊的结合，只不过后来又离婚了。而后者，有人认为是闻一多与俞珊，也有认为是闻一多与方令孺的"一段情"。

也就是说，梁实秋完全撇清了自己与艳闻的关联。在梁实秋洋洋几百万文字中，找不到俞珊两个字，可谓干净。但是有人不依不饶，直指梁实秋对俞珊有所迷恋，只是开了花却未能结成果，直接证据竟然是转述梁实秋第二任夫人韩菁清的回忆，说当他的生命走向倒计时，他在睡梦中还常常念叨"俞珊"的名字。这一说法，倒不失大文人的浪漫。想起了戴望舒在第一本诗集上写给暗恋者施绛年的拉丁文诗句：

愿我在最后的时间将来的时候看见你，

愿我在垂死的时候用我虚弱的手把握着你。

徐志摩说梁实秋在俞珊面前出了不少丑态，或许也只是"醋意"之文，试想，有哪位暗恋者没在心仪的人面前出过丑呢？连野生的黑嘴松鸡在求偶时，都知道要张翅翘尾巴，炫耀舞技，何况是高智商的文人呢？

但在闻一多创作诗歌与俞珊传出绯闻时，却无意中暴露了梁实秋。

闻一多是1930年夏天到青岛任教的，为国文系的主任，来来往往中不免与图书馆打交道，诗人炙热的情感无疑会将他引向充满"肉欲"的着火点"莎乐美公主"。

1931年，被称为闻一多的"恋爱年"。这一年，他创作了著名的《奇迹》。徐志摩对这首诗的评价是：三年不鸣，一鸣惊人。他认为这是闻一多写得最好的一首诗。闻一多已经三年不写诗了，有人说，他是在灵魂的痛苦中写下了这首《奇迹》，但"奇迹"似乎始终都没有如他想象的那样拨开门扉，悄然来临。这一等候，一直到了他倒毙在昆明街头。这首《奇迹》成了这位猛士诗人诗的"绝笔"。

诗歌总是与炽烈的爱情分不开，无论是写革命，还是书志气，爱情一直在新式诗歌里成为明喻暗喻。这联想的灵感之物，不缺的就是浮想和狂想。

有人认为这首《奇迹》蕴含着闻一多与方令孺的"一段情"。那时方令孺在国文系当助教。这个眉清目秀，面相端庄，长着如赵薇一双美丽大眼的女子，与林徽因被称为"新月派"仅有的两位女诗人。在青大，她与诸多大教授们组成了"八仙"，她是唯一的女性"何仙姑"。

梁实秋曾这样描述方令孺："她相当孤独，除了极少数谈得来的朋友以外，不喜与人来往。她经常一袭黑色的旗袍，不施脂粉。她斗室独居，或是一个人在外面而行的时候，永远是带着一缕淡淡的哀愁。……不愿谈及家事，谈起桐城方氏，她便脸色绯红，令人再也谈不下去。"

或许是因为闻一多等人经常和方令孺在一起活动，反倒没有多少猜测和神秘感了。因此，有不少研究者认为，方令孺与闻一多当时形同哥们儿，何来"奇迹"？还有考证说，方令孺可能对闻一多有意，但正是在那个时节离开了，更令人遐想闻一多与俞珊的关系。

颇为吊诡的是，在闻一多发表《奇迹》的新月社新出版的杂志《诗刊》上，时间为1930年年底。而在1931年1月该刊上，就有方令孺的《诗一首》：

> 爱，只把我当一块石头，
> 不要再献给我，
> 百合花的温柔，
> 香火的热，
> 长河一道的泪流。
>
> 看，那山冈上的一匹小犊，
> 临着白的世界，
> 不要说它愚碌，
> 它只默然，
> 严守着它的静穆。

小诗清新而隽永，芳香而流长。但似乎没有人太注意这个细节，因为大明星俞珊太招眼了。

梁实秋有意无意中点出闻一多写诗的玄机："实际是一多在这个时候自己感情上吹起了一点涟漪，情形并不太严重，因为在情感刚刚生出一个蓓蕾的时候，就把它掐死了。但是在内心里当然是有一番折腾，写出诗来是那样的回肠荡气。"

而在 1931 年的暑假，闻一多还把妻子送回了湖北乡下。这为他的"热恋年"平添几多猜测的空间。

记得徐志摩与张幼仪离婚后，身陷与陆小曼的热恋漩涡中，避走柏林，这时他与张幼仪两岁多的儿子彼得不幸早夭，他紧抓着彼得的骨灰坛掉下了眼泪，写下了充满父爱的《我的彼得》："……我手捧着那收存你遗灰的锡瓶……把一个小花圈挂在你的门前——那时间我，你的父亲，觉着，心里有一个尖锐的刺痛。"

当晚年的张幼仪在侄孙女的诵读下听完这些话后，叹声说："他写这篇文章的口气，倒像是个非常关心家庭又有责任感的人。可是啊，从他的行为来判断，我不觉得他担心我们的钱够不够花，还是我们要怎么过活这些事情。你晓得，文人就是这德行。"

读来潸然。文人常常具有让人难以理解的两面性。

梁实秋有意无意间表现着他与俞珊的没有火花，但同时又对闻一多与之的火花津津有味。

后来，梁实秋还公布了闻一多《奇迹》的姊妹篇《凭借》：

你凭着什么来和我相爱？
假使一旦你这样提出质问来，
我将答得很从容——我是不慌张的，
"凭着妒忌，至大无伦的妒忌！"
真的，你喝茶时，我会仇视那杯子，
每次你说那片云彩多美，
每次，
你不知道我的心便在那里恶骂：
"怎么？难道我还不如他？"

梁实秋说，这首诗是闻一多"在青岛时一阵情感激动下写出来的"。

俞珊的嫌疑最大。

有一种说法，徐志摩曾亲赴青大，当面警告俞珊，要她收敛些。到底收敛什么，无从可知。

1932 年暑假，随着闻一多离开青岛大学到清华大学任教，这场疑似爱恋才画上了句号。

不过，对于梁实秋在青岛大学的"艳闻"，沈从文倒有话说，沈从文在 1931 年 7 月 4 日给在美国的好友王际真的信中提及："梁实秋已不'古典'了，全为一个女人的原因。"

一个月后，沈从文到青岛大学任教，在这里待了两年多的时光，完成了他的爱情杰作，把张兆和接到青大图书馆做馆员，同时也为名作《八骏图》和《水云》打好了腹稿——也正是这两篇文字，牵出了他与青大图书馆员俞珊传闻中的情感交际。

所谓《八骏图》里的"八骏"，其实是指八位教授，有物理学家、生物学家、哲学家、史汉学家、六朝文学专家等，可以说是 20 世纪 30 年代中国高级知识分子的群像。

小说通过"八骏"之一达士先生的视角，观察和反映出几位教授的微妙心理，通过对这些知识分子扭曲的心理的分析，揭示了他们的道德观的虚伪性，从而让常人更加了解真实的知识分子，并对真实的人性作一探索和显像。

当时在国立青岛大学任教的有"酒中八仙"组合，即以校长杨振声为首的八位志同道合的教授，每逢闲暇经常在一起开怀畅饮，他们既有海归背景，又有国学基础，他们不拘泥常规，但也不附从现代，时刻追求独立的思想人格。但真实的人性也是复杂和不可捉摸的。

文人皆是高度敏感的，沈从文 1933 年写成的《八骏图》出炉后，立即引来了"对号入座"，多数人认为，文中"达士"就是沈从文本人。据美国汉学家金介甫先生考证，《八骏图》中有梁实秋、闻一多等人的影子："沈在小说中可能把闻一多写成物理学家教授甲，说他是性生活并不如意的人，因为他娶的是乡下妻子。……梁实秋则可能影射教授丁或戊，因为丁或戊教授都主张要有点拘束，不讨厌女人，却不会同一个女人结婚。——梁实秋主张在道德和文艺上都要自我节制。《八骏图》中那位非常随便的女孩子，则可能是俞珊。她是青岛大学的校花，赵太侔的夫人。而教授庚则可能是影射赵太侔。据说徐志摩在青岛时曾经警告过俞珊，要她约束自己，不料这时闻一多已经被她深深吸引住了。所以我认为达士先生本人也有闻一多其人的影子。"

《八骏图》里，"那是一个穿着浅黄颜色袍子女人的身影"被当成了俞珊，当达士先生不经意间瞥到她时，"没有一句诗能说明阳光下那种一刹而逝的微妙感印"。

达士给未婚妻的信中描述："学校离我住处不算远，估计只有一里路，上课时，还得上一个小小山头，通过一个长长的槐树夹道。山路上正开着野花，颜色黄澄澄的如金子。我欢喜那种不知名的黄花。"

一见钟情似乎是文人爱恋的通病和"死穴"。

沈从文笔下的青岛，充满着浪漫："青岛的五月，是个稀奇古怪的时节，从二月起的交换季候风忽然一息后，阳光热力到了地面，天气即刻暖和起来。树林深处，有了啄木鸟的踪迹和黄莺的鸣声。公园中梅花、桃花、玉兰、郁李、棣棠、海棠和樱花，正像约好了日子，都一齐开放了花朵。"

当暑期学校演讲行将结束时，某一天，达士先生忽然得到一个不具名的简短信件，上面只写着这样两句话："学校快结束了，舍得离开海吗？（一个人）"达士先生没有理会，因为他是个订过婚的人。在"道德"名分下，把爱情的门锁闭，把另外女子的一切友谊拒绝了。

这一定又是一个什么自作多情的女孩子写的。但他的心是欣喜的，

"手中拈着这个信，一面想起宿舍中六个可怜的同事，心中不由得不侵入一点忧郁"，"要它的，它不来；不要的，它偏来"。这一段被指影射几位教授追逐俞珊的情节。

"当时那个女子，却是个使人值得向地狱深阱跃下的女子。"

最终，达士给妻子发了电报说："瑗瑗:我害了点小病，今天不能回来了。我想在海边多住三天；病会好的。达士。"

"一件真实事情，这个自命为医治人类魂灵的医生，的确已害了一点儿很蹊跷的病。这病离开海，不易痊愈的，应当用海来治疗。"

这海的背后，是否站着一位婀娜的莎乐美公主呢?

后来在《水云》里，沈从文说起在青岛的心情:

> 我不羡慕神仙，因为我是个凡人。我还不曾受过任何女人关心，也不曾怎么关心过别的女人。我在移动云影下，做了些年轻人所能做的梦。我明白我这颗心在情分取予得失上，受得住人的冷淡糟蹋，也载得起来的忘我狂欢。我试重新询问我自己。"什么人能在我生命中如一条虹，一粒星子，在记忆中永远忘不了? 应当有那么一个人。"

据说他在创作《八骏图》时"情感即已抬了头"。

只是，沈从文说过:

> 我行过很多地方的桥，
> 看过许多次数的云，
> 喝过许多种类的酒，
> 却只爱过一个正当最好年龄的人。

这个人就是张家四姐妹中的张兆和。沈从文追求张兆和时是 1929 年的夏季，当时兆和身后有许多追求者，她多次婉言谢绝了沈从文的追求，言语决绝，甚至回绝了胡适的从中"说和"，为此沈从文大受打击。

沈从文坚持写四年情书向兆和求爱的故事传为美谈。1931年应该说是关键的一年，偏偏他这一年的暑假没有去苏州寻找张兆和，而是拖到了1932年的暑假，他才带着巴金建议他买的礼物——一大包西方文学名著敲响了张家的大门，也正是这次拜访，让他这个乡下人尝到了甜酒的滋味。

"为什么要挣扎？倘若那正是我要到的去处，用不着使力挣扎的。我一定放弃任何抵抗愿望。一直向下沉。不管它是带咸味的海水，还是带苦味的人生，我要沉到底为上。这才像是生活，是生命。我需要的就是绝对的皈依，从皈依中见到神。"这是沈从文在青岛曾经的复杂心情。

但从现实看，沈从文自从在中国公学喜欢上张兆和后，一直矢志不移，从此频繁有情书飞鸿去，应无嫌疑。最终的结果是，1933年寒假，沈从文与张兆和订婚。与沈从文订婚之后，张兆和为了和心爱的人靠得更紧，只身来到青岛，在青岛大学图书馆工作，当时的李云鹤也在图书馆工作。

但是没有多久，沈从文就与张兆和就离开了青岛大学，有说是受杨振声的编书邀请，也有说是因为那篇有影射俞珊及几位教授的嫌疑的《八骏图》。

沈从文在《水云》一文中说：

> 两年后，《八骏图》和《月下小景》结束了我的教书生活，也结束了我海边孤寂中的那种情绪生活。两年前偶然写成的一个小说，损害了他人的尊严，使我无从和甲乙丙丁专家同在一处继续共事下去。偶然拾起的一些螺蚌，连同一个短信，寄到另外一处（张兆和）时，却装饰了另外一个人的青春生命，我的幻想已证实了一部分，原来我和一个素朴而沉默的女孩子，相互间在生命中都保留一种势力，无从去掉了。我到了北平。

此时，不难理解徐志摩所说，俞珊的魔力几乎解散了一个大学。

沈从文离开约半年后，俞珊嫁给了上任不久的青岛大学校长赵太侔。当一般才子对"莎乐美公主"蠢蠢欲动时，他也没有闲着。尽管他已经有了家室。这位中国戏剧的先锋人士，青岛大学与山东大学交接转型的关键校长，最出名的事迹莫过于迎娶俞珊和培养李云鹤了。

························《奇双会》剧照（摄于20世纪30年代），黄桂秋（江南第一旦）反串赵宠，票友俞珊女士饰李桂枝

1928年5月3日"济南惨案"后，山东的党政机关迁移到泰安。海归派赵太侔先在泰安试办"民众剧场"，深受欢迎，从此一路办剧院演出，直到成立了山东实验剧院。

1929年，山东实验剧院一共只招收了3名女生，李云鹤是其中一个。程派京剧表演艺术家赵荣琛在其自传《粉墨生涯六十年》中，这样说起李云鹤：

算起来，我应称她学姐。这位学姐当时正值妙龄，高挑的身材，细嫩的皮肤，虽不能算十分漂亮，却颇具风度。她在院内没有任职，间或演演戏。我只看过她唱的《玉堂春》，倒还中规中矩，是实授，有孙怡云老夫子在，她的京戏恐是认真学过，不是玩票。最近读到一本书，说江青进入山东实验剧院前，曾参加一个江湖小戏班子四处跑码头，还会拉胡琴，所以说江青对京剧不是"外行"。在话剧《婴儿杀害》中，李云鹤是主角，我是配角，扮演她的情人，不过在台上不见面，我们两人的戏全在幕后。她比我大几岁，在剧院中我们也没什么来往；她在省立剧院没有停留太久就离开了。

1930 年爆发蒋冯阎中原大战，局势混乱，山东实验剧院宣告结束，李云鹤去了北平闯荡，赵太侔则到了青岛大学任职。先任文学院教授，后任教务长。

此前，他在上海有过一段郁闷赋闲的日子，那时在上海的梁实秋与之要好，常常抽烟夜聊，因此有说法梁实秋放弃俞珊是因为赵太侔正在追俞珊。

梁实秋曾说当时赵太侔已有妻室儿子，而他自己也已有妻女了。前面一些文人或直接或间接地表现着，但都没有这个内向不大说话的教授来得直接——他为了追求俞珊和元配夫人离婚了。

但是，真正打动俞珊的或许还不止这些。有个更直接的证言，是当年"酒中八仙"之一的刘康甫的儿子刘光鼎提供的，他在《我和我的父母及兄弟姐妹》一文中提到，黄敬 1933 年任中共青岛市委宣传部长时，被当时的市长抓起来了。当时黄敬是要被枪毙的，所以大家都去营救。其中赵太侔的热心营救打动了俞珊。

文中的黄敬正是俞珊的弟弟俞启威。他早年曾就读于天津南开中学、汇文中学，后来也加入了姐姐所在的南国社，参与到爱国的左翼演剧运动中。1931年他考入青岛大学物理系。"九一八"事变后，他领导青岛大学的学生罢课，抢占火车，去南京向国民党政府请愿。1931年至1933年，他就读于国立青岛大学，1932年加入中国共产党，曾任学校的地下党支部书记，中共青岛市委宣传部部长。1933年夏，由于叛徒出卖被捕入狱。

正是"九一八"事变的青岛大学师生组成请愿团到南京事件，导致校长杨振声在受到教育部斥责之后，以"惩之学生爱国锐气受挫，顺之则校纪国法无系"为由，电请辞职，并推荐赵太侔继任。

1932年9月，校长杨振声辞职之前，为了青岛大学，他写了三封信分别给赵太侔、吴之椿和梁实秋。在给梁实秋的信中，杨振声写道："劝太侔为校长，之椿为教务长，再辅以吾兄机智，青大前途，定有可为。"杨振声私下对梁实秋说，校长一职一定让赵太侔继任，这对于他正在进行中的婚事有决定性的助益。这所谓的婚事无非是指处于神秘地带的俞珊。

姐姐救弟心切，身处一堆男人心尖上的"莎乐美公主"心动了。虽然他大她19岁，但毕竟也是留洋归来的戏剧家。

1933年12月16日的《北洋画报》刊头，刊登了《俞珊女士新婚倩影》的独照，还刊登了《蜚声戏剧界之名闺俞珊女士与赵太侔君新婚俪影》合影。两位戏剧界人士，戏剧性地结合了，成为当时一则不大不小的新闻。

当然，后来的结果是黄敬被成功救出，这一救救出了一位共和国天津市首任市长。

1931年一天早晨，赵太侔居住的楼下来了一位不速之客。来者是"北漂"受挫的学生李云鹤，她请求赵太侔帮忙，留在青岛大学谋发展。据说她因为没有文凭无法考取入校。于是赵太侔向校长杨振声说情，让她做图书馆管理员，每月给30块大洋，并允许她作为旁听生半工半读。所以晚年的时候，江青有过这样的回忆："在青岛，听闻一多的课，名著选读、唐诗，也选读诗歌、小说、戏剧，我写的小说在全班第一……"

李云鹤在青大，时常听到俞珊的情感绯闻，然而这位昔日红透半边天的大美人，却偏偏急流勇退了。叶永烈在《江青传》中说："她当时心中的偶像便是黄敬之姐俞珊；俞珊是在上海主演话剧，一举成名，跃为红星。她要走俞珊之路。"从时间点看，李云鹤到来时，正是赵太侔追求俞珊之时，李云鹤也经常出入赵太侔家，话题以话剧为主。但婚后的俞珊却不能容了。她小赵太侔19岁，李云鹤则小她7岁。她不希望自己的婚姻有什么闪失，演艺界情感乱事她也见过不少了。

俞珊自从与赵太侔结婚后，就离开了繁华的大上海，在青岛幽静的海滨新居里过着恬淡闲适的生活。李云鹤虽只比她小7岁，但一口一个师母叫得很甜，目光中还流露着尊敬、羡慕，再加上她们对京剧和话剧都有浓厚的兴趣，所以两人谈得十分投机。俞珊把自己的相册拿给她看，将剧照一一向她展示。李云鹤对上海戏剧界的人士尤其感兴趣，不停地问这问那，俞珊都耐心地一一作答。就这样，一来二去，李云鹤成了赵太侔和俞珊家的常客，并在此结识了黄敬。

1933年7月初，被捕在狱的黄敬为了不让李云鹤受牵连，便故意请警察局转告她"另寻出路"。恰在此时，上海明星公司导演史东山来到青岛，到赵太侔家拜访，并动员俞珊回上海演话剧。赵太侔当然不会答应，于是他和俞珊借此良机向史东山推荐了李云鹤。李云鹤穿着俞珊送给她的旗袍来到举目无亲的上海滩，凭着俞珊写给田汉的一封信，以俞珊"表妹"的身份在田汉家借住，并通过田汉的关系，从此以蓝苹的艺名混迹于大上海的演艺界……

以上在石湾的《最早的话剧女明星：俞珊》[①]一文中多有记述。这位石湾先生1964年毕业于南京大学历史系，后任中国戏曲研究院剧目室编剧，作为中国作家协会会员发表过众多优秀作品，他曾与晚年俞珊同在一个单位，因此其写作的文字较为真实可信。

有资料称，俞珊与赵太侔婚后育有二女，但在抗战胜利后，俞珊与赵

---

① 本文内容见石湾：《记忆常新》，中国文联出版社2008年版，第50页。

太侔离婚了。从此她的下落不再为人所知。一场充满戏剧性的婚姻也在戏剧性中谢幕了。

石湾先生的作品称：

> 我在南京大学读的虽是历史系，但一进校就参加了校话剧团，并任校文学社诗歌、戏剧组组长，看过《中国话剧五十年史料集》，不仅对俞珊演《莎乐美》和《卡门》的剧照有很深的印象，就连徐志摩为她写诗等的趣闻轶事也是听我的恩师赵瑞蕻（他是闻一多先生的学生）说起过的。只是我不明白，她怎么会在中国戏曲研究院工作呢？在骑自行车去俞珊家的路上，老王才告诉我们："咱们院有两个不在正式编制之内的挂靠人员：俞珊和许姬传。俞珊原先在江苏省京剧团工作，是田汉任文化部艺术局局长时安排她每月到咱们院来领生活费的；许姬传是梅兰芳院长从前聘的私人秘书，梅院长逝世后，艺术局就让咱们院每月给他发生活费。因他俩都不用来上班，所以平时谁都见不着……"

这个时候，"文革"已经开始了：

> 当我们赶到俞珊家时，只见房间里一片狼藉，瘫坐在沙发上的俞珊正掩面而泣，当她抬起头来想同老王打招呼时，简直令我们大吃一惊：她的头发已被红卫兵小将剪去了半边，变成"阴阳头"了。还未等老王开口，一个像是红卫兵头目的女孩冲到俞珊跟前，气呼呼地追问："快说，你把海外来信藏在什么地方？"正在翻箱倒柜查抄"海外来信"的另几个红卫兵，仿佛听到了紧急命令，迅即聚拢过来，对俞珊形成围攻之势，七嘴八舌一通吼叫，逼她快把"黑信"交出来……这时我才听明白，原来俞珊的叔父俞大维、姑妈俞大彩都

在台湾，俞大维不仅是"国防部长"兼"交通部长"，而且和蒋经国还是儿女亲家。那天天很热，俞珊被那帮红卫兵纠缠久了，口干舌燥，也不允许她去烧口水喝，她只得打开桌上的茶叶盒，抓一撮茶叶放进嘴里，不停地咀嚼，以此来生津清火。而老王和我们五六个年轻的"臭老九"，面对红卫兵这样的造反场景，都束手无策，谁也不敢吭声。反倒是俞珊被红卫兵小将们逼急了，才壮起胆嚷嚷起来："他们是中国戏曲研究院的革命群众，可以证明我的兄弟姐妹都是共产党的干部，从来与国民党反动派没有任何联系，你们不是在我屋里翻遍了吗，哪有海外来的信件呀？"红卫兵们看我们人多势众，就悻悻地撤了，领头的那个女孩，出门时还甩下一句话："你这个臭明星，看你还能表演几天？"

红卫兵小将们撤走后，老王对俞珊安慰了几句，并劝她以后不要与红卫兵小将们硬顶，免得受皮肉之苦。这些天风头正紧，不如先到哪个亲戚朋友家去躲一躲……年轻时擅演大胆泼辣女性的俞珊，此刻已变成一个泪流满面的可怜角色，连声哀叹："这是什么世道啊，把我弄成这副模样，叫我怎么出门啊？！"当我们离开她家时，她左手捂着"阴阳头"，右手又抓了一撮茶叶塞进嘴里，不停地咀嚼起来。一晃四十年过去了，这个镜头，依然清晰地浮现在我的脑海里。

俞珊死于1968年，终年仅60岁。那一年，田汉也在批斗中死去。而他的学生蓝苹正活跃在权力的金字塔尖。

俞珊的死亡是个谜。她从"莎乐美公主"一下子跌入了冰冷的地狱。记得在王尔德的戏剧中，莎乐美也死了，希律王害怕这个美丽的邪恶的女人，命令士兵把她拿下砍头。但砍掉的只是她的脑袋，却无法砍掉她的美。

"我想，无论俞珊最终死于何因，临终之际，一定会对她昔日热心救助过的'表妹'、此时已变为迫害狂的江青痛恨不已吧？"^①石湾如此猜想。诡异的是，俞珊死亡的那一年4月26日清晨，人们在青岛栈桥海滨发现了赵太侔的尸体。后来人们疯传说，前一天晚上江青来到青岛，曾与赵太侔谈话。传说终归是传说，可真可假，唯一不能假的是人的履历。从青大走出去的李云鹤，彻底蜕变成了另外一个人，而那个让她羡慕嫉妒恨的莎乐美，这么多年过去了，还是莎乐美。

那张莎乐美的经典剧照，美过所有的大运动海报。她险些解散了一所优秀的大学，但她毕竟为这所大学增添了人性和可爱，并让那些日后成为大师的才子们有了近人的一面。好女人真是一所学校。

现在想来，当年梁实秋上海看过那场《莎乐美》后，面上是撰文批评，内心却实是欢喜的，之所以批驳，或许是出于私心：如此绝美诱人的"尤物"，有谁愿意分享呢？

---

① 石湾：《最早的话剧女明星：俞珊》，见石湾：《记忆常新》，中国文联出版社 2008
  年版，第 51 页。

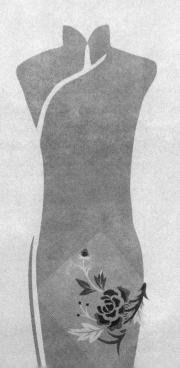

周鍊霞

（1906—2000）

....

海棠花外又斜晖

....

绝代尤物，令人魂消也。

——陈巨来

海棠花外又斜晖

....

"旗亭酒冷人将别，一握难禁暖到心"，"春愁如梦无尽处，只有香魂化冷云"。知道周錬霞，是从她的诗词开始的，一种置身世外的冷静。

20 世纪 30 年代的上海，最不缺的就是绯闻艳事。周錬霞常常被拿来与陆小曼对比，大报小报都盯着这位"錬师娘"找话题、发新闻。

师从黄宾虹的民国画家邵洛羊说周錬霞"美风姿，宛转清腴。若流风回雪，在女画家中最具风采"。民国篆刻家陈巨来则谓周錬霞："绝代尤物，令人魂消也"。郑逸梅说周"本身就是一幅仕女画"。"平阳三苏"之一的苏渊雷见过晚年的周錬霞，说她"七十犹倾城"。

周錬霞祖籍江西吉安，出生在湘江之畔，字号螺川，即源于吉安有螺湖。1942 年的新年，周錬霞写下了这样的文字："我原籍虽是江西，但世居湖南，妈妈是湖南人，我的出生地就在长沙，所以家庭之间，大半都沿用着湖南的习俗，最显著的：一家上下，完全是湖南口音；到上海来住了好几年，还是这样。"[1]

在《中国美术辞典》（1987 年 12 月版）里，周錬霞的生日为 1909 年10 月。后经多人求证，这是个错的记载，求证的过程也颇具传奇。

民国轶闻大王郑逸梅说，周錬霞与国学大师钱仲联生日相同。"周錬霞出生于九月初三日，因白居易有'可怜九月初三夜，露似珍珠月似弓'之句，乃于生日举行珍珠会。"每逢生日时，周錬霞都要邀请闺蜜姐妹们

---

① 周錬霞:《遗珠》，海豚出版社 2011 年版，第 111 页。

聚会，名为"珍珠会"，诗酒为欢，对词酬句，畅快淋漓。[①]

钱仲联七十诞辰，王蘧常撰联寿之："高才八斗，看诗同潮，文同海；生朝七十，正露似珠，月似弓。"冒效鲁在给钱仲联寄诗祝寿时，一并带去周鍊霞的两首七绝，题目为《叔子寄示仲联先生故蝴蝶曲，并谓先生与余同生日，宜有诗为赠，今夕酒酣俚句报命》：

> 两地相望月似弓，喜闻生日各相同。
> 相同何必曾相识，胡蝶歌边拜下风。
>
> 藕丝不断露珠圆，巧手从来未易穿。
> 弓月上弦弹力健，乞它弹赠老诗仙。

两人素未谋面，因一首《蝴蝶曲》而相识，后钱仲联回赠周鍊霞《寿鍊霞女史七十其生日与余同》：

> 一水西江世泽长，白蘋歌好满潇湘。
> 初三月里乘鸾女，又为金刚祝晚香。
>
> 爨底红桑七十春，剪淞林际袜生尘。
> 螺川韵语分明在，谁是新声比玉人。

这是钱仲联为数不多的与女词人的唱酬，诗中他将周鍊霞比作乘鸾女和洛神，并对她的诗词水平以及籍贯有所点名。最后证实，周鍊霞出生年月为 1906 年 10 月 20 日。

关于周鍊霞的身世一直没有权威的定论，但她少时拜名师学诗画确为

---

① 郑逸梅：《艺坛百影》，中州书画社 1982 年版，第 38 页。

事实，早期尤其以诗著称，有人考证说，"錬师娘"即为"诗娘"之谐音。交往人中有代为寄诗的冒效鲁（曾担任太白楼诗词学会会长），有圣手篆刻陈巨来（词人况周颐之婿）。冒效鲁父亲是冒辟疆之后冒鹤亭，是为文坛名宿，狂放不羁，他对周錬霞格外钦服，曾放过一句话："梅景书屋主人做伊徒孙尚不够格也！"[1] 众所周知，梅景书屋主人是画家吴湖帆，当然，说吴不够格，并非指画，而指诗词。陈巨来曾与周錬霞同事（上海中国画院）多年，说她的文学诗词，冠于全院，甚至还指出有大家托她代笔撰词出版。

1979 年，71 岁的周錬霞曾赠书画于陈巨来，一个是《芍药图》扇面，一个是《调寄浣溪沙词》书法。《芍药图》没骨设色，一折枝芍药，清雅脱俗，生命力正旺。上题云：

　　巨来先生教之。己未初冬錬霞写于海上螺川诗屋，时年七十又一。

并有錬霞七绝诗：

　　梨花飘尽千枝雪，柳絮吹残九陌尘。
　　惟有桥边红药好，年年含露殿余春。

再看她的《调寄浣溪沙词》：

　　貌出炎州十八娘，当年曾上蕙风堂，砚田想见雅根长。　　缶老恢奇留铁划，况翁风趣谱瑶章，缥缃珍从有东床。

---

① 陈巨来：《安持人物琐记》，上海书画出版社 2012 年版，第 45 页。

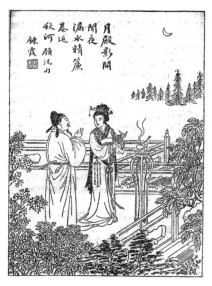

月殿影開
閒夜漏水精簾
巷近秋河顧況月

鍊霞

这样诗词，有一种不紧不慢的叙事感。且词里蕴含着几多典故。蕙风堂是指况周颐的书房，《正逢瑶圃十秋宴，进到炎州十八娘》是昆曲《长生殿》里的经典唱词。周鍊霞曾拜访过况周颐，并曾得到过其对诗词的称赞。古意足，意味长。

周鍊霞友人张增泰说，周鍊霞 1906 年生在湖南湘潭，9 岁随父移居上海。父行医，业余学画，周鍊霞得以少年认识并拜诸多名家为师。①

1942 年，已过了而立之年的周鍊霞在上海靠鬻画过活，丈夫远在陪都重庆。她忆起了昔日全家团圆过年的景象。

她 10 岁时在上海过年，全家人使用的是江西与湖南合并的习俗。10 岁的她执笔练字画熟稔，从腊月二十四开始，时间就不属于她了。家里有成群的佣人，有严格的规矩。家里有马车，有湘榻，有狐皮褥子，给她梳头有专门的大丫头，临到节日了则有专门的美发师上门服务。"大人过大年，小人过小年（腊月二十四）"，一大早起来，她的头发就有美发师梳得滴光，辫梢上坠着一支红丝须头，瓜皮帽的前额，缀一块红宝石，黑缎子团花马褂，蓝庄绒缎袍。最令小鍊霞喜欢和记忆深刻的是，小巧的脚上穿着的那双绣花小靴子了，雪白的粉底，玲珑、精致，既有中国新年的喜庆，又有着西方圣诞节童话的气氛。

打扮齐整后，就挨个去小朋友家拜小年，然后那些孩子们就到了周

---

① 《万象》2001 年 6 月号。

家来玩耍。当时十几个孩子聚在一起玩游戏，规则和章程都是由周鍊霞所订，唱戏、拉胡琴、玩"打流星"……那是她最快乐的时光，就算是失小火烧了家里的狐皮褥子，还有跳凳子摔得鼻肿牙齿流血，她仍觉得心是快乐的。收"养袋"（压岁钱），一次爹爹就给了两元银币。给佣人们发红包，发完后会得到糖果酬劳。家里总有五颜六色的糖果、坚果和花糕，据说全是江西的特产。

新年三天，家里的佣人们可以放心赌博，来往的拜年人多为"伢唎"（湖南人打招呼）和"老表"（江西人的称呼），消耗茶叶和槟榔，女客带来的孩子哭哭叫叫。爹爹喝完酒后，用歌谣带点讽刺地唱着：新年不要请女客，请五十，来一百……吃吃咸，吃吃辣，水缸浅半截，溺桶高三尺！哈哈哈！

除了尾随穿着红风兜皮马褂的爹爹出去"一步三摇兼两摆"上马车"兜喜神"外，她最期盼的还有一个仪式：新年发笔，一支新羊毫笔，用红纸条包着，墨也同样包好，写出自己的新年心愿。她写下了："元旦大发龙凤笔，爹爹最喜欢，希望全有得。"终于玩累了，大人们守夜焚香，迎新岁的爆竹声惊醒了梦中的她，发现枕边有一盒锦带扎着的美丽的糖，她抱起来，又睡着了。

"以后，一年，二年，二十年，爹爹是上天去了。人间的我，就只有回忆，琐屑不断的回忆；而今的'新年'哟！还不又在这回忆中悄悄地溜过去么？然而回忆是永恒的，有回忆才有希望，它能检点过去的错误，也能鼓励未来的勇气，更能安慰人生的寂寞哪！"[①]

在有关周鍊霞身世介绍中，以陈巨来所说为最详细。他记载，周鍊霞为江西吉安大盐商周扶九之同族侄孙女。周扶九发迹以后，在上海做黄金生意。到第一次世界大战结束时，他又成了上海名列前茅的金融资本家。

① 《万象》1942年1月号，转引自周鍊霞：《遗珠》，海豚出版社2011年版，第117页。

房地产、铁路、水电等等，只要能赚钱的产业，总有他的分号。此人生活上尤为吝啬，他生平最气愤事是后代奢侈挥金。

陈巨来说，周錬霞的父亲久居松江，为清末举人，后据周扶九之孙孽田、外孙彭正明（盛八小姐之夫）同告其云：

> 她为松江贫农之女，四岁时卖于周举人为丫环，以貌美聪敏，五六岁时，举人试授诗词文章，辄过目不忘，遂认为亲生女儿了。并请画家授以人物花鸟，亦楚楚可观，文章诗词，均有极好成就。第一任丈夫松江邬姓，不久即离婚了。其父故后，她即来申鬻画为生活，又与杭州高邕山成密友，将结婚矣……后又与诗人宋玉兔为腻友，宋因事去港，又吹了。最后正式嫁于嘉定人徐晚蘋为妻，生子女数人。①

这一转述，真是语出惊人。陈巨来的回忆录"细节入微"，几乎到达床榻之语，曾引起过争议，但由于很多人资料缺乏，倒不失为一种参考。

关于高邕山与周錬霞的绯闻，茅子良先生给出了一条意外的线索。2006 年 10 月份，书法家潘伯鹰入室弟子许宝驯来与茅子良谈事，说起周錬霞，就提起了他（许宝驯）的叔祖高邕山（字伯岩），说高家望族的确实在杭州的高庄。叔祖住在皮市巷（今解放路附近），当时新房子都造好了，还悬挂了一块大匾，准备与周结婚，不知何故中止了。叔祖生于1900 年之前，一生没有工作，就是搞诗词、文章和京戏，有"杭州谭鑫培"之称，曾教别人京戏。叔祖在"文革"中去世，其女儿将父亲珍藏的西泠八家等名贵印章全部捐献给了浙江省博物馆。当时，许先生只记得，那块大大的匾上有三个字，是"迎□堂"，中间那个字死活想不起来了，但肯定与周錬霞有关。茅子良趁机说，周老太字紫宜。许先生一下子醒

---

① 陈巨来：《安持人物琐记》，第 79 页。

神了，连说对对对，就是这个"紫"，"迎紫堂"，"今天总算破解了这个记不起来的字"。①

爱美之心，人皆有之。宋玉兔又是谁呢？有好事者考证，"宋玉兔"其实就是宋训伦。宋训伦字馨庵，号心冷，原籍浙江吴兴，生于福州，移居上海，毕业于国立中央大学，任职金融机构，1949年大陆易帜，避地香港，在轮船公司工作了30多年。董桥在《馨庵心影》里大致说此人和董建华家族颇有渊源，后去泰国隐居。

宋训伦字"玉狸"，朋友们相互以"玉狸词人"称他，著有《馨庵词稿》。宋训伦年龄小于周錬霞，两人早期曾在《社会日报》以文字"交锋"，宋在情场失意，对女性有所偏颇。周錬霞为之劝解，并送"慎勿入情关"句，直到宋训伦晚年还有一方印"一生无计出情关"迎合。② 但此后，两人的缘分并没有往下走，倒是友谊见长。

1939年周錬霞以楷书《浣溪沙》12阕，赠宋训伦，祝福他30岁生日。宋训伦特地精装成册，配有周的玉照及其他画作，成书为《螺川小品》。到了1946年，周錬霞还为宋训伦作《修竹仕女图》，题云："好句欲教仙见妒，深情曾遣石能温。若非生就相思种，出土如何有泪痕。训伦先生大雅法正。丙戌夏五月錬霞并题于螺川诗屋。"

书画来往，翰墨传情。晚年时周錬霞去了美国，两人还保持着联系，1990年宋训伦有《沁园春》（"周錬霞女士拟刊行其诗词画全集，索词于余，谨奉题此阕。錬霞于韵语外，特工仕女画，论者以为不啻其少年时之自绘像。余于五十年前识錬霞于丁慕琴先生座上，今錬霞在美，余居湄南，相睽万里矣"）：

---

① 茅子良：《艺林类稿》，上海书画出版社2009年版，第322页。
② 刘聪著辑：《无灯无月两心知——周錬霞其人与其诗》，北京出版社2012年版，第79页。

莽莽江山，东南胜处，间气凌云。有赣水漪涟，螺冈葱郁，百年蕴秀，天授斯人。清照珠玑，祖莱才调，持角千秋树一军。词坛上，看鬓眉衮衮，奉手称臣。　　丹青挥洒传神，况姑射仙姿自写真。似远峰含翠，独饶隽韵，春花展媚，欲吐幽芬。甘隶妆台，愿从绛帐，莫笑当年情意朒。长相忆，喜经霜梅竹，万里遥亲。①

在宋训伦后来整理的《馨庵词稿》里，有 7 首在上海作于 1938 年的小令，似乎很是神秘，学者刘聪（《无灯无月两心知——周鍊霞其人与其诗》作者）考证发现，唯独这 7 首小令没有任何注解，后经他证实，这些小令皆与周鍊霞有关。从词的字里行间可见"劝我莫多情"、"西子即夷光"、"衣是深蓝点浅黄，黛螺细画春山浅"、"秀眼盈盈，秀骨婷婷"、"艺苑佳人"等句，尤其一首《蝶恋花》：

薄醉微慵支素腕。细雨灯前，整顿全神看。笑我难将情意绾。眉头强定心头乱。　　絮果兰因都已判。姊弟相称，称也情何限。万一虔修天可转。来生莫在相逢晚。

宋训伦去了新潮的香港，但心仍是上海的旧式。

关于周鍊霞的"艳闻"层出不穷，单单陈巨来例举的还有吴湖帆、张大千云云，说"大千一见伊（周鍊霞）至，必停笔对坐于沙发上，谈旧事"；说"周鍊霞擅画鸳鸯，尝与吴（湖帆）合作，吴画重台蓬密叶下，周画二鸟交颈游泳其间，均四尺整幅……句云：'波绿波绿，中有鸳鸯双浴。'谓之香艳"。在拍卖场上，的确有人见过周鍊霞为吴湖帆点的鸳鸯，如 1954 年的《莲花鸳侣图》上就有周补写的鸳鸯并题词《三台令》，印章

① 宋训伦：《馨庵词稿》，转引自刘聪著辑：《无灯无月两心知——周鍊霞其人与其诗》，北京出版社 2012 年版，第 435 页。

为"周茝印"，"茝"意为古书上说的一种香草，应与其字紫谐音。她还有个字为霭，意为瑞云，与她的名"霞"有关。

陈巨来说周与吴，一直到说到"文革"时期，他还未将周錬霞与吴湖帆分开：革命小将逼问她，她只认吴湖帆一人，总说"我有罪我有罪"。但当这些黑白不分的小将逼问陈巨来时，他倒坚决回答："湖帆终日不出门，我不敢指定。"并一再证明，周为台湾电报局局长徐某某之妻。

这些传来传去的逸闻似乎都源于周錬霞早期的频繁聚会，她在上海的创作高潮时期，正是小报文人与香艳女子流行的时候。周錬霞喜欢参加各种文酒之会，并且喜欢在报纸上发表观点释放情感，单单她对宋训伦的公开回应就有好几篇。外形婀娜，气质芳华，再加上她也会打扮自己，"她喜欢烫发，喜欢修指甲，也喜欢时装和香水"[1]。潘柳黛说她："周是画家，白纸上都能画出倾城之女来，何况画家之乎？"

还有一条，周錬霞人很坦诚，属于"有口无心"，喜欢与人开开玩笑，逗逗乐子，无论对方是男还是女，是色还是雅。

友人珍藏的一柄扇面被董桥发现了，立即心动，是周錬霞的《秋葵双蝶》，上有题款：一九五二年画给陈巨来夫人况绵初，题的是"过巨来家，园中红秋葵盛开，属为写照，并添双蝶，此梁山伯与祝英台也"，背面录

---

[1] 刘聪著辑：《无灯无月两心知——周錬霞其人与其诗》，第23页。

七律一首，书法刚健不输须眉。况绵初即是清末大词家况周颐的长女。

说起这幅作品来源，亦可见周鍊霞的几分睿智，陈巨来也有记录。新中国成立之初，北京名画家周怀民，南来游历，时吴青霞尚为坏分子律师印廷华之妻，住四明村，特设宴招待之。陪客为唐云、江寒汀、周鍊霞及陈巨来四人。时上海各剧种正盛唱梁山伯祝英台戏剧弹词。为此，陈巨来求江寒汀等人以梁祝为题作一扇面。江先绘，接着唐云补草，周鍊霞补花。"时正盛夏，她补花时，袋中取出一大手帕填在扇面之一半，防为汗污耳。唐云不识相，谑之云：这是男人手帕邪？她笑云：是的。唐强夺之，云：归我吧？她不动声色云：拿去不妨。时余又无意取出女子所用小手帕，专揩眼镜所用者，唐云又不识相云：这女人用的呀，与你对调了罢？她忽对我云：不要调，不要调。他（指唐云）拿的是奴儿子所用的手帕呀。寒汀、周怀民均大笑：唐云做了她的儿子了。唐只能一笑还之了。余又求她反面写字，她略一思索，即成七绝一首打油诗，大意云：'某某呆子梁山伯……满街争唱祝英台。'"[1]

陈巨来后来忆起，说"此扇惜已被抄去了，故记不出了"。董桥却得以有缘，见之爱惜，恨不得拥有。

陈巨来笔下的周鍊霞艳丽有加、放荡不羁，说她上厕所不关门，换衣服不背人，问她为何头裹毛巾，答曰：月经超前。更雷人的是，人家问她到底有多少朋友，应指男友，答曰："吾有面首十人。"更为"出格"的是，说周的夫君离家八年却又五岁孩子相认[2]，就此，周的研究者认为，此说"子虚乌有"、"信口胡言"，[3] 由此引起公开"辩诬"，研究者刘聪曾向周鍊霞后人求证获知，周鍊霞丈夫从未离开家"八年"，期间周也未有生子之说。

---

① 陈巨来：《安持人物琐记》，第80—81页。

② 陈巨来：《安持人物琐记》，第82页。

③ 刘聪著辑：《无灯无月两心知——周鍊霞其人与其诗》，第54页。

不过令人生疑的是，周鍊霞频频外出交际，家中夫君又在哪里？陈巨来述："抗战事起，徐为电报局职员，随匪帮去重庆，她独自一人留申，大肆交际。"

　　周鍊霞的丈夫徐晚蘋似乎一直"藏"在"金闺国士"的身后。此人的低调和资料的缺乏也给了外界传绯闻的机会。

　　据《无灯无月两心知——周鍊霞其人与其诗》所载："徐晚蘋，1906年生，江苏嘉定人；原名公荷，号绿芙，后以晚蘋行世。嘉定徐氏，本为当地望族，文采风流，人物辈出。徐晚蘋的曾祖父徐郙，就是同治年间的状元，曾官拜大学士。在家庭文化的熏陶下，徐晚蘋于旧学颇有根底，能吟诗作画。后来，在新文学运动的影响下，他又喜爱上小说与散文的创作。"[①]

　　刘聪先生的考证可谓权威："1907年，徐晚蘋与周鍊霞在上海结婚。妻子周鍊霞，不仅在诗词书画上皆负佳誉，其人更是幽娴艳美，气质不凡。这种才子佳人式的结合，在当时不知引来了多少旁人的羡慕。在那一年的秋天，徐晚蘋带着周鍊霞，到杭州西湖度蜜月。在友人高罂山的推荐下，他们选择了南山烟霞洞作为暂居之所。闲来无事，夫妻俩就在烟霞洞前的地摊上，买些香烛，跪在石佛像前双双祷告：'我们今生同心相爱，有幸能结为夫妻。愿他生仍能相爱相合，一如此生之乐。'"[②]

　　这里出现了周鍊霞先前"绯闻主角"高罂山的名字，可见周鍊霞与异性朋友的交往，自始至终都保持着友谊的绵延。

　　周鍊霞与徐晚蘋的婚姻也有不少细节反映在媒体上。譬如在1928年10号《联谊画报》的封面上，就有《女画家周鍊霞新影》，署名是"徐绿芙摄"。照片为半身像，周鍊霞侧面凝眸，眼波流转，似含无限深意。其旁题句为："神仙伉俪人间住，艳绝红霞映绿芙。"

---

① 刘聪著辑：《无灯无月两心知——周鍊霞其人与其诗》，第46页。
② 刘聪著辑：《无灯无月两心知——周鍊霞其人与其诗》，第46—47页。

从老报刊里可以发现，两人的婚姻甜蜜，并共同爱好跳舞，夫唱妇随，上海画师长发头陀，曾书写一嵌字联送他们夫妻："晚雨如丝，柔情百鍊；蘋风吹梦，秀靥微霞"。

在周鍊霞所有的诗词中，以《庆清平·寒夜》为最著：

> 几度声低语软，道是寒轻夜犹浅；早些归去早些眠，梦里和君相见。　　丁宁后约毋忘，星华滟滟生光；但使两心相照，无灯无月何妨。

对于此词的解读有各种版本，有说是关于男女之爱的，也有说是纯粹抒情的，也有解读为对当时局势的现实反映的。此词最初发表于1944年的《海报》，时值日伪时期，为巩固军事，对灯火管制严厉，对百姓造成不便。不过，对此词最荒诞的解读是在后来的"文革"时期，这也给周鍊霞带来了不可想象的悲剧。

一阕"无灯无月何妨"，让周鍊霞彻底在"文艺圈"红了，一班斯文男人更是紧追不放。早在1934年，李秋君、陈小翠等在上海发起组织中国女子书画会时，周鍊霞和陆小曼都是首批重要成员，有人说三个周鍊霞抵得上一个陆小曼。董桥也曾说过，还是最爱没有徐志摩的陆小曼，周鍊霞，画比人美。但从十年后再看，陆小曼身上除了传奇外，才气的延续和增长，显然不及"鍊师娘"。周鍊霞身边围绕的有吴湖帆、冒鹤亭、谢稚柳、许效庳、瞿兑之、张大千、陈巨来等，且过从都密。其中也不乏或公开，或半公开示意者，直到新中国成立后还有人向她索要照片。借机调戏者也不乏圈内文人骚客。一来二往中，不拘小节的周鍊霞让家里的先生感到了压力。

"艳质惊才迥不群，万人低首拜红裙。近来闻得秋生语，出水芙蓉略似君。"这是周的好友陈小翠给周鍊霞的写照。周鍊霞人美，诗画双全，惊艳文艺圈，对外面传她的绯闻艳事，她都能坦然应对。有一次宴会上，报人朱凤慰见她挺着大肚子，调侃道："大妹子黄台瓜熟，蒂落之期近耶？"周鍊霞笑答："八月十五月光明，屈指计之，吾即宣告破产乎。"句里有典有故，且能在大庭广众之下笑谈腹中之私，可谓睿智坦然。

从徐绿芙与周鍊霞出版的结婚纪念《影画集》看，其摄影水平的确

————————————— 40岁的周鍊霞在作画

可圈可点，照片中的周鍊霞不施粉黛，童花头，齐齐的刘海下是一张娇媚的小脸，双眼不大，但有一种犀利的抓力，生生放出些许电花出来，明明是娇弱的眸子，为何如此的固执和坚决？惹人怜惜和不甘心。肤色如玉，单手托着下巴，露出恰到好处的半个膝头，与整个下倾的身姿，形成完美的黄金分割，暗亮的绸子轻轻伏贴在身上，几个如水纹般的褶皱，让人无限想象着更纵深的内容。真是：无风水安谧，心却起涟漪。

《影画集》内附两人画作和摄影作品40多幅，另有徐绿芙所撰的摄影理论多篇，可供摄影爱好者研究和学习，应该算是近代中国较早的摄影理论书籍了。书由上海知名的专业美术公司印发，在媒体上刊登广告，每本大洋三角，还可打七折。可以想见，周鍊霞早期不少照片，都是由丈夫徐绿芙所摄，1930年《民众生活》上刊登一幅周鍊霞个人照即出自徐手，吊件长裙，及至修长的小腿，高跟鞋，芊芊美人，伫立在青青草地上，身后是宽阔的植物，时间就这样停下里该多好！

周鍊霞发表于1942年的《采桑子》：

当时记得曾携手，人醉花扶，花醉人扶，羞褪红香粉欲
酥。　而今只是成相忆，灯背人孤，人背灯孤，千种思量一梦无。

一位少妇，在夫君远离后去的孤独和凄凉，单单靠着那些昔日的粉
红柳绿，似乎总难平息她热烈的情愫，她是艺术家。但在怀揣着无奈的同
时，她也心疼这个国家。守着青灯，守着沦陷后如孤岛的大上海，她写出
了《过旧居有感归写海棠双燕即题》：

山河仍在事全非，惆怅东风燕子飞。

回首已无王谢第，海棠花外又斜晖。

改革开放后，上海人熟悉的大书法家任政先生之子任舜华曾回忆：
1938 年，出生在浙江黄岩的父亲只身来到了十里洋场的大上海，进了一
家染织厂当练习生。在染织厂一年多的时间里，他每天起早摸黑，补习
英语，研读诗文及有关课程，终于考入了位于四川路桥堍的上海邮政局。
由于他的书法特长，很快被升为科员。恰巧，邮政局一位名叫徐绿芙的
同事，与享有盛誉的书法家马公愚熟识，父亲便托他带了几幅字给马老
看，热望马老的指点。徐回来讲，马老看了作品，大加赞赏，要父亲不
必拘礼，有空可以随时去马老家。在当时认钱不认人的社会中，马老这
样破格接纳我父亲，实际上是免去了拜师所需的修金和礼品，免去了一
切的俗套。

从这个小小的历史细节里，我们可以看出徐绿芙与书画界是有着紧密
联系的，且为人热心。他的文艺细胞并不亚于妻子，在 1926 年的《上海
画报》第 166 期上就有他的文笔展现，是介绍周錬霞的，落款为"南疁绿
芙"，民国报刊《实报》（1937 年）上《镜花水月楼联话》署名就是徐荷公。
但在大历史之下，个人爱好往往会惨败于形势的激变。

当"鍊师娘"处在杯酒沙龙与一班骚客和诗应对，并常在小报上有大曝石榴裙下轶事时，徐晚蘋与之发生了争执，并于1946年抗战胜利时去了台湾，率队接收台湾邮政。或许去时带有负气之意，结果一去就是30年，但两人在其间均未续弦更张，直到80年代，两人在美国重新结婚，再续前缘。

此时的"鍊师娘"早已脱离了上海小报的纠缠，她经历了种种坎坷，有一种"云过千山"的静默。不禁想起了她的那阙《浣溪沙》：

> 未信须眉席上珍，峻嶙奇气不堪驯，当筵彩笔扫千军。　海角诗人原善饮，江南词客惯能文，一时低首尽称臣。

郑逸梅说，周鍊霞17岁从朱古微学词，又从徐悲鸿的外舅蒋梅笙学诗，蒋氏门下，多能吟诵。周鍊霞的诗篇，"宣发天机，别有妙语"，就连咏个冬夜的馄饨摊都很出彩："风寒酒渴人如梦，街静灯疏夜未央，何处柝声敲永巷，一肩烟火踏清霜。"

周鍊霞父早期从尹和白学画，让周鍊霞打小即耳濡目染，14岁时正式拜郑德凝为师。她为扇铺画扇面，一金一柄，20世纪40年代，她的作品参加加拿大第一国际展览会，获金质奖章，英国及意大利出版的《世界名人大辞典》中都载有她的画传。本是画家，却以诗词扬名传世，恐怕是她自己都想不到的。

据说周鍊霞自小喜欢仕女画，家藏的唐伯虎仕女图，她取来剪下仕女张贴，其他扔弃。郑逸梅说她点染的蔡文姬、卓文君，"散藻漓华，含芳吐蒨"。

陈巨来写文章虽对"鍊师娘"有几多调侃，但也自言，不敢轻易惹之，因为伊的反应比他快。陈对鍊霞的画艺则不吝美词，说她画的鸳鸯"绝妙绝妙"，常与吴湖帆合作，吴画重台莲密叶下，周画二鸟交颈游泳其间，四尺整幅，清清雅雅。到新中国成立后多年，陈巨来有幸见到一幅，仍觉"精极了"。

周鍊霞擅长画仕女、花鸟，《葫芦双禽》、《紫薇松鼠》、《翠竹仙鸟》、《理妆图》、《寒灯夜吟图》、《焚香记》、《吹箫引凤图》……如今，她的绘画作品，频频被炒价翻番，仍是抢手高攀，喜欢的就是喜欢，简直迷到了骨子里。有位收藏家贺先生，把周鍊霞的画与董其昌的字相匹配收藏，但他只收周鍊霞1949年以前的字和画。他在战后曾与周鍊霞有过一面之缘，自此女画家中，独收这一位。同样识货的收藏家兼文人董桥问他何故，他却笑而不答。

再后来，这位贺先生把家中40多件董其昌字画卖给美国收藏家，却把周鍊霞字画当作珍宝留给侄女继续传世下去。

似乎迷上周鍊霞的人都是有点故事的，董桥说起这位贺先生，也是一副神秘的架势：

> 有一回，贺先生跟我说起英国十八世纪小说家 Horace Walpole 的哥特派小说《奥特朗托堡》，说沃尔浦尔在草莓山古堡里印自己的书，印格雷诗集，草莓山古堡贺先生去过，成了天主教学校了，闹鬼。他说他迷上这类怪诞离奇衰败凄凉的哥特作品，也迷上道教典籍，悟出人生许多不可深究的际遇，比如他迷周鍊霞。那年，老先生拜师苦习气功，晨昏修炼，炼了一年半跟我说他体魄转旺，很想娶个女子相伴。不到几个月，贺先生一睡不醒，福寿全归。[①]

董桥说，他曾接到过周鍊霞公子徐昱中送他新编一册《女画家周鍊霞》，书中不少旧照片，他说"周鍊霞果然从年轻美丽到年老"。不得不说，其仕女图为伊增色不少。

---

① 董桥：《无灯无月何妨》，《东方日报》2011年3月6日。

《美术文集》述周錬霞的古装仕女，采唐人韵致，并师法仇英、唐寅。而她的花卉，则从宋元入手，后学白阳、南田。

一次，书画装裱大师刘定之做寿，绘像征题。大才子冒鹤亭觉得难以下笔，装裱只是匠人手艺，无典可用。周錬霞出手不凡，即作白描七律：

> 瘦骨长鬐入画中，行人都道是刘翁。
>
> 银毫并列排琼雪，宝轴双垂压玉虹。
>
> 补得天衣无缝迹，装成云锦有神工。
>
> 只今艺苑留真谱，先策君家第一功。

在周錬霞去世后，各界给她的定位是"上海中国画院一级画师"，她无愧此称。

前段时间看一个访谈，说中国艺术研究院的研究员陶永白已经63岁了，写了一本《失落的历史——中国女性绘画史》，当时发现了20世纪30年代的一张照片，几十个女画家，就是中国女子书画会的成员，为此，陶女士苦苦寻觅，终于找到了几位。其中还谈到了女画家唐石霞，为满洲镶红旗扎库木世族，光绪帝的瑾妃和珍妃为其姑母，她又是溥仪的弟弟溥杰的前妻，"日本人要搞满洲国的时候，她坚决反对，而且上书啊，就是不要这么搞，就不能投靠日本人。所以她宁为华夏孤魂，而不能做这个事情。后来溥仪不是投靠了日本人了吗，（建立伪）满洲国了吗，她跟溥仪就断绝了关系，到了香港以画画为生，这样的。我觉得这样的女性在中国来讲，在那个时代，也就是皇族时代，这个女人完全是一种宫里的那种附属品，她能这样大义地凛然地去处理对待这种国家大事，是很了不起的"。①

据说，中国女子书画会发起后，后来发展到遍布全国300多人。她们在一起，不仅是交流书画艺术，也涉及时事、生活及文学。周錬霞的文学

---

① 《中国艺术研究院研究员陶永白》，中央电视台网站访谈内容。

成就虽说没有完全淹没在历史尘埃里，但为人知者恐怕也不算多。

刘心皇的《抗战时期沦陷区文学史》记载："周錬霞，号称'錬师娘'，当时，与苏青、张爱玲、潘柳黛等齐名。'錬师娘'不能不说有些才气，书画诗词都有相当造诣，姿容也在女作家中最为艳丽。"

她发表于 1941 年《万象》上的美文《女性的青春美》，从内到外，从未婚到分娩后，再到胸前身材的护理，其美容润肤的观念并不弱于现代。她还注重"怡养性情"，建议女性戒急戒躁，学美术、听音乐、饮食有度、睡眠充足。这袒露着她热爱生活的本质，和对科学的崇尚。

此后周錬霞接连发表了《宋医生的罗曼史》、"螺川小品"多篇。她不单是单纯的作者，还成了这个文学刊物的编辑。1942 年，《万象》主编陈蝶衣邀请她担任《万象十日谈》编务，或许正是看重她对新文学的造诣和先知先觉。陈蝶衣评价她"女艺人之笔，毕竟是不同寻常的"。

著名女性文学研究专家谭正璧曾于 1944 年 12 月组织出版《当代女作家小说选》，周錬霞的小说《佳人》入选，与张爱玲、苏青、施济美等并驾齐驱。很多读者反映，阅读周錬霞的小说或散文，都有一种轻松感，即使忧伤也是风轻云淡的，如同细细针刺，虽然会痛到记住，但不至于生出后遗症或是怪异感。

相较于苏青、庐隐、丁玲、冰心等人，她笔下从没有凄凉和仇恨，清清雅雅，舒舒缓缓，如同一支叙事小夜曲，在不经意间就把故事讲完了。不拖沓，不刻意柔情，没有大的观念展现，就事说事，至于你怎么看，那是你读者的权利。文学，或许从不应该是沉重的，更不该成为某种恢弘思想的代言，它，起源于生活，当再回到生活。智慧的读者们自会有公道评判。

2010 年，是周錬霞去世 10 周年的日子，海豚出版社出版的一套粉红系列里，专门有周錬霞一辑，里面收录了《宋先生的罗曼史》、《佳人》和《遗珠》，还有几篇散文。

《宋先生的罗曼史》说的是同学们的友情，当然少不了爱情的不如意，还有对生离死别以及未来的迷失和茫然。故事伤感，但不流俗。结尾看到几乎让人落泪：

> 她们和他们，都曾做过美丽的理想之梦。然而理想，只是世界上好听的名词，理想永远是理想，事实哪里联得拢呢？
>
> 滔滔的浊浪呀！你可曾看见？为了理想不成事实，千古以来，不知白尽了多少有情人青青的头发哟！然后你呢？只是永远这样：滔滔不绝地滚着！滚着！

《佳人》里真有一位佳人，但主角却是单相思的诗人，谭正璧说她"刻划诗人的性格颇逼人"。

周鍊霞简直钻进了那个充满矛盾心理诗人的肚子里，简直比他还了解他，她知道什么样的美令男人心碎和销魂，她描写了爱美之心，但也昭示了追美不得的无奈。

谭正璧不禁称赞："老练的笔调，不是老作家是写不出的。"而她恰恰不是。

周鍊霞一生绘画的美人不在少数，但多是古典的女子。对于民国时代的美女，她发表于 1942 年的《佳人》中有所描写。"她"是一位诗人一生痴恋的佳人，且是暗恋，"她"：光油油新烫的头发，又细又白的皮肤，又大又黑的眼珠，红红的腮儿，薄薄的小樱唇……

陈巨来说他之前与周鍊霞并不怎么熟悉，"直至她与余人画院（上海中国画院）后，一日邀余至其巨鹿路家中，出示早年小影一册，内有一帧为昔年上海名医卢施福为之所摄一影，只廿一二岁时，布景为一窗口绝薄之纱帘，她全身在纱后，微露半个面孔，真可云：'美而艳。'绝代尤物，令人魂消也"。

美人写美，何愁不美？

长篇小说《遗珠》是周鍊霞在抗战胜利前夕创作的，主题还是小市民的悲欢，讲述一个童养媳转变成为都市女郎后的经历。这位女子并没有像很多新女性那样，敢于追求所谓的自由和情感的自主，她不激进，不冲动，也不大激动，有的只是在人生面前的脆弱。无论如何从身份上解放自己，总难逃过一种宿命式的无奈。或许，这种活在当下的果敢，就是一种生存智慧。活着，本身就没有定式，活出自己，活出符合自己真实的人性，方为上上的人生版本。

周鍊霞不是专业作家，更没有什么流派，但读过她小说的人，似乎都有一种亲近感，既是看别人，也是看自己。在这样的语境下，民国那些鸳鸯蝴蝶派、星期六派、纠结派、婉约派等等都与她早早地分岔了，她的作品里只写了两个清秀的小楷：人性。

周鍊霞的小说从不以第一人称写作，但在影影绰绰的故事里，还是能够隐约读出她的影子，如月光下的剪影。尤其是在《遗珠》里那个在男人面前有所脆弱有所依附有所渴望的女子，她们的心情曾是那样的相像。印象最深刻的是《闪出凄清的艳光》的那段动情描写：

> 她倚在水泥的围栏上，望着当头的皓月，使她勾起十年前的旧梦，黄埔江边桥上的月色，也像今夜一样的凄清——那是她生平第一次发生情爱的动机。然而一同望月的人，早已化成一抔黄土，现在眼前又是一番情景，虽然务舟是曲意奉承，但他是绅士型，深于世故人情，缺乏热烈的情欲，正像是雕琢精致的器皿，而又经过髹漆，或上了镍光，假使剥去了浮面，内容怎样呢？……她偷偷地溜眼看他；他似乎也在深思，三十一岁的额上，有着几条深深的皱纹，显得他的心机的细密，又狂吸着卷烟，似乎要藉烟幕来遮掩他心底的波澜。

陈子善先生在这本粉红色的书里特地作序，结尾说："今年是周鍊霞逝世十周年，除了她的字画在拍卖场上不断飙升外，记得她的人还有多少呢？我把搜集到的她的新文学小说和散文合为一帙付梓，作为对这位诗文书画俱佳的绝代才女的纪念。"

20世纪50年代，上海中国画院中的大部分人如陆小曼、陈小翠、周鍊霞、吴青霞等都被请入进新成立的中国画院。在"文革"中，陆小曼早逝得以幸免，但墓地遭殃；而陈小翠、庞左玉等人，都选择了自杀；李秋君死于病榻；吴湖帆住院手术，得知自己收藏的书画文物被掠一空，自拔导管饿死；瞿兑之被污判刑，瘐死狱中。

周鍊霞活了下来。

有人说，是豁达的性格和睿智心灵帮助周鍊霞活了下来。民国画家陈定山曾说过一趣闻，早年时乳罩从海外传入中国，人们称之为"义乳"。据说阮玲玉是最早戴"义乳"的中国妇女之一。周鍊霞与人去舞厅跳舞，舞伴热得满头大汗，她则发嗲说："热什么嘛，不就是多了两团棉花（意指义乳）！"

还有一次，某人请客，嘱咐画家马公愚代邀周鍊霞同去，结果宾朋全到了，只有马、周二人迟到，但马不识相，依然嘴硬地说："我去的时候，鍊师娘还在被窝里睡着，是我把她从被中拖出来的。"说完了还做手势去拉周鍊霞。他以为这事戏谑一下周就算完了。没想到，席间周鍊霞突然问马："你也是文学家，我出个对联给你，上联'风吹马尾千条线'，下联不准以什么'日照龙鳞万点金''雨打羊毛一片毡'等旧句子。"老马长着一脸的长髯，看上联即知周在谑他，于是手捻长须做思考状。周"乘胜追击"："你这须，是比上不足，比下有余罢？"在座都是文家，无不大笑。[1]

运动风起，周鍊霞始终没有参与其中，连一张大字报都没有"创作"。

① 陈巨来：《安持人物琐记》，第81页。

"反右"时，有银行经理被批斗自杀，周鍊霞曾有真实写照：

> 旗亭酒冷人将别，一握难禁暖到心。
> 繁华散尽春如梦，堕楼人比落花多。

为她惹来祸端的竟是那句"但使两心相照，无灯无月何妨"，革命小将们将之诬为"但求黑暗，不要光明"，列为莫大罪状，加以凌辱，又说周鍊霞的仕女画是"毒草"。

有一个细节，被作家沈鹏年记录了下来。新中国成立后，陈毅号召成立"中国画院"，并任命丰子恺为"画院院长"。不料在"文革"浩劫中，丰子恺竟被以"当权"的"走资派"、"反动"的学术权威的双重身份揪出来批斗。画院内一些有良心的画师虽不敢言，心实非之。女画师周鍊霞就是其中的一位。

"当年赫赫有名的什么'革命楼狂妄大队'，用有铜扣的皮带劈头向周鍊霞袭来，左眼打出血，医院不肯收，导致视网膜脱落而失明，我去看望她，她苦笑着自称'眇一目者'。"

就是在这样睁一眼闭一眼情况下，周鍊霞以钢笔写诗赠沈鹏年：

> 长记琼楼最长层，流苏如漆掩香灯。
> 未容睹面惊丰采，祇许呼名辨细应。[1]

周鍊霞被殴打致伤，一只眼失明……

在批斗中，周鍊霞自始至终只有六个字：我有罪我有罪。

仅余一目的周鍊霞没有轻生，请人刻了两枚印章，一枚选用屈原《九歌·湘夫人》的"目眇眇兮愁予"，一枚使用成语"一目了然"。

---

[1] 沈鹏年：《行云流水记住》，上海三联书店 2009 年版，第 430—431 页。

一只眼看世界，她心怀坦然，凡物皆可入词，吟香烟过滤嘴的《清平乐》堪称惊艳：

> 泥金镶里，闪烁些儿个，引得神仙心可可，也爱人间烟火。　多情香草谁栽，骈将玉指拈来，宠受胭脂一吻，不辞化骨成灰。

可惜市面上关于周錬霞的诗词集几乎不见，郑逸梅说曾见过周晚年亲手录存的诗词集《螺川韵语》，作簪花格，为很多"粉丝"记挂，他们私下里将周的一些诗词汇编，相互传阅。其中有首《卜算子》，真是工整而倔强：

> 淡画满庭芳，遥唱春云愁，不买胭脂点绛唇，本色何由褪。　玉笛一丝风，吹过声声慢，似说无愁可解嘲，且斗樽前健。

或许正是看重了周的诗词才气，民国骈文学家瞿蜕之特与周合著《学诗浅说》。而词学大师唐圭璋一次偶读周的词作，相见恨晚，一再让友人将所有周錬霞的诗词都抄寄予他。

似乎周錬霞的"粉丝"皆是如此的铁杆。

周錬霞育有一女四子，姓名分别为昭南、明北、旭东、晒西、昱中，连缀起来就是"南北东西中"。

看很多资料都叙周錬霞晚年去了美国与丈夫团聚，但具体时间不一。通过茅子良先生与周錬霞第四公子晒西先生的转述，周錬霞是1980年去美国洛杉矶与丈夫徐绿芙团聚的。"母亲几近失明的右眼在洛城医治得以重见光明，两老后在教堂举行了钻石婚（六十年）庆典，场面很热闹。"[1]

---

① 茅子良：《艺林类稿》，上海书画出版社，第320页。

洛杉矶建市200周年，市长亲为周錬霞送上文艺名人的荣誉证书，周錬霞以《洛城嘉果图》回赠，虽定居美国，但数度回国探友。

2000年4月13日，周錬霞在美国洛杉矶去世。有人把她与客死异乡寂寞多日后才被发现的张爱玲相提并论。不禁想起了张爱玲《倾城之恋》里的一句话：因为爱过，所以慈悲。因为懂得，所以宽容。

2000年10月10日上午10时，周錬霞遗体回到国内，在上海安亭长安公墓落葬。她的墓碑上颇为艺术化，有调色板、有画笔，松柏苍翠，绿草如茵，隐约有淡淡的香草味道，"1906.10.20—2000.4.13，江西庐陵（周錬霞故乡古称）"铭刻其间。

"独有九衢明似镜，雨中灯火浸琉璃。"（1942年周錬霞创作的《停运楼即句》）忽然觉得，还是最喜欢民国中期时的周錬霞。

"上海有两个夏季露天纳凉食堂，一名香雪海，为前上海虹桥肺病疗养院分院之空址上，在今淮海路电影局原址，主持人似为院长丁惠康；二名大观园，地址在今上图对面，主持人为周信芳老生之婿张中原，外设食堂，内一大厅摆大画桌两个，凡上海书画家去光临者，先请任意点菜大吃，之后邀至大厅内随意挥洒，各不取分文，那时主持拉客者多为名家大家，而光临大吃特吃者，男女一大群，亦少不了名家大家。"陈巨来说："余每去必见师娘高高在上坐，傍侍者均各界人士，小报记者占极多数。她与余各都久闻臭名，但从不谈过一语也。时她已三十以上人了，但装饰如十七八好女子也，时已发福，胖了，故一无夫条之状矣。"[1]

一位民国旧人经人引见拜访过周錬霞，这位吴先生记录道：周先生（周錬霞）开门笑迎，并带出一串吴侬软语："开老，侬好，侬来啦，早上洪医生就告诉过我，讲侬要带秦先生来格。"那时周先生已年近古稀，但举手投足、一颦一笑仍如花季少女，且不失大家风范，毫无做作之态。我

---

[1] 陈巨来：《安持人物琐记》，上海书画出版社2012年版，第79页。

不禁纳闷起来：真不知50年前的周先生该是个何等的靓女呀？怪不得曾任安徽省博物馆副馆长的名画家徐子鹤先生对我讲起过："当年周鍊霞与吴湖帆两人合乘一辆黄包车在南京路上跑，路人都会行注目礼。小报上更是天天有周鍊霞的艳闻报道，并被冠以十里洋场无人不晓的'鍊师娘'雅号，而她却应对自如，一笑了之。"①

无论如何，这样的女子是真实的，是可爱的，也是不施历史粉黛的。

---

① 吴健熙：《周鍊霞：七十才女犹倾城》，《新闻晨报》2005 年 5 月 29 日。

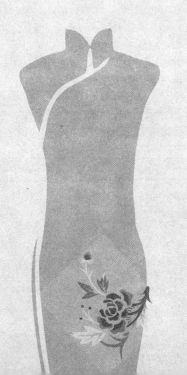

唐群英

（1871—1937）

女娲犹补奈何天

中国女权运动先驱，民国女子里的豪放派

女娲犹补奈何天

....

　　近读一作家言论，说"女革命家还是一定要匹配了婚姻不幸——本来唐群英的夫君是曾国藩的远房侄儿，也还过得，然 1895—1897 两年间，女儿与夫君双双亡故，二十出头的唐群英成了孤家寡人，似乎同样除了'闹革命'之外已经无事可为"。此说实有些诛心，在一个腐朽、昏暗、看不到未来的世道里，很难说谁能独善其身。婚姻不幸与革命与否并无直接关系，最多只是一个诱因，在太平盛世里，就算你频繁离婚，也不可能导致你去上街闹革命。

　　革命这种东西，还是存在于个人骨子里的因子。生在 1871 年 12 月 8 日三湘大地的唐群英，天生有一种不怕辣、辣不怕的性格。

　　日后，她身上被赋予了很多称誉：中国同盟会的第一个女会员；女子北伐队首任队长；革命文学社团南社的第一个女诗人；中国近代史上最早的女报人、女教育家；中国女权运动的先驱。

　　唐群英性烈，连秋瑾都称其为"唐姐"。孙中山誉唐为"创立民国的巾帼英雄"。1904 年，她在日本加入同盟会后，会员都称她为"唐大姐"。

　　虽身为女性，但唐群英一生都与这个"女"字做斗争。在她眼里，男和女只是一个性别问题，而不该有任何的区别对待，譬如革命，譬如政治，譬如观念。

　　她敢于与人争辩、争执，甚至不惜动手打起来。1912 年 8 月 25 日，由同盟会改组而成的国民党在北京虎坊桥湖广会馆召开成立大会，参加会议者有近2000人，孙中山、黄兴、宋教仁、张继等同盟会领袖都到会并坐在了主席台上。开会以后，有一项议程是宣布新党章，宣布一条，说明一条。当说到新党章中规定不吸收女党员时，坐在台下的唐群英冲上主席台，揪住主持改组工作的宋教仁，结结实实地打了宋一记耳光。当时，革命元老、参议院议员林森出来调停，据说也顺带着挨了唐群英一巴掌。真是令这帮爷们开了眼了。

据当时的媒体描述，那场景是"举手抓其额，扭其胡"，"以纤手乱批宋颊，清脆之声震于屋瓦"。

要说这宋大秀才挨打还真有点冤枉，当时"南北和议"后，政权已经落入北洋集团首领袁世凯之手，当时同盟会开会，正商量与其他党派合并成立国民党事宜，目的是"夺取国会选举的胜利，使同盟会成为国会第一大党，获得组阁的权利，以责任内阁制衡总统权力"。而唐群英只知道，国民党的党章草案中已没有原同盟会章程中"男女平权"这一条，便与一群女会员冲进会场，质问主持改组事宜的宋教仁："何以擅将党纲中男女平权一条删除？"

以宋教仁学贯中西的辩才，岂能不敢应对几个女子的提问。但他没有回答，原因在于，其他党派并不同意"男女平权"，如果他擅自做主，势必造成党派分裂，大局不稳。当时民国刚成立不久，女人仍处于边缘化地位，宋教仁可能也低估了这批女会员的脾气。

眼看着有女会员大哭大骂，大骂宋教仁"太看女子不起，今日特为二万万女同胞出气"，一直致力于"男女平权"的唐群英怒气上升，便动手打了宋教仁。虽然最后由"和事老"张继婉言调停，但唐群英临走时还是扔下了话：此行为"实为蔑视女界，亦即丧失同盟会旧有之精神，因而要求向女界道歉，并于党纲中加入男女平权内容"。

从此，人们都记住了这个"彪悍"的女人。男女平权的呼声，也因她的一捆而升华，谁想排斥女性、贬低女性地位，首先要考虑考虑能否承受得住这个女革命人的巴掌。看着民国要人宋教仁捂着面颊退避，人们对这个女子的倔强又多了几分认知。

唐群英是个标准的湘妹子，辣味十足。今日在湖南衡山县新桥镇黄泥村还有其故居，故居有书屋"是吾家"。屋子坐北朝南，砖木结构，两进，面阔三间，两间置天井；白墙，悬山顶，盖小青瓦，前置柱廊，门上匾额镌"是吾家"，门联云"是足下青云起处；吾家中紫气盈时"。小花园内种植唐群英生前喜欢的梅花、樱花、松柏等花木，中置唐群英半身铜像。

唐群英自幼在"是吾家"启蒙并度过青少年时代，夫亡大归后又在此博览群书，接受新潮思想，晚年在此继续倡导妇女解放，从事女子教育事业，并整理自己的诗稿文章。

唐群英出身将门，家族里不缺的就是骁勇善战者。其祖父唐安享，生有六子，个个都显赫一时。有的做了大将军，有的做了提督，也有的战死沙场，家族荣获"靖勇巴图鲁"称号也有好几个，唐群英的父亲就是一位，后被诰封振威将军。唐群英的母亲曹氏被诰封一品夫人。

俗话说英雄不问出身，但有出身又何妨碍英雄身份呢？

唐群英家族庞大，且家丁兴旺。按大房排，唐群英居第八，故被乡人称为八姑奶奶。按同胞兄妹排，她实居第四，所以也有人称她"四小姐"、"四姑奶奶"。

作为清振威将军唐少垣三女，唐群英自小受家学影响，聪明好学，十几岁时就遍读四书、五经。她最爱读后汉曹大家（读"姑"）的《女界》和范蔚宗的《列女传》诸书，对《木兰词》更是爱不释手。

"大家"，是汉代关中地区对年长女子的尊称。曹大家，汉史学家班彪之女，班固、班超之妹，实际上就是大名鼎鼎的班昭，昆曲大型历史剧目《班昭》说的就是她的传奇故事。哥哥班固死时，所《汉书》的"八表"及《天文志》遗稿未能完成。班昭奉命与马续共同续撰。《汉书》初出，读者多不通晓，她又教马融等诵读。汉和帝时，她常出入宫廷，担任皇后和妃嫔们的教师，颇受宫廷上下尊重，她聪颖、善辩，参与了多次政治事件，她的学说为儒家和历代封建统治者所敬重，甚至将她抬到了"女圣人"的地位。因她从夫姓，始姓曹。班昭被誉为博学多才、品德俱优，是中国第一位女史学家，还是文学家和政治家。死后，皇太后亦素服举哀，派人监护丧事，以示优礼。

这位从封建社会压迫、歧视堆里爬出来并高高站起来的伟大女性身上，唐群英是否看到了自己的影子？若干年后，人们倒是从她身上看到了班昭的印记。

1907 年 12 月，唐群英在成女高等学校师范科毕业。在毕业仪式上，唐群英撰文致词，慨然写道："然女师女范，昭然于史册者，若班氏木兰伏女辈，当时轻视女学，犹能独往独来，卓绝古今，使有以提励之，则其造诣又当何如也？无如积聩不振，女权陵夷，学识幽闭，遂成斯世困屯之形。溯国运盛衰之际，又岂非我辈担负女教责任之时耶？"

历史，总是会惊人的相似。人也不例外。

唐群英吃辣不输别人，诗文更是人中佼佼者，15 岁时曾写过"邻烟连雾起，山鸟放晴来"的佳句来，被塾师称为"女中奇才"。在四个姐妹中，唐群英最为父亲所钟爱。她也"尝以不能易髻而冠为恨"。

于是，叛逆的心遂起。自古以来，女性要想翻身，要想平等，唯一的做法就是叛逆——反叛以往的旧俗，逆战迎面而来的歧视。

唐群英出生的年代，仍在盛行三寸金莲，其在 3 岁多时小脚被缠。可是她发现哥哥的脚却没有裹。当时她认为是母亲偏心，就联络两个姐姐采取一致行动扯掉裹脚布。姐姐们害怕，她就自己扯掉了裹脚布。那又臭又长的裹脚布啊！

后来被母亲发现，又强行将她裹起来，几经缠缠扯扯，最后，在同胞姐妹中，唯有她不是"三寸金莲"，而是个半大脚。

唐少垣生性耿直，"只会打仗，不善做官"，于是早早辞官归家，乐善好施，施恩乡里，闲余时常给儿女们讲这些岳飞报国、木兰从军、杨家女将的故事。如此一来，唐群英启蒙教育就以巾帼开始了，从而在很早时候，就形成了唐群英的男子性格。课余之际，她将玩伴分成宋、辽两队人马，各执长竹短棍，冲冲杀杀，演习打仗，还自称"穆桂英"挂帅出征，抵御辽兵。后来看了《木兰词》《列女传》，干脆学起了舞剑和骑马。

这为她以后的辛亥传奇留下了精彩的伏笔。

1890 年，唐群英的父亲去世。痛失父亲的她挥笔写诗曰：

跃马挥戈苦战还，轻名淡利隐衡山。

扶危济困乡邻仰，习字攻书日月安。

慨叹吟诗如谢女，焉期舞剑胜木兰。

缘何益寿无灵草，父逝英年泪岂干。

第二年，唐群英从母命，嫁到湘乡荷叶（今双峰县），其夫是曾国藩的一位亲戚。可是没几年丈夫就病逝了。按照当时的封建传统和曾家的族规，她要在婆家守节，才不失为"名门闺秀"。但唐群英哪里受得了这个破规矩？

记得在家里时，唐群英有两个堂兄，仗着家里有钱，都娶有两三个妻子，稍有不顺，就拳脚相加。她很看不惯，常为嫂子们打抱不平。有一次，一个嫂子因为生的皆是女孩挨揍挨骂，她去劝止，却被斥为："不关你的闲事，这些不生崽，只生女的赔钱货，打死活该！"

唐群英怎么也想不通：不生儿子是女人的过错吗？难道女人天生就该受气挨打吗？

这一次，她毅然"大归"，定居于书房"是吾家"。当时正是戊戌变法之际，唐群英加速吸收新思想，其《书怀》一诗中写道："斗室自温酒，钧天维换风。"

她要以实际行动证明女子与男子并无差距。她要身体力行的去实现男女平权的主张。以她的性格和追求看，当时之所以对宋教仁出手，完全是一腔热血，对事不对人，私下里，其实两人还是好友。

在唐群英的好友中，秋瑾也该算是一位比较铁的。以秋瑾的地位，实在应该排在抗清巾帼女子第一位，她为推翻清廷以身殉国，让众多男性汗颜乃至钦佩。唐群英夫家与秋瑾是亲戚。唐很早就结识了秋瑾。两人相谈甚欢，话题中涉及更多的就是革命，其次是女权主义。这在晚清已经很超前了，都属于"了不得"的话题。

1904 年春，秋瑾赴日本寻求救国之道。唐群英立即追随而去。到日本后，她先自费进入青山实践女校，成为秋瑾的同学。两年后，她又转入成女高等学校师范科，因成绩优异，由湖南当局改为官费生。

在东京求学期间，唐群英结识了众多革命党人。1905 年 5 月，她加入黄兴等人发起的华兴会，后又经黄兴介绍会见了孙中山。从此，唐群英积极参加留日学生的各种革命活动，担任过"留日女学生会"的书记，后被选为会长。1905 年 8 月 20 日，兴中会与华兴会等革命团体合并，成立了中国同盟会。唐群英作为华兴会唯一的女会员转入同盟会，成为同盟会中第一个女会员。由于唐群英比相继加入同盟会的何香凝大 3 岁，比秋瑾大 6 岁，所以，同盟会的会员都尊称她为"唐大姐"——这并非仅仅是因为年龄，还因她的才学和仗义。

1901 年是光绪二十七年，当政的实际上还是慈禧老太后。经历了八国联军、义和团事件后，老太后曾下诏变法，要"取外国之长"、"去中国之短"。但步履蹒跚，几乎没有实现的可能。

初秋之际，唐群英应秋瑾之邀相会在湘乡荷叶塘，两人谈及时局，惆怅不堪，遂对诗言志。最喜唐其中一首和秋瑾诗：

浓抹淡妆玉镜台，红霞万朵水中栽。

如痴若梦珠光闪，含笑凌波蓓蕾开。

不羡长堤千树柳，偏崇峻岭一枝梅。

各领风骚时各异，心灵相系送香来。

唐群英的诗，有一种清冽感，细腻不失豪气，壮美之中又有温软，既有蕴含家国事业的寓意，也有单纯唯美的绝景，底气十足，韵味流长。当年同盟会领袖孙中山也是因着她的诗，对她印象深刻。

1906 年，中国正处于内外交困的危急时刻，随时都有被分拆以及内祸的危险。唐群英已经成熟了，她看得很清楚。那一年，她愤然在黄兴和宁调元在日本主办的《洞庭波》上发表诗作："霾云瘴雾苦经年，侠气豪情鼓大千。欲展平均新世界，安排先自把躯捐。"革命党人传诵一时，孙中山为之赞赏，并对她另外一首"熟煮黄粱梦未醒，九重恩重许朝廷。愿身化作丰城剑，斩尽奴根死也瞑"也给予称赞。

1907 年底，唐群英毕业。次年春，她由日本回国。孙中山委以重托，与长沙的陈癫联系，密商革命工作。在这之前，孙中山被日本当局驱逐出境前还曾约见唐群英，并以诗相赠曰："此去浪滔天，应知身在船。若返潇湘日，为我问陈癫。"

陈癫即陈树人，为早期同盟会员。唐群英充当孙中山的使者，受命秘密开展革命活动，奔走于长江中下游，联络革命党人，宣传同盟会宗旨，并共同策划领导了花石起义。这期间，她还参加了柳亚子、陈去病等人在江苏成立的革命组织南社。

1910 年 2 月，黄兴策动新军起义失败，秋瑾、刘道一先后被害。唐群英再次东渡日本，并于次年 4 月创办《留日本女学生会杂志》，宣传革命。

1911 年辛亥革命前夕，唐群英回国，首先回家探望了生病的母亲，随后受同盟会委派，联络各地革命者发动武装起义。

辛亥爆发后不久，唐群英向宋教仁报到，她要把女子力量组织起来，

———— 唐群英

为革命所用。她在上海发起并领导了多个女子团体，与张汉英创建的"女子后援会"，募集了不少粮饷军资送往前线。而以青壮女子为主的"北伐军救济队"，则直接奔赴战场，参加战事。

那年的战事在武昌燃起后，各路联军纷纷打过长江去，但南京成为一根硬骨头。晚清的南京，是清王朝在江南防守的要地，两江总督张人骏和江宁将军铁良都善治军，2万多旗兵和江防军，还驻有新军第九镇。虽然当时有新军发动了起义，但大部分江防军仍具有很大的攻击力，镇江的义军就被击退了。上海起义军还派出了炸弹队增援，后来浙江、苏北以及苏南的义军连续增援，志在打通上海联系武昌的战线，南京是个重要中枢。

此前，徐绍桢统领新军第九镇发动的起义，但由于行动仓促和弹药不济，接连受挫。此后各路援军赶来，徐绍桢任江浙联军总司令部总司令，誓言："洗二百年来之奇辱，会看赤日之再起，拯大千世界之沉疴，快捣黄龙而痛饮。"

此时，唐群英也来到了南京，她找到江浙联军领导人之一李燮和（一说为"援鄂联军总司令"），请求将女子北伐队编入联军。她们要参战！获得批准后，这批女子立即投入集训，虽说有点临时抱佛脚，但气势并不输人。据说李燮和还将自己组建的女子敢死队队员，合并进女子北伐队，统一由唐群英队长领导。

对于唐群英及女子敢死队的英勇，曾有传奇描写："当南京城久攻不下时，某日，几个女子作难民打扮，暗藏短刀、短枪，偷偷混入南京城，伺机杀死了守城清兵。之后，唐群英亲自挎着双枪带领女兵随大军攻城，两江总督仓皇出逃，南京光复。此役耗时近一月，既是革命军对清廷的致命一击，更堪称辛亥革命成功的奠基之战。"①

至此，"女子北伐队"及"双枪女将唐群英"声名大振。各路新军在徐绍桢带领下，效仿武昌起义，经过七昼夜苦战，于1911年12月2日光复南京。惨烈的战争后，关于女子北伐队的事迹，鲜有报道。

后来提及女子北伐队，似乎总是在后方提供支援，在后方煮煮饭、敷敷药、洗洗衣服什么的。但看看当初她们留下来的历史老照片，武昌起义时的女子北伐队，身背武器和药箱，统一服装，个个英姿飒爽，站在了接近炮火的最前线，要知道，子弹炮弹哪里会长眼睛。

有人说，战争让女人走开。其实，战争时，又哪里分得了男人、女人呢？

唐群英以实际行动证明了，战争，没有必要让女人走开。女人参战的历史，应该从这个时期好好写起来。

后来，南京临时政府成立时，唐群英作为女界协赞会的代表，受到临时大总统孙中山接见，被孙中山誉为"巾帼英雄"，并荣获二等嘉禾勋章。

如今，人们忆起民国时期的女子，无非就是旧时月份牌上广告美人，抑或者上海大舞台里轻歌曼舞的风情女郎，或者是醉心风花雪月浪漫情怀的佳人。

唐群英这一豪放型的面孔，确实令人耳目一新。

更让人耳目一新的不单单是那一记打在宋教仁脸上的耳光，还有之前踢向民国议会的一脚。

1912年2月20日，民国江山打下来后，女子开始大踏步向政界跻身。可是辛亥革命以后，同盟会内一些人为了迎合封建势力的需要，取消了同盟会政纲中"男女平权"的内容，不让女子参政。由此，导致了一场全国性的论争。

---

① 钟瑾：《唐群英：二万万女同胞带头人》，《新民周刊》2011年8月26日。

唐群英"慨以女权运动领袖为己任"，积极领导了争取"男女平权"的活动。1912年2月20日她联络湖南的"女国民会"、上海的"女子参政同志会"等团体，在南京开会，决议成立"女子参政同盟会"，她被选为会长。这个中国妇女运动史上前所未有的女子参政联合体的出现，将民国初年的女子参政运动推向新阶段。在此期间，唐群英等先后五次向孙中山和临时参议院上书，请求于"宪法正文之内订明无论男女一律平等，均有选举权和被选举权"。但是，这些提案竟未被临时参议院接受。

是年3月11日公布的《中华民国临时约法》未将"男女平权"当回事，3月20日临时参议院正开会，唐群英、张汉英率领一群女豪杰涌入议事厅，要求参政权。

在场的须眉议员们哪见过这个阵势，西方《圣经》都说了，女人只是男人一根肋骨，治理江山从来都是雄性担当，女子，说到底，最多做做文秘什么的。

愤愤然，熊熊烈火，可以想象当时这一批从战场上打出来的女子该是怎样的气势和表情。革命时一起冲锋陷阵，都是提溜着脑袋革命，为何参政时将我们一脚踢开了？

据说第一次的据理以争被中间派劝退了。

第二天下午，唐群英等诸女士又往参议院，该院禁不令入，唐女士等遂将玻璃窗击破，手皆溢血，警兵往阻，女士等足踢之仆地。这一脚看似踹的是卫兵，实际上是对不平的制度和历史积怨的发泄和抗议。

一场闹腾未果后，草草收兵。

"不甘雌伏守红楼，冲破囚笼雄赳赳。"当上书请愿等诸多努力一次次失败之后，唐群英仍然不屈不挠，"一次争不到手，二次再争，二次争不到手，三次四次，以至无量次，不达目的，是万万不能止的"。她决心已定："身可杀，此心不可死；头可断，此权不可亡。"

资料显示，唐群英等先后五次向孙中山和临时参议院上书，请求恢复

"男女平权"，但均未被临时参议院接受。最终人们记住的似乎也只是她们的"壮举"：砸碎参议院玻璃窗，脚踹警卫兵，大闹参议院，还有与男议员的激辩。

男议员："女子无国家思想，无政治能力，与此政事，会误国机。"

沈佩贞："你们这些议员大人，晚上打麻将，白天开会打瞌睡，发言打官腔，又有什么治国安邦的高见？"

会场上，拍桌打椅，声声震耳，唾星横飞，乱作一团。

不妨看看唐群英的女子施政纲领。那年的 4 月，她们在南京成立"女子参政同盟会"，会上通过了唐群英等起草的 11 条政纲：实行男女权力平等；实行普及女子教育；改良家庭习惯；禁止买卖奴婢；实行一夫一妇制度；禁止无故离婚；提倡女子实业；实行慈善；实行强迫放脚；改良女子装饰；禁止强迫卖娼。唐群英还亲自设计了女子参政同盟会会员徽章。此章铜质，直径 2.7 厘米。唐群英的抚子唐遂九家中，据说现在还珍藏着一枚唐群英佩戴过的会员徽章。

···························· 唐群英亲自设计的女子参政同盟会会员徽章

到了第三天，唐群英仍是不屈不挠，继续"战斗"。但此时的参议院已派卫兵驻守，强不令入。唐群英率队去总统府见孙中山总统，投诉参政遇阻之事，并力邀孙总统出席议院，提议此事。孙中山允代向该议院斡旋，当即令女公子前往。

可是这一拖就拖到了袁世凯时代。

纵观唐群英的一生，命运多变，其人一直与旧时代的东西割裂，从三湘乡村走出去后，进大城，出外国，尤其是东渡日本，接触和见识真正的新思想。她性情使然，决心"愿身化作丰城剑，斩尽奴根死也瞑"。她以为，女人身上的女权失去了太久太久了，或许从来就没有拥有过，当然天下也不会凭空掉下来。唯一的路径就是争取，身体力行地去争取，这争取不是无理取闹，不是凭空索取，而是将自己原有的女权，重复伊身。这不单单是女性文明的开始，也是雄性文明的佐证。

有人说，辛亥革命的不彻底，以及民初民主、民权推行的效果差，缘于普通民众的参与缺位，只是一帮精英在那里忙死忙活的，到头来都给袁世凯打工了。其实女权也一样，在秋瑾之前已经有不少人为之倡议和努力了，到了秋瑾则是一个小高潮，辛亥革命后则是掀起一轮大高潮。只是如唐群英之女中豪杰一而再再而三地呼吁和身体力行，最终没能唤起大部分民间妇女的参与，而她们没有参与的原因很大程度上缘于没有经济上的独立，继而在思想上长期受到束缚和屏蔽。

西蒙·波伏娃说过："女人始终没有真正作为封闭、独立的社会而存在，她们是人类社会无法分割的一部分，这一群体由男人支配，在社会中位于附属地位。"

直到民国中期，即20世纪三四十年代，女作家中的佼佼者张爱玲还在呼吁：女人的独立，首先是经济的独立，而女人的独立，还是在于思想的独立。她的名著《金锁记》最后是这样结尾的："三十年前的月亮早已沉下去了，三十年前的人也死了，然而三十年前的故事还没完——完不了。"是的，时至今日，这故事还没有完，君不见妇联常常接到家暴的悲惨案例，虽然科技发展到了尖端，法律之网已细如蛛丝，但面对这样一个尴尬的社会现象，尚显羸弱。为何？试想，女子心智独立到底在哪里出了问题？

如果今天再出几个唐群英，会不会不一样？

由此要提起唐群英的一个同盟者——沈佩贞。

鲁迅先生曾说："辛亥革命后，为了参政权，有名的沈佩贞女士曾经一脚踢倒过议院门口的守卫。不过我很疑心那是他自己跌倒的，假使我们男人去踢罢，他一定会还踢你几脚。这是做女子便宜的地方。"沈佩贞被誉为民国初年的"政治宝贝"，辛亥革命前就参加了革命活动，早年曾经留学日本，也属于豪放型女子。辛亥革命时，她组织了杭州女子敢死队，一度名声震天。当时沪军都督陈其美在《申报》曾载文称赞她们："女子之身，有慷慨兴师之志。军歌齐唱，居然巾帼从戎；敌忾同仇，足使裙钗生色。"

　　沈佩贞是民国一个奇女子。迄今关于她的出生地就有好几个，黄陂、项城、香山，皆是民国要人的出生地。据说她常拿着名片"大总统门生沈佩贞"到处招摇，颇受袁世凯赏识。

　　此女子早期热心革命和女权运动。

　　1912年4月，孙中山辞去总统职位，袁世凯上位后，把临时政府、参议院迁到了北京，在这个清末遗臣门下，女子参政谈何容易？于是唐群英和沈佩贞不顾袁氏一党的阻挠，坚决北上进京请愿，要求国会在制定选举法时，明确女子有选举权和被选举权，并且声明：如果参议院不赞成这个提议，将以武力方式解决问题。

沈佩贞

　　进京以后，沈佩贞和唐群英充分展示了拳脚功夫。当时有警卫上前劝阻，沈佩贞飞起一脚就把他踢倒在地。鲁迅先生说疑心那是警卫自己跌倒的，但唐群英和沈佩贞下手未必留情，至于有没有真功夫尚待考证。

　　总之，沈佩贞追随唐群英对民国议会动粗，并对国民党三元首之一、中华民国的缔造者、《中华民国临时约法》起草人宋教仁动手，注定要被写进历史。事情搁浅于1912年8月25日的北京虎坊桥湖广会馆，唐群英又专门谒见了孙中山，未果。

当时唐群英立即召开女界联合会，号召大家"切勿动摇"，意在稳定军心，继续备战。据说沈佩贞倒很激动，雷声宣称：如不能达到参政之目的，就要以极端手段对待男子。譬如"未结婚者，停止十年不与男子结婚；已结婚者，亦十年不与男子交言"。实在不行就拼了，反正都会玩炸弹和手枪。

当然，唐群英等人并未一味激进下去，这据说得益于孙中山的诚恳态度。1912年9月2日，孙中山致函唐群英等原同盟会女同志指出："党纲删去男女平权之条，乃多数男人之公意，非少数可能挽回。君等专一、二理事人为难，无益也。文之意，今日女界宜专由女子发起女子之团体，提倡教育，使女界知识普及，力量乃宏，然后始可与男子争权，则必能得胜也。未知诸君以为然否。"

态度决定一切。应该说孙中山的诚恳，对唐群英的启发很大。从此，她改变了原来的"激烈的手段"，转而致力于女子教育。

1912年10月22日，唐群英在北京发起成立"女子参政同盟会"本部，各地设分部。唐群英被推举为本部总理。

过人的胆气，感人的真情，打耳光、哭鼻子、砸议会，可是由于缺乏权利，面对强势蛮横的异性，女人，只有忍让，只有想着法子变通。最终女子参政还是彻底从党政文件中删除了，袁氏政府还于1913年11月强令解散女子参政同盟会。民国女子参政运动的标志性组织就此消散，中国妇女史上首次具有独立意义的参政运动以失败告终。

就此，有的流亡海外，有的陷入了悲观，有的愤而自杀，有的抑郁而死，有的遁入空门，甚至还有的沦落烟花之地。最令人瞠目的是沈佩贞，她竟然摇身一变成为"总统门生"和"洪宪女臣"，在北京城里闹出了不小的动静。

唐群英则是踏踏实实地走着下面的路。她相继创办《女子白话旬报》、

《亚东丛报》，主持复刊《神州女报》。1913 年创办湖南第一张妇女报《女权日报》，先后开办多家女校，为湖南女界办报办学的先声。

1925 年，唐群英在衡山"岳北女子实业学校"担任校长。"五卅"惨案发生后，她和全校师生投入了这场反帝爱国浪潮。白天，带领学生下乡演讲；晚上，组织学生搞提灯会①，向民众宣传"五卅"惨案真相，激励乡民加入反帝爱国行列。

宋教仁后来被杀后，唐群英仍然动情送别："维我宋公，天生英杰。衡山巍巍，历著奇节，江汉滔滔，益表高洁。当满季世，腥膻莫涤，志在澄清，拔帜易色。航海而东，学如不及，气迈风云，心存邦国。……"

早期袁世凯政府禁止《女权日报》在京发行，唐群英遭到通缉。在危急关头，她几经躲匿，后得以返回湖南，但仍继续办报斥责袁氏。

唐群英与湖南同乡张惠风友好，曾一起加入南社，并共商讨袁事宜。张惠风也曾留日，归国办女校，热心救国事业，不幸英年病逝。唐群英闻讣讯后，悲痛不已，立即写信给诗人、南社发起者柳亚子，请他为之作传，"以光彤史"。她也含泪写了一篇《祭张惠风文》。

可以总结出，唐群英争取女权，对事不对人。她争取女权，更是为人，而非为己。

或许，当时那场女权运动注定要失败。但唐群英却赢了，她做了前人从未敢做的猛事，她把自己心里设想的程序结结实实地走了一遍，走得慷慨万分，走得风生水起，走得义无反顾，而后，她表现出政治家的素养，回家乡办女报，兴女学。难道说，不是已经赢得了个人的女权战争吗？

那些后来受益的人们，又有何理由不对她肃然起敬，不对她抱拳钦佩呢？

在创办女学的过程中，唐群英负债累累，以致其晚年的生活非常困

---

① 提灯会本是一种庆祝丰收的庆典活动，很多人提灯游行，后被多次用于革命行动中。

难。她晚年居家，挂个国民党"中央党史编纂委员会委员"和"国策顾问"的头衔，领薄薪自奉，生活清苦。然其时以琴棋诗画自娱，编有《吟香阁主诗草》4卷，未及付梓即散佚，仅存其中12首。1937年4月25日，唐群英病故于"是吾家"旧居，终年66岁，葬衡山新桥唐族墓地。

今日，"是吾家"建有吟香园碑林和咏梅阁两个景区。碑林中央竖有唐群英半身铜像，像座刻有康克清题写的"唐群英一代女魂"。碑林除选刻"群英诗选"23首外，还刻有孙中山、黄兴、宋教仁、张继、唐绍仪、仇鳌、秋瑾等民国伟人名流的赞词。咏梅阁刻有孙中山在唐群英领导女权斗争处于艰难时刻，给同盟会女会员的亲笔信。展厅进处，首先看到的是"天下兴亡，人皆有责"八个鲜红大字，由"匹夫有责"到"人皆有责"，两字之改，便可见唐群英一生之念。

1979年12月，在中国妇运工作史上第一次编纂工作会议上，邓颖超特别提到她，说她"很知名"，希望后人永远记住她。

1997年为纪念唐群英逝世60周年，国民党元老陈立夫自台湾寄赠条幅"女权斗士"。

《中国妇女报》在一篇文章中指出：唐群英等人为首的女界精英们所表现出来的觉醒了的女性，向封建男权挑战的威猛气概，足以使具有历史眼光的人，赞叹为"五千年来女权之曙光"，"中国妇女运动的第一声！"如果有一天，中国要刻一块"女权主义纪念碑"的话，第一个要刻的名字可能就是唐群英。

只是听说，唐群英后被族人以"八公公／八先生（其排行老八）"的称谓破格载入族谱。真是讽刺。为男女平等费了这么大力气，最后光荣载入族谱，还是要冒男子之名才可以。

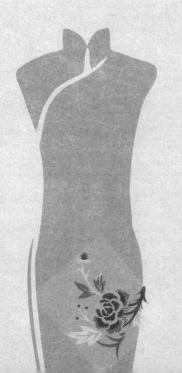

曾昭燏

（ *1909—1964* ）

....

娟娟素影满江天

....

高才短命人谁惜，白壁青蝇事可嗟。

——陈寅恪

娟娟素影满江天

....

曾昭燏5岁后入私塾就学，在读了七年的中文后，升入中学，念的是长沙艺芳女校。在这里，她见到了一生中重要的一个人，堂姐曾宝荪。

曾昭燏的曾祖父是曾国藩的四弟曾国潢。在曾昭燏未公开的自传里，曾昭燏说，自己是曾国藩家族中没有沾上人民鲜血的，比较心安。这句话有着较长渊源，曾国藩兄弟五人，他是老大，平时与并肩作战的二弟曾国荃最为贴近，家中留守的只有老四曾国潢，照顾上下老小，筹备后勤，是唯一一个没有参与湘军的人。

曾宝荪是曾国藩的嫡系曾孙女，艺芳学校就是由她所办。曾宝荪的父亲曾广钧，是曾国藩孙辈中最年长的一个，宝荪又是曾孙辈中最年长的一个。曾广钧为光绪十五年（1895）进士（曾家出了两个进士，另一个就是曾国藩），具有维新思想，对后辈很放得开。曾宝荪幼时是跟着祖母郭氏的，这位夫人的丈夫曾纪鸿常常出现在曾国藩的家书家训中。

曾广钧满足了女儿曾宝荪三个条件，一是不许缠足，二是不为她幼时订婚，三是准她入基督教和出洋留学。这也影响了她一生的路径。

曾宝荪先后到浙江、上海求学，1911年，15岁时入英国圣公会所办的一所教会学校——冯氏高等女校，校长是英国人巴路义女士，对她极为器重。也就是在这里，她接受洗礼皈依基督教，成为曾氏家族第一个基督徒（亦有人称第一人是曾纪鸿的之子曾季融）。

而后，曾宝荪由巴路义女士带到英国留学，直至进入剑桥大学学习师范教育，立定志向，回国后以从事女子教育为终身职业。曾宝荪终生未嫁人，她有名言："我如果结婚，顶多能教育十个子女，不嫁人，全心奉献给教育，我可以有几千个孩子。"

有人说，曾宝荪这话是对着曾昭燏说的。曾昭燏在艺芳女校形成了后来独特的人生观和价值观。曾昭燏回忆说："艺芳虽不是教会学校，而教育带有宗教性，因曾宝荪是个基督徒，不过她不是个普通'吃教'的人，而是一个对于基督教的哲理有研究的人。她每天早上和我们全体学生讲话，告诉我们：'人在上帝面前是平等的''做事要负责认真，做人要勇敢坚强，有是非心，有正义感''要爱人如己，牺牲自己，帮助别人'。这些话在我生平做人上，起了相当大的影响……"[1]

艺芳学校各班级以礼、乐、射、御、书、数依次命名，设有英文、算学、音乐等先进课程，不少教材都是在校老师编写，教学方式灵活，还推荐课外读物。20世纪的20年代后期，南方正流行着一股"革命的杀气"，湘乡的学生运动气息浓重，但艺芳女校坚持不参加学生运动，以学业为主。居于艺芳学校隔壁，由毛泽东创办的船山学社与该校政见不合，后来就起了冲突。船山学社的梭镖队，来到艺芳学校，"来解散我们的学校，我们认为这是不公平的事，抗拒着不接受命令，大家抢着把学校的东西往附近的同学家里搬，卫护着校长出了大门，然后大家集合在教室里，唱歌，用墨水在墙上写'艺芳精神不死'的标语。然后大家呼口号，整队出门"[2]。

正是在艺芳女校，曾昭燏开始接受现代科学知识教育。也正是在这里，让她第一次感受到了时代冲突的无奈。但她坚持留下来，积极帮助堂

---

[1] 1951年10月3日《曾昭燏自传》，南京博物院2009年印行，转引自岳南：《南渡北归·南渡》，湖南文艺出版社2012年版，第327页。

[2] 1951年10月3日《曾昭燏自传》，南京博物院2009年印行，转引自岳南：《南渡北归·南渡》，第203页。

姐恢复女校，后来夺回了部分被船山学社占据的曾家祠堂，由曾宝荪返回，继续办学，走的还是曾家"耕读持家"的路径。1929年，曾昭燏于艺芳女校毕业，曾宝荪邀她留在长沙续读，将来回艺芳教学。但她在南京中央大学教学的二哥曾昭抡携妻俞大𬘓回乡探亲，要求曾昭燏去南京就读。

曾昭燏考上南京中央大学中文系那一年，蒋介石率领的北伐战事取得成功，北都被废，南京被确定为中国首都。在这里，曾昭燏受到了名师黄侃、胡小石的赏识。

南京，曾是太平天国的"首都"，也是曾国藩的心头大患，差点连九弟的命都搭进去了。天国陷落后，屠杀是必然的，到底杀了多少人，至今也没有具体的数据。但民间有个说法，曾国藩因为在南京的屠杀手段残暴，被人们称为"曾剃头"、"曾屠户"。据说，现在南京小孩夜哭，妈妈说"曾剃头来了"，小孩就不哭了。

曾国藩去世后46年，曾昭燏来到南京，开始了她未知的求学生涯。那一阶段，她常常与同学们外出游览，并不忘记带着小妹妹昭楣一起去。

在小妹妹印象里，姐姐的诗词功底深厚，喜欢吟诵时景、人事。来到南京后，六朝烟雨，建邺风情，秦淮雅韵，钟山名胜，无不令人陶醉。东郊一带，山峰雄秀，植物繁茂，中山陵园正在紧张施工中，这里西邻明孝陵，东毗灵谷寺，其中一座宝志塔起源于梁代的，是梁武帝为纪念名僧宝志所建。这座灵谷塔也成了曾昭燏人生中最重要的驿站。

哥哥嫂子都在中央大学教学，母亲陈氏也从湖南跟到南京，照顾孩子们的生活。曾昭燏与同学们登北极阁、游览玄武湖、漫步石头城下，累了就坐下小憩，一件件拿出母亲提前烹制的饭菜，还备着酒，吟诗作赋，你一言我一语的，一旁的小妹妹则闷头吃着东西，看她们畅饮应对。

她曾回忆与老师览胜之趣：

攀牛首，陟栖霞，探石头城之故迹，揽莫愁湖之胜景。尝于夏日荷花开时，天才微明，即往玄武湖，载一叶扁舟，破迷茫之晨雾，摇入荷花深处，轻风拂面，幽香沁人，以为斯乐南面不易。又尝于樱花盛开之际，游孝陵及梅花山，坐花下高吟唐人绝句曰："玉女来看蕊花，异香先引七香车，攀枝弄叶时回顾，惊怪人间日易斜。"

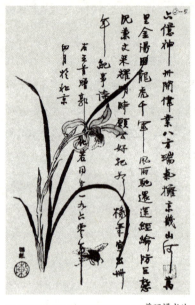

曾昭燏书法

曾昭燏的词，引人盛赞，她的"小阁飞空，一池碧映垂杨路；绛云深处，听尽潇潇雨"，半阕小词，让国学大师、古文字学大家胡小石为之侧目，算是成就师徒的开端。

中央大学中文系，以文著称，教授中的黄侃、汪东、胡小石都是此中名士，曾昭燏经点拨后，书法、诗词都有大长进。有人说她的诗直追盛唐女诗人。著名书法家张十之说："我一生钦佩的女诗人，也只是曾（曾昭燏）小姐一个。"虽是溢美之词，但亦可见一斑。

但曾昭燏的诗词极少发表，她以为这是一种私人写作，是她生命里的隐私。

她的一首《读李秀成自述手稿》，可谓写出了对人与历史之间的无奈和伤感：

一火金陵万屋墟，焚身犹欲救鱼池。

百年心事分明在，试读名王自由书。

万家春树感深恩，巷哭江南尽泪痕。

身后是非谁省识，欲从遗墨共招魂。

　　曾家是靠剿灭太平军，杀掉洪秀全、李秀成等人而发迹，曾家对敌手
"红毛子"似无好感。但曾昭燏却对李秀成"别有钟情"，不断收藏有其海
外版供状备印，还为其赋诗，诗文中既是对清廷的质疑，也有对执行者表
示的责备。一是一，二是二，功过分明，是非明辨，是曾昭燏的坚持。

　　大学毕业后，曾昭燏在南京任金陵大学附属中学国文兼职教员。1934
年秋她考入金陵大学国学研究班深造，与其同班的有游寿、沈祖棻等日后
成为大家的同学，胡小石是这里的老师。在金陵大学，曾昭燏完成了《读
〈契文举例〉》一文，后刊于 1936 年本校《小学研究》杂志，成为她最早
的学术著作。此后又在金陵大学附中担任高三国文教师。在这期间，她一
直没有中断过与胡小石的师生关系。

　　曾昭燏曾忆说："受业于（胡小石）先生之门，适今三十有一年，其间
获侍砚席，质疑问难者亦十余载。"胡小石毕生致力于古文字学、声韵学、
书学、楚辞之学、中国文学史之研究，是少有的全才。曾昭燏多年追随其
学问，甚至为求学住在胡家。（庄天明文称"胡小石留曾昭燏在自己家住
了三年之久，视若女儿，倾心相授"。）

　　"余自一九三一年秋始识师。其时师在金陵南雍讲甲骨文及金文课，
余往听课，惊其引证之渊博，说理之致密，自是有课必往听，亦尝登门请
益。师手写声韵表及说文双声字例，皆命余誊录一遍，余略知古文字声韵
之学，皆师之教也。师讲中国文学史、楚辞、陶谢诗等课，不仅见解精
辟，且深得其神味，听者座无虚席……"[1]

　　胡小石去世后，曾昭燏饱含深情，为恩师撰写墓志，其中尤其提到她
收获最大的是古文字之学、书学和楚辞之学。曾昭燏尤爱楚辞，她对屈原

---

[1] 曾昭燏：《忆胡小石师》，见《曾昭燏文集》，文物出版社 1999 年版，第 327 页。

别有"感情",从小就被母亲引导阅读屈原作品,后来她还写过《读楚辞》九首诗作,她以为,作为知识分子的代表,非屈原莫属。

1935 年是曾昭燏的一个转折年。她面临继续留守教学,还是出国留学的选择。二哥曾昭抡曾留学美国,他督促妹妹尽快走出去,并愿意赞助费用。

同治七年(1868)五月二十四日,曾国藩为曾家女性列了一个"课程表":

早饭后	做小菜点心酒酱之类	食事
巳午刻	纺花或绩麻	衣事
中饭后	做针黹刺绣之类	细工

吾家男子于看读写作四字缺一不可,妇女于衣食粗细四字缺一不可。吾已教训数年,总未做出一定规矩。自后每日立定功课,吾亲自验功。

曾国藩多次致信四弟曾国潢督促落实。但事实相反。曾国潢虽为人忠厚,但他很开明,一方面督促孩子们读书学习,另一方面则让他们体验农活,言行一致,不脱离实践。他对子孙们有一个要求,不得纳妾蓄婢。所以他的儿子曾介石一直是这样带头的,他妻子一连生了八个女儿,但他始终没有纳妾。后来妻子也很争气,连生四个儿子。可惜前三个都夭亡了,只剩下一棵独苗。这个男婴就是曾昭燏的父亲。老来得子,曾家给曾广祚的任务就是读书。其妻子陈季瑛(有说陈秀英)出身名门,16 岁嫁到曾家时,因婆婆过逝,早早地接过了管理家务的接力棒。此时曾家家道已开始衰落。

曾广祚,身为秀才,却不懂生计。像上辈人一样,陈秀瑛与他也生了12 个孩子,6 男 6 女,有一对男婴双胞胎,但最后留存者是 7 人。上下

二十几口人的生计，全压在了她身上，日子艰难。

曾昭燏在姐妹中排行老三，但前两位早夭，她就顺势成为老大，自然要协助母亲分担家务。

曾昭楣是家里最小的女儿，也是曾昭燏最疼爱的小妹妹。曾昭楣回忆："燏姐长我十一岁，幼时我多病，每次都是她给我讲故事，剪纸人，喂药。先母治家甚严，对我们教育尤为注意，家中设私塾，请一饱学的老师专授中文。我等都是五岁入学，读完十三经，兼背诵古文诗词等。满十二岁去长沙进初中。族叔筱屏老师从燏姐教起（长次两兄另从一师），至我读书，整整在我家教了十八年。燏姐学的最精，诗词歌赋，无所不能。后入艺芳攻读六年，学行俱佳。"[1]

曾家长次儿子分别为曾昭承、曾昭抡。他们俩就是在曾昭燏出生的那一年考取了清华大学的留美考试，费用是庚子赔款。当时曾家家族反对其母将儿子送到国外留学，但陈氏坚持教育优先，昭承就读了哈佛大学经济

---

[1] 南京博物院主编：《曾昭燏纪念》，江苏人民出版社2009年版，第337页。

系，昭抡读了麻省理工学院化学系。后来，一个在国民政府任职，抗战胜利去台湾接收，直到去世；一个成为中国著名化学家，中科院学部委员，并就任教育部副部长。

为了保障曾昭燏留学，二嫂俞大絪特地为她辅导英文，俞大絪曾留学牛津大学，时任中央大学外国文学系教授，后来商务印书馆出版的六册《英语》就是她编撰的，被称为"中国英文启蒙之母"。

1935 年，26 岁的曾昭燏告别金陵，前往英伦。她成为近代中国第一位留英学考古的女生。在英国，她时常想念那些挚友和旧时光，"犹记芸窗共一编，几回风雨对床眠"，但她更没有忘记学费的来源及留学的目的。

二嫂给她的补课，让曾昭燏在英国更畅快地来回奔波寻找资料，她把寒暑假都耗在了博物馆里。战乱不断的中国，因为各种原因导致文物流失他国，英国即是一个"大户"。曾昭燏很是留心。后来，那些采撷自英国各地博物馆的中国铜器资料，成为她硕士论文的重要材料。

在伦敦大学研究员攻读考古学，让曾昭燏结识了诸多重要人物，如吴金鼎、王介忱、夏鼐等，同时与国内几位顶尖的大师（如考古奠基人李济、历史学家傅斯年等）加深了联系，奠定了她走向专家之路的基础。

为了让妹妹去英国读书，曾昭抡把每个月工资的百分之六十拿出来供给曾昭燏，但他毕竟是一介教师，时间长了也无法承受。这个时候，资助曾昭燏的人中就有时任中央博物院筹备处主任的李济①，他为曾昭燏提供经费让其去英国、德国博物馆考察，回国后还聘任她参加中央博物院筹备工作。

曾昭燏在留学时也曾遇到过困惑，1936 年 6 月 19 日她大着胆子给傅

---

① 李济（1896—1979），与傅斯年同年出生，毕业于清华学堂后留学美国，深造于麻州克拉克大学与哈佛大学。1924 年开始田野考古，终成中国考古学之奠基人，有"考古学之父"的称誉。

斯年① 写了一封长信。

要说清楚曾昭燏与傅斯年的关系，只要提到曾昭抡的妻子就可以了。傅斯年之前曾有父母之命的婚姻，据说还是聊城第一美女，但两人一直过不到一起去，闹闹腾腾之中，让这个"大炮性格"的学士很是困惑。1934年夏，他与原配离婚，几个月后即与俞大綵结婚。俞大綵是曾昭燏二嫂俞大纲的妹妹，毕业于上海沪江大学外语系，英文、文学俱佳。

从年龄上看，傅斯年比曾昭燏大18岁，论资历、论学问都远远在其之上，她致信于傅斯年求助，也是常理，当时在英国留学的夏鼐也曾给傅斯年写信请教。从曾的信文看，前半部分主要是讨论关于她选学专业的彷徨，她说伦敦大学各学院课程很多，却可以自由听讲实习，所以这一年来，她与夏鼐、吴金鼎三人都在其他学院上课，论文可以马虎一点，主要是想多学东西。关于专业，她曾想学印度考古、埃及学、或是巴比伦学，甚至是梵文：

> 夏鼐大约决计学埃及学，我本来也想学埃及的，已和教"埃及学"的教授接洽过，他表示欢迎，但夏鼐既学此，我不想学了……恺姐说"与其学埃及巴比伦的东西，不如学点梵文"，但我知道学梵文的中国已经有了，陈六哥②和许地山就是有名的，您对于此事觉得如何？

紧接着就转入了更私人的话题了：

> 我还有私人的问题，我在国外读书，以前是家里供给，现在是

---

① 傅斯年先后任社会科学研究所所长、中央博物院筹备主任、国民参政会参政员、北京大学代理校长。

② 指陈寅恪。俞大纲哥哥俞大维娶了陈寅恪妹妹陈新午。

老文供给，但老文收入有限，最多能供给我一年，所以我在英国，只有一年了，您给夏鼐的信说"不必学有所成，即学到半途而返，犹有用处"，假使我把这一年的工夫专学近东的文字和历史，您觉得有用没有？

您信上又说"夏鼐与吴金鼎从叶兹[①]读书，无非备其顾问"，当然呢，我也是顾问之一，但我在此地读书，或者可以借叶兹的力量，得到一笔奖学金，可以延长一年或两年，此事虽不可必，但有五分可能，本来是互相利用的性质，他利用职权我的学识我利用他的金钱，也无所不可。我假使得了奖学金，便势不得离开此地，而势不得应酬式的写篇论文，但写个关于中国东西的论文，不到半年就完了，横竖是骗人的，他们也不懂，而我可以利用其余的时间来学其余的东西，您以为如何？

现在我总结地问您几个问题：

（一）假使我不能得奖学金，那我在英国只有一年的时间，我应当学什么？还是学点科学的方法？还是学一种文字和历史？不读学位，在中国有没有关系？

（二）假使我能得奖学金，则在英国尚有二年或三年的时间，除写一篇论文外，其余的时间，应当向哪一方面研求？

我没有写信和老文商量，也没有和家里其余的人商量，因为他们于中国考古界情形完全不懂，于外国考古学尤其不懂，冒昧地写信麻烦您，希望您为我个人着想，为中国的考古学发展着想，我学什么东西最有用处，赶快回信给我，因为我在暑期中必须决定下期的计划，您既然不惮烦地指教夏鼐，希望您也能不惮烦地指教我，您知道老文很深，一定能想念我一切的话都是真的，最后请您看完此信，即

---

① 叶兹是曾昭燏留学英国时期（1935—1937）的导师。叶兹提出与郭沫若、胡光炜接近的中国青铜器分期意见的论文和书，实得益于曾昭燏的襄助。

刻撕掉，不要给别人看……①

　　信文率性、真实。曾昭燏渴望得到帮助，因为时间不等人，她的学费已经捉襟见肘了，她又不想太依靠别人，她要速战速决。但她拿不定主意，到底该学什么，言语之中又对考古有着依恋。但自己学到的东西，能在未来起多大作用，她吃不准，毕竟她的经历太单纯了。她希望学以致用，能在快毕业时把就业的方向找准。

　　从信内容基本可以判断，曾昭燏与傅斯年并不是太熟，但以她的性格看，她会很笃信一个人的魅力。胡适曾赞誉傅斯年"有伟大的魅力"和"最善于做学问"，作为教育界、学术界的大哥大，他的耿直、真实和义气颇受人追捧。曾昭燏在后来的回忆中也曾表述，自己治学受傅斯年的思想影响最大。南京博物院艺术研究所庄天明撰文认为，曾昭燏心中真正理想的男人，应该是傅斯年。他认为："从曾昭燏自传中或多或少的表明，傅斯年是她一生中受到影响最大的人、关系最亲密的人，也是感情最深的人。当曾昭燏听说傅斯年在台湾操劳过度不幸去世时，竟如晴天霹雳、悲痛万分，在办公室掩门拗哭。这充分说明曾昭燏对傅斯年有着很深很深的感情。而从傅斯年与曾昭燏的人品推论，如果他们之间如果真有感情，也会相互藏在心底，相期于来世。"②

　　曾昭燏直接督促傅斯年尽快回信给她，并叮嘱阅后即焚。信中还有一位神秘的"老文"，不知为何许人物？③总之，曾昭燏是充分信任傅斯年的，可以隔着千山万水把肚子里的真心话统统告诉他。

　　后来证明，傅斯年对曾昭燏的指导起到了决定性的作用，正是在他的鼓励下，曾昭燏选择了艰苦的田野考古。这一转变，让她视野打开，

---

① 南京博物院主编：《曾昭燏纪念》，第339—340页。
② 南京博物院主编：《曾昭燏纪念》，第415页。
③ 《南渡北归》作者岳南先生引"老文"为"老闻"，考证说是曾昭燏二哥曾昭抡，一是说他乳名为闻，二是说他高度近视，读书靠贴近闻之。

··· 曾昭燏

灵感突现。

1937年6月初，曾昭燏以学术论文《中国古代铜器铭文与花纹》，得到导师叶慈的首肯并获文学硕士学位。这篇论文本身就是一部有关青铜器铭文和花纹的解析专著，文中所列古代铜器上的600种徽识，是从2082件青铜器中整理得来，受到了英国学者的赞许。这是年轻的曾昭燏学养多年的一次迸发，这部成名之作，为她赢得了留校任教的机会。任教期间，在牛津就读的俞大纲、俞大缜姐妹结束学业，她们与曾昭燏快乐聚会，互道衷肠，然后一起离开伦敦抵达巴黎，此后俞家姐妹购买船票归国，曾昭燏则按照中央博物院李济的约定和学习计划，赴德国柏林国家博物馆参加什维希威格（Schleswig）为期10个月的考古实习。

在德国，她自称是"十分关键性的一年"，因为"接触到了实际，看到了书本里没有的东西"。除了10个月的考古实习外，她又去慕尼黑博物院参加藏品整理和展览设计等实际工作2个月。作为研究员，她还参加了柏林地区及什维希威格田野的考古发掘。实习结束后，分别写出《论周至汉之首饰制度》论文一篇、《博物馆》专著一部，作为两次实习的成果。这些著作都是让她在国内走上女博物馆学家和考古学家的"垫脚砖"。

曾昭燏本可以安稳地留在英国伦敦大学任教，继续攻读博士，但她辞职回国了。

有人说是经济负担问题，其父亲患有精神疾病，45岁即去世了，留学英国，学费不菲，家中积蓄几乎耗尽。但更多的史料认为，是因为抗日战争爆发了，家国遭侵，抗日烽火处处燃起。1938年9月，曾昭燏取道法国，一路乘船漂泊回国。

回国后，曾昭燏首先到了昆明，她见到了李济。李济的学术地位，已无需赘述，20世纪20年代的哈佛大学博士生，29岁就任清华大学国学研究院人类学讲师，与著名的四大导师梁启超、王国维、陈寅恪、赵元任同执教鞭。后来他又出任傅斯年参与创办的中央研究院历史语言研究所考古组主任，领导并参加了安阳殷墟、章丘城子崖等田野考古发掘，使得发掘工作走上科学轨道，造就出中国第一批水平较高的考古学者。曾昭燏在英国留学时，他曾赴欧洲讲学，并于1938年被推选为英国皇家人类学会名誉会员。这个年轻的中国学生在"自撰简历"中最后写道："要是有机会，还想去新疆、青海、西藏、印度、波斯去刨坟掘墓、断碑寻古迹，找些人家不要的古董来寻绎中国人的原始出来。"

李济在考古学上的皇皇巨著，令人艳羡，很多人忙了一辈子也不及他的十几年辉煌，他在刨坟掘墓间寻找着中国人上古时期的密码，后来他去了台湾，遗作仍是《安阳》。李敖称李济是"最后一个迷人的学阀"。

战乱纷飞之中的中国，初始并没有忽视考古事业的发展，以及对后备人才的培育。中央博物院筹备处最早在国都南京成立，傅斯年是主任，下设自然、人文和工艺三馆，分别由三人任职筹备专员，李济是其中之一。后来李济接任筹备处主任，他任期最长、最有建树。他在组建中博建筑委员会时，聘张道藩、傅斯年、丁文江等任常务委员，并聘建筑学家梁思成为专门委员。抗战前一年，中央博物院理事会成立，蔡元培、朱家骅、傅斯年、罗家伦、胡适等13人为理事，蔡元培为理事长。理事会负责审议博物院预算决算，监督藏品保管，为开展学术研究需要设立各种专门委员会及其他专门事项。当年11月12日，中央博物院在南京举行奠基式，也就是后来曾昭燏终生服务的南京博物院前身。在鬼子来了之后，博物院主要事业停摆，开始了艰难的流亡之路。在李济带领下，这批文化同仁们，冒着鬼子的炮火，护送着不可估价的1000多箱文物和10多万册图书资料，陆续到达昆明。他们要继续开展工作，一个民族的文化永远是不可征服的。

但他们需要人手！吴金鼎回来了，夏鼐回来了，曾昭燏回来了，他们共赴国难，承接前辈，渴望有所创举。李济很是重用这批留学人才，曾昭燏初回来时受聘为博物院筹备处专门设计委员，没多久即被提拔为筹备处代理主任、总干事之职。有人认为，这其中有李济上司傅斯年的作用，但也不能排除李济对这位人才的爱惜，她在异国留学时，即与这位大家有所联系沟通。也正是在李济支持下，她撰写出中国第一本博物馆专著《博物馆》，尽管多为她执笔，但她还是客气地署了两人的名字，也正是在这个阶段，他们传出了乱世绯闻。

庄天明的文称："另一种说法称曾昭燏为李济的'红粉知己'，以至时任中央博物院筹备处主任的他到博物院去，其夫人常紧跟左右。"并说："当曾昭燏与李济在博物院内的亲友之间的矛盾公开与白热化，李济无法协调，只能采取辞职以为上策。正是李济的帮助提拔，促使曾昭燏在博物馆与考古事业上能够大展宏图，成就为一代大家。"

按说，男女同事，因为工作关系，经常在一起探研也无可厚非，但他们之间的绯闻倒是越传越神了，就连傅斯年也在日记中写道："曾（曾昭燏）于济（李济）之信服之至，亦怪事也。"

但时过多年后，李济的儿子李光谟认为，他父亲与傅斯年在学术上有分歧，傅斯年对博物馆学并不感兴趣，父亲与傅斯年之间的分歧，正是李济和曾昭燏接近的原因："当时母亲对此传闻也很生气，其实曾先生人长得很不漂亮，我父亲不至于和她有什么不轨的事，对于这样的传闻，我很难想象。"①

男女之间的感情最难衡量，但男女之间的感情也是最清楚的，有就是有，没有决然没有。国难当头，事业正在起步，母亲也没有下落，那个时期的曾昭燏需要人拉她一把。她当时还有一个任务，寻找母亲。

---

① 蔡震:《南博宝物多 功在曾昭燏》,《扬子晚报》2009 年 11 月 20 日。

曾昭燏的母亲陈季瑛是湖南巡抚陈宝箴之女，即陈寅恪嫡亲姑母。时人称陈氏"茶陵书香名媛，琴棋书画，无所不长，思想开明，有远见卓识，教育子女，既承家教，又能适应潮流，与时俱进"。茶陵因中华民族始祖炎帝神农氏"崩葬于茶乡之尾"而得名，隶属株洲市。

从曾昭燏及其兄弟妹妹后来的成就看，家教无疑是成功的，家境虽然渐入窘境，但陈氏仍坚持请私塾老师到家里教授孩子，孩子只要考上学校，或是有机会留学，她都会全力以赴地满足他们。

曾昭燏 14 岁时，与其姐曾昭浚一起离开湘乡荷叶镇来到长沙入堂创办的艺芳女子中学读书，翌年曾昭浚得伤寒症死去，曾昭燏非常伤心，母亲陷入了两难，她决定让女儿回湘乡，以免染病身死。生命与读书相较，母亲显然更看重后者。当时幸得曾宝荪力劝，曾昭燏得以继续留校就读。这是陈氏第一次，也是唯一一次阻拦孩子求学。

1938 年，日军入侵湖南，曾昭燏不顾一切地往战区奔去，等她跑回老家后才知道，母亲已经逃往桂林去了。母女失去了联系，她心急如焚，在这个世界上，还有谁能替代母亲对她的爱呢？为此她登报寻找。幸运的是，母女在乱世之中团聚了。她把母亲接到昆明服侍，这个时候，二哥曾昭抡也到了昆明，任教西南联大，两个妹妹也在此就读。一家人，在西南一隅，在战争的后方，历经颠沛流离，终于有了短暂的温馨日子。这年冬天，经历重重磨难，穿行在炮火和后方之间的陈氏病倒了，最终糖尿病发作，在昆明惠滇医院去世。

母亲去世后，曾昭燏曾写专门纪念文章《祭母文》，言语之中更多的是对母亲的崇敬和心疼，劳累一生的母亲没有过上几天好日子，也没有看到儿女们真正有大成就的一天，可谓遗憾。

作为长女，曾昭燏自觉接替了母亲的义务，对妹妹悉心照顾，自己节省的钱全拿来给妹妹用，每月寄 100 元法币过去。当年她与李济在大理下野考古，只要听说昆明被轰炸了，就赶紧去信询问妹妹的情况。

关于曾昭燏在西南一带的考古经历，有人将之与林徽因作比较。抗战时期，林徽因也在西南做研究，她协助梁思成做中国建筑史研究，顺便看看风景，写写小诗，正好躲避之前那些关于她、关于徐志摩的闲言八卦。据说她还带着爱尔兰口音朗诵莎士比亚剧本，播放贝多芬、莫扎特唱片。这里，还有一个人，清华大才子金岳霖，他玩逻辑学在民国首屈一指。他喜欢斗鸡，亲自买鸡喂养，就在李庄的大院里，后来还送鸡蛋给林徽因吃。

但是李庄不只是有侥幸的浪漫，梁思成与林徽因的女儿梁再冰回忆李庄苦难岁月时说："四川气候潮湿，冬季常阴雨绵绵，夏季酷热，对父亲和母亲的身体都很不利。我们的生活条件比在昆明时更差了。两间陋室低矮、阴暗、潮湿，竹篾抹泥为墙，顶上席棚是蛇鼠经常出没的地方，床上又常出现成群结队的臭虫，没有自来水和电灯，煤油也须节约使用，夜间只能靠一两盏菜油灯照明。"当时的林徽因正生着肺结核，恶劣的环境对于她的摧残，牵动人心。素人锦心，李庄的林徽因是苦难中开出来的花，美丽之上又镀了一层金。

1938 年，中研院史语所与中博院联合成立"苍洱古迹考察团"，开始在这片处女地上辛勤耕耘。曾昭燏首次在国内以西学技术和方法开展田野考古。当时他们借住在上末村一所小学里，条件简陋，有时还要住在破庙里，17 座古墓葬、7 处古遗址分别在不同的山区，要不断变换地方，他们四度搬迁。

有人说，在众多行业中，曾昭燏选择的却是考古，这在当时是个奇迹。直到现在，考古界女士依然非常稀少。南京博物院院长龚良介绍："考古是男人干的活，大冬天的，荒山野地里，搭个帐篷就住下了，吃喝拉撒都成问题。对于女生来说，就更困难了，比如上厕所就很不方便。"[①]

① 胡玉梅：《文博大家曾昭燏诞辰 100 周年，为考古终身未嫁》，《现代快报》2009年 11 月 20 日。

曾昭燏与诸位考古学家合影

考古界有个常例，一般都会雇佣大批当地人帮着挖掘，做一些粗实的工作，当时这一地区的少数民族有个规矩，男人是不下田干活的，所以雇的全是女人。吴金鼎后来总结说：这是开创了女人考古的历史记录。作为一个女性科学考古者，曾昭燏在其中与她们沟通、交流、传达指令，作用很大。西南山区湿气很大，但由于是战时，他们连双胶鞋都没有，只能穿着草鞋，陷入淤泥中工作，病菌进入，奇痒难忍。有时深入山里，附近没有人家，只能吃点冷饭。孤独、枯燥、单调，她都以女人的坚韧和耐心支撑着。

曾昭燏仔细地勘查着，学以致用，每一遗址完毕，她就将破碎标本先行登记，就地掩埋，田野报告随时在野外草成，回去后再细细整理，以后还要与实物对照写报告，一个遗址未完成，绝不再碰第二座，但由于人手少，她常常要来回奔跑。后来，受战争深入的影响，中博院将一些文物珍品，分批运送到四川南溪李庄，曾昭燏护送文物并迁往李庄办公。

1942 年，曾昭燏与吴金鼎合编的《云南苍洱境考古报告》正式出版，这是云南古代史的考证新篇，学术界为之侧目，因为它"证明此次在大理之发现，实代表一特殊系统之史前文化，似可与黄河流域之仰韶、龙山两文化并列"。

读曾昭燏的《云南苍洱境考古报告》，可见她将文学功底用于学术报告中，条理清晰，由点带面，有方位、实物描写，也有民俗、历史变迁考证。如描写其中一城址：

> 本址城内外各种守御物之筑，大半以防自东面平原来之敌人。若敌从西面高山来，则惟有深数米之外城壕一道及隆起之城墙以防御之，其收效甚微。盖苍山峻壁悬崖，羊肠鸟道，迂回其中，深入不易。但如有人，能登点苍山，以居高临下之势攻大理，则大理决不可守。南诏人在点苍山高峰上设立斥侯，即所以防西来之敌，本址以西之孔明城，即其一例。及蒙古忽必烈、明初傅友德沐英征大理，皆先据点苍山，大理自下。古人倚山筑城时，当然亦曾虑及，但为地势所限，不能有万全之策，只能远设斥侯，近则深沟固垒而已。[1]

如今，人们说起林徽因，仿佛在谈论一个正在一线游走的明星。而曾昭燏，则只是一个生冷的名字，最多是沾染了曾氏大族的一点点光彩。

历数曾昭燏考古时期的交际圈，杰出的才子不少，却并没有真正发生点什么，连想象空间都不大，似乎曾昭燏本身就是个"脱俗"的人，尽管那些才子是那么的优秀。

李济，20 世纪 20 年代即与徐志摩在美国克拉克大学是同学。当曾昭燏来到西南下乡野考古时，梁启超的次子梁思永（中国科学院考古研究所副所长、近代田野考古学的奠基人之一）也来到了这里。他们同事多年，

---

① 南京博物馆主编：《曾昭燏文集》，文物出版社 1999 年版，第 14 页。

战乱的那一年冬天，在昆明靛花巷，曾昭燏与李济、梁思永、吴金鼎夫妇共同聚餐，商谈受聘中央博物院事宜。也正是在那个时候，她特赴昆明郊外温泉傅斯年居所拜访，就留学与归国后的前途等与傅斯年作了推心置腹的交谈。这位"亲戚"表示支持她进中央博物院筹务处工作。在后来交往的男子中，曾昭燏除了与傅斯年的通信出现在她的自传中，另外就数李霖灿先生与她还算有些细节了。

李霖灿是河南辉县人，早年就读杭州西湖国立艺术专科学校，工于绘画，且是鉴赏书画的高手，后来到台湾就任台北"故宫博物院"副院长。他是国画大师李苦禅的学生，因交不起学费，李苦禅就告诉校方："他的学费从我的薪水中扣除好了。"李霖灿早期到过云南丽江考查边疆民族艺术，从此迷于玉龙山下纳西族类似鸟兽虫鱼的象形文字，开始专心于学习研究该民族的种种文字形象，并得纳西东巴（巫师）和才及大贤周霖之之助于玉峰寺整理翻译所收集到的纳西经书，1944年出版《么些（纳西）象形字典》、《么些标音字典》两大册，因此他又有"么些先生"美誉，并成为丽江的"荣誉市民"。

1939年的农历三月十五，跟随学校躲避战乱的李霖灿到大理，正好赶上一场特殊的节庆。"千年赶一街，一街赶千年"，说的正是当地的"三月街"，又叫"观音节"。大理"山川秀丽，人物焕采"，这位画家不禁来了灵感，拿起速写本子到处去写生。警察们把他盯上了：这是战争时期，这个人到处转悠着莫不是偷画地形图，为敌机轰炸作目标指引？于是，李霖灿就被当作奸细抓走了，负责审讯的县长在上海读的大学，一番话问下来，知道可能是误会了，但也不能轻易放走嫌疑人，听说他认识吴金鼎，就说这样吧，他正在这里考古呢，你去找他取个"保"，当时还派警察跟着他去。

当时，吴金鼎正与王介忱、曾昭燏等人在大理苍耳古迹考察团，吴金鼎是发掘团的领队。国难当头，不误考古，夏鼐时有"为了使国内田野考古学的举火不灭"之名言。在翠绿茂盛的苍山，在宛如蓝色新月的洱海，曾昭燏开始在国内实践她的野外考古才能，她光彩照人、激情四溢。

李霖灿的到来，让吴金鼎又惊又喜，得知情况后，马上让曾昭燏写了公文转交警察带走。26 岁的青涩大学生注意到了 30 岁的"海归派"曾昭燏：齐耳短发、干净利索，气质脱俗，身周才子，个顶个的优秀。从此李霖灿暂居在苍山脚下上末村，跟着曾昭燏一班人学习考古，帮他们做一些整理工作，闲暇时游览附近山水，画上几笔山峦水韵。有一晚，他"一夜未眠，挑灯写了一篇《清碧溪游记》"，正在西南联大任教的沈从文看过后，大为赞赏，推荐发表。曾昭燏很高兴，因为她是这篇佳作的第一读者，评价为"文图都佳"，因为文章配有绘画。她当时还郑重其事地对他说："想不到李公的散文写得这么好！""我老老实实地回答了她一句：'什么叫做散文？——真是荒腔走板。'"[1] 直到很多年后，李霖灿还回忆说："曾昭燏是第一个在点苍山下称赞我散文写得好的人。"因为在乎，所以在乎。

后来，李霖灿告别大理，去了心仪的丽江。他要做"寻找世界上最贵重东西的人"，他用现代人类学的方法，通盘研究么些（纳西）族文化，最后饿到吃不起一顿饭，向历史语言研究所研究员董作宾求助，很快收到 200 元法币汇票一张。这是考古界给予他的捐助，让他非常意外的是，曾昭燏也捐了 50 元："更令人感动的是曾昭燏小姐，她可以说是局外人，因为只不过是在苍洱考古发掘队中偶然相识而已，根本没有什么交情。"再后来，也正是曾昭燏把他吸收进了中央博物院，不单单因为他年轻力壮，还有他研究的特殊语言，"这是世界上硕果仅存的活文字，在文字学的领域中，那进化的程度，比汉族人的甲骨文还要早"，曾昭燏为此致信李济作推荐："这一个年轻人曾到过大理，同我们一同在苍山上考古。他旧学底子不太好，但冒险犯难勇往进取的精神，在现下当今人中，百不得一。"半年后，李济具名的电报到了他手上，约他到中央博物院工作，继续在

---

[1] 李霖灿:《西湖雪山故人情》，浙江大学出版社 2011 年版，第 153 页。

丽江搜集么些民族标本，还拨来 6000 余元调查研究费用，对此，李霖灿说："我想不到曾小姐的美言竟在这里发生了作用。"

四年后，他们再次相聚在四川李庄。李霖灿不负众望，一鸣惊人，他的《么些象形文字字典》艺惊四座，被中央博物院作为第二种专刊出版，第一种专刊是曾昭燏执笔的《云南苍洱境考古报告》。

让李霖灿感动的是，自己这部经典之作初稿是由曾昭燏修改并校对的，完稿时曾昭燏又"自告奋勇"写了一大篇英文提要，用毛笔写英文并且龙飞凤舞、气度非凡，据说"曾氏英文书法之名亦因之传遍山上山下"。

"冉冉孤轮出海隅，寒光如练玉平铺。离人对此真悉绝，情景依稀似北湖。"这是曾昭燏在大理创作的《洱海看月出》，李霖灿对于曾昭燏的才气钦佩有加。他经常放弃午休去旁听曾昭燏的外语课："真是讲得好，原原本本，清清楚楚，首尾贯穿，左右逢源。"在那个艰苦的岁月里，大师们乐观如故，没有照明，就摸黑对诗。李霖灿还在黑灯瞎火中与曾昭燏对句一阕，主题正是最浪漫的题材：月。李霖灿欣然朗诵："春江潮水连海平，海上明月共潮生。"这是《春江花月夜》。曾昭燏马上接上："滟滟随波千万里，何处春江无月明？"其他人又接了什么句子，李霖灿不记得了，但在很多年后，他依然记得那晚曾昭燏曾敲他的门，说是忘了的几句想起来了。明月之下，往事如烟，清景如画，只剩下那句映照心情的续句：此时相望不相闻，愿逐月华流照君。

他们最后一次分离是因为她掌管的中博院文物要奉命转移到台湾，这是她一生最感遗憾之事，她极力反对，但最终仍得从命。此是后话。

1941 年初，身为中博院筹备处代理总干事的曾昭燏参加了四川彭山汉代崖墓的发掘，团长为吴金鼎，团员还有夏鼐、王介忱、赵青芳等。条件艰苦，地势险要，从曾昭燏后来撰写的《永元残墓清理报告》可见一斑：

1941 年 6 月 12 日，与吴金鼎君自寂照庵北行，往寨子山调查。于山之西向半腰上，见有近代石工所开之大缺口，其近处有一洞，盖一已开之崖墓。入其内，见墓室尚完好，唯石樽破片与泥土堆积不平。吴君忽于墓之尽头处左侧，发现一内室，室门外两侧石上，各有刻字一行。向内一行过暗，不能读。向洞口一行，有"永元十四年三月廿六日"字样。既已知墓之年代，当即决意全部加以清理。

15 日，再往访此墓，为内室门侧刻字二行作拓片。内室不见天光，甚暗，持灯入，见瓦棺残片及泥土堆积，于土中拾得残陶数十片而归。

16 日，率一工人往，将内室瓦棺碎片，堆于一处，室内泥土，全清理一遍，凡遗物皆为拾出。19 日，清理外室左面石樽内之积土。20 日，为内外二室作平面剖面各图，工作遂毕。[①]

战时考，物质匮乏，夏鼐曾回忆说，那段时间住在一个和尚庙里，吴团长带头节约，早晨吃苞谷面做的粗馍馍，还要轮流推磨磨苞谷面。就是在这样缺少资金、人力的情况下，他们发掘崖墓 77 座、砖室墓 2 座，发现了大量珍贵文物。1945 年，抗战胜利的那一年，曾昭燏在李庄整理出了《四川彭山汉代崖墓报告》，但一直耽搁到 1991 年才出版，而崖墓遗址也早已毁于"文革"。

李庄时期的曾昭燏认真负责，中博院绘图员索予明回忆："我的顶头上司曾昭燏小姐，她是一位工作十分认真的主管……她学识好，能力高，受到傅斯年赏识，礼聘进入中博院。三十八年（1949 年）抵台，胡适之先生到了台中，就询问：曾小姐来了没？没有来，好可惜，那是个人材啊！这是大家对她的评价。我认识的曾小姐：干练，有抱负，外文好，工作严肃又认真。我们尊敬她又怕她，跟她在一个办公室里工作，除了跑厕所，差

---

① 南京博物馆主编：《曾昭燏文集》，文物出版社 1999 年版，第 15—16 页。

不多都坐在位子上工作，一点都不敢偷懒马虎。曾小姐也是位考古学者，她的考古工作做得十分出色。"

正是战时艰难的考古经历，极大地丰富了曾昭燏的博物馆学，她撰写论文，对以后的博物院提早规划。抗战胜利后，她先后参加"战后文物损失清理委员会"、"战时文物保存委员会"等工作，直到回到久违的南京，开始她的博物馆学事业。

1947 年，她开始负责修建博物院的主体工程，到次年即完成，并与故宫博物院举行联展，殷周、汉代、边疆等时期和地区的文物齐聚金陵，还有最著名的殷墟至尊文物司母戊大方鼎。当时京沪线一带观者如潮，计划展览一周，但后来还是延期了三天，在闭幕后一天，蒋介石率队前来参观。这位统帅特地在帝王群像和司母戊大方鼎前驻步，身穿素色旗袍和凉鞋的曾昭燏就在蒋介石身旁陪同，并给予讲解。

关于这大鼎，曾昭燏与蒋介石还有一个渊源，1946 年是蒋介石 60 岁寿诞，这方大鼎由三十一集团军总司令王仲廉献给蒋介石"祝寿"，蒋倒是不贪，转手把大鼎转给了中博院，曾昭燏正在收集文物，求之不得。那年 10 月，中央研究所与教育部联合办展，但把中博院也拉了进来，曾昭燏成为其中一员，且负责对展品摆设作指导，自然就接待了蒋介石夫妇和其美国客人马歇尔（驻华特使）。结果这段经历成为新中国成立后清查运动中倒查的"罪状"，为此曾昭燏还写了"供词"，向新成立的中华人民共和国政府组织交代详情："一九四六年十月，我同博物院许多人员复员到南京，中央研究院史语所与伪教育部联合举办了个文物展览会（据说为替蒋介石祝寿而办的，不过外面一点没有表示出来），找我去临时帮忙，当蒋介石与宋美龄陪着马歇尔夫妇来参观的时候，我还去招待了他们，特别是马歇尔太太……"[1]

---

[1] 干部履历表之《曾昭燏自传》，南京博物院 2009 年印行，转引自岳南：《南渡北归·离别》，第 231 页。

曾昭燏冤与不冤，谁来评判呢？恩师胡小石去世时，她就在悼词中介绍，蒋介石六十大寿时，有人请胡老师为蒋作寿序，许以重酬，被胡老师严词拒绝了。1948 年年底，淮海战役后，蒋介石部队撤回南京，一部分伤兵被送进了中博的陈列室，据说曾昭燏为此不悦。更为突出的是，身为中博院的"二把手"，曾昭燏一直阻止文物转运台湾，这可是与"蒋委员长"的"旨意"对着干了。

从 1948 年 12 月 20 日至 1949 年 1 月，中博院的 852 箱珍品分三批被运往台湾，早在这之前的 12 月 6 日，眼看着文物珍品被陆续转移到一个糖厂的仓库时，曾昭燏就加以阻拦了，因为她提前得到了杭立武的手谕。见阻拦无效，她就致函顶头上司杭立武（时为中博院筹备处主任）：

立武钧鉴：

前日本院理事会开会，决议将本院所藏文物选择精品壹佰贰拾箱运至台湾。此决议纯为诸物之安全着想，凡爱护民族文化之遗存者，必无异辞。惟是夜即闻招商局江亚轮在吴淞口外爆炸沉没消息。爆炸原因陈说不一，最大可能为触浮雷或船中置爆炸物，交通当局深以航行安全为虑。又昨日有从台湾来者，谓台湾屡次要求托管运动，皆一部分美侨策动主持。今美国态度昭然若揭。若万一南京有失，美国既不愿意放弃其军事根据地之台湾，又不愿卷入中国战事漩涡之中，最巧妙方法为支持台湾人要求托管或宣布独立。此运动若成，则所有运台文物恐无运出之日。此次遵照理事决议，所选诸物多独一无二之国宝，若存京文物，安然无恙，而运出文物，在途中或到台之后，万一损失，则主持此事者，永为民族罪人。职对此事虽无责任，然为本院保管文物已七八年，对于诸物有浓厚之感情，知有各种危险，岂可缄默。望钧座陈之本院理事长，转商各理事，慎重考虑，权衡轻重，要求较安全之策，则幸甚矣。谨此上陈，伏乞垂鉴。并赐复为祷。祈请钧安！

职曾昭燏谨上

卅七年十二月六日[①]

此函言辞恳切，但语句中也充满着警告和劝诫。这是南京博物院（原为中博院）学者宋伯胤先生就翻拍的曾昭燏写给杭立武的信，这封信，揭开了一个尘封60余年的秘密。

1949年1月14日下午，中博院召开会议，讨论对余下的4000多箱文物处理方向，准备尽可能运往台湾。曾昭燏当场抗议，无效。后来又与中共派遣的文化人士陶孟和、郑振铎等人联合呼吁，并在香港媒体发文反对。最后，她特地安排了自己信得过的同事押送去台湾的文物，如李霖灿、高仁俊，并让给他们开具介绍信，如果他们想回来，可以求助她在台湾的大哥曾昭承，让他帮忙购票、办手续，当时曾昭承在台湾工商业任职。同时她还冒着风险，把许多精品文物截留了下来。譬如以物品太大太重、不好包装为由，将蒋介石的"寿礼"国宝"司母戊大方鼎"留在了大陆。据说杭立武临走时还觉得曾昭燏"为人可佩"。

当国民党政权大撤离时，曾昭燏选择了留下。就算是她最尊敬和信赖的傅斯年劝她一起走，她还是决绝地留了下来。

那是他们最后一次会面。此前二哥曾昭抡、二嫂俞大絪都有意劝她向红色政权靠近。而她也有心劝说傅斯年，脱离国民党，走到社会主义上来，但最终她止住了，她了解他的性格。她在后来的《自传》中写下了这样话：

> 我虽和他（指傅斯年）长期在一起，而且非常接近，但我看不出他反革命的本质，我看见他反孔宋，反对官僚资本，反对二陈，我崇

---

① 南京博物院编：《曾昭燏纪念》，第403页。

拜他，认为他有正义感，我看见他生活的严肃，对于自己的刻苦，对于朋友的肯帮忙，我认为他的死心塌地帮国民党，只是对于蒋介石私人的感情，而和社会主义在基本上没有什么冲突。我佩服他的学问和才能，因为他始终如一的对我的关切与支持，我对他有"知己之感"。当抗战期间我还在四川的时候，我的思想不大能超越他的范围，直至抗战胜利回到南京以后，我逐渐认识清楚，而他愈来愈反动，我不能正言劝他，因为他很固执的，我只能用旁的方法，想使他和国民党脱离关系。在一九四七年，他要出国养病，而一再拖延，不愿出去，我用尽方法催他，通过俞大綵的关系催他，等他到美国以后，我又继续地写信去，劝他不要再回来。我希望他能逃过蒋家王朝覆亡的那一幕（我知道时候不久了）。免得他自己卷入漩涡中去，也希望他在国外能比较清楚的观察国内的情形，而改变他的思想，不过我一切的努力都是徒劳，他于一九四八年七月回到南京来，不到半年他便逃到台湾，不到一年南京便解放了。[1]

傅斯年黯然离去。

与曾昭燏一起留下来的有老同事夏鼐。

两年后，在升起了五星红旗的南京博物院，曾昭燏就任副院长。此时，她获得了一个信息：傅斯年在台湾操劳过度去世。曾昭燏关起办公室的门，掩面痛哭。悲痛的抽泣里，仿佛隐含着几多无奈和命运感的孱弱。

此时的曾昭燏不禁想起了海峡对面的妹妹：她过得如何呢？是否与同去的堂姐曾宝荪取得了联系？大势并没有像曾昭燏预测的那样短暂，仗还是打了起来，席卷全国。听说妹妹要去台湾了，她立即驱车赶到南京五

---

[1] 干部履历表之《曾昭燏自传》，南京博物院 2009 年印行，转引自岳南：《南渡北归·离别》，第 206 页。

台山谭公馆探望。这段经历给年轻漂亮的曾昭楣留下了终生难忘的印象："三十七年冬要从南京撤退来台时，某日清晨燏姐来五台山我家，将她所得的亡母遗物：金手镯、翠玉镶、金戒指各一只赠我，并谆谆叮嘱，说她孑然一身（燏姐终身未婚），留饰物无用，要我好好保存，想不到这就是我们最后一面。"[①]

李霖灿曾记得，当时曾昭燏让他负责押送文物离开大陆去台湾时，因她说，三个月有望再见。"我祖先曾经围攻过南京城，世道循环……"相信科学的她仿佛突然信命了。

当"渡江战役"打响前，国民政府的部队逃的逃，跑的跑，一片狼藉。曾昭燏没有理会，她去了文物地常州恽家墩[②]，调查盗墓后的情况，继续她的考古事业。至于曾昭燏不去台湾的原因，大部分人认为她舍不下积累多年的事业，没有家庭，没有孩子，她的另一半就是事业了，还有她对新政权充满着希望，她是理想主义者。其同事夏鼐留下来的理由也是"觉得还有希望"。

但面对家族亲人、心里中意之人以及诸多同事们离去，还有那个昔日强大的政权的狼狈远去，她不禁黯然，她作的一首《浣溪沙用饮水词韵》恰好能表达心中伤感：

---

① 《忆亡姐昭燏》，载《湖南私立艺芳女校五十周年校庆暨庆祝校长曾浩如宝苏先生教务主任曾约农先生七秩晋七嵩寿庆典联合大会特刊》，1968 年 12 月 29 日出版。

② 恽家墩汉墓位于常州市兰陵迎宾路福海大饭店（原工业展览馆）院内，为一座长逾 50 米、宽逾 40 米，高出地面 6—7 米的巨大土丘。因靠近附近的恽家村，因此得名"恽家墩"。据资料记载和附近村民回忆，该土墩于 1948 年和"文革"期间，遭到两次大规模的发掘破坏，出土大量釉陶器、印纹陶器及青铜、铁器等，为配合城市基本建设，同时也为了进一步摸清恽家墩的内部结构和剩余文物资源，经报请国家文物局批准，受常州市文物管理委员会委托，常州博物馆于 2007 年 12 月 24 日至 2008 年 4 月 17 日对恽家墩汉墓进行发掘，共清理汉至六朝墓葬 36 座，明清墓葬 4 座。

秋月凄清倍可怜，娟娟素影满江天，忍看离别自年年。　　绕槛娇花微泣露，傍池残柳半笼烟，西风吹袂小桥前。

频剔银灯话夜凉，风敲檐竹响蕉窗，重重帘幕掩斜阳。　　觅句满倾如意盏，熏衣细品辟邪香，此情莫道是寻常。[1]

　　很快，曾昭燏投入了新的政权旗帜下，当占领总统府后的解放军官兵们来到中博院时，她率队在门外迎接，并亲手升起了第一面红星红旗，还跑去参加胜利游行。

　　新政权对中博院改组，成立南京博物院，她成为副院长，满含热情地开展工作。5年后，她被提升为院长，成为中国第一位女性博物馆学家兼院长。20世纪60年代，在全国考古界形成"南曾北夏"的局面。当时，夏鼐在中国科学院（1977年以后为中国社会科学院）考古研究所任职。

　　新中国成立初期，曾昭燏组织和领导的考古工作以南唐二陵为著，那是新中国成立后第一次用科学方法发掘古代帝王的陵墓。1950年5月1日，曾昭燏约请恩师胡小石等五位专家学者，调查南京祖堂山南唐二陵被盗情况，同年10月据文化部通知，由她主持对南唐二陵进行正式发掘。她和全体工作人员同住在荒僻的祖堂山下幽栖寺内，每日奔走于住地和工地之间，过着艰苦的野外考古生活。

　　南唐二陵即公元943年安葬南唐开国皇帝列祖李昪及其皇后宋氏的钦陵和公元961年安葬中主李璟及其皇后钟氏的顺陵。"春花秋月何时了，往事知多少。小楼昨夜又东风，故国不堪回首月明中。雕栏玉砌应犹在，只是朱颜改……"这是南唐词人李煜的佳作。作为五代十国的十国之一，它定都金陵，历时仅39年，但南唐一朝，最盛时幅员35州，大约地跨今江西全省及安徽、江苏、福建和湖北、湖南等省的一部分，在五代乱世中"比年丰稔，兵食有余"，有过属于它的灿烂和辉煌。正是曾昭燏的发掘，

────────────

① 南京博物院编：《曾昭燏纪念》，第292页。

让这些辉煌重见天日，后来她还专门组织出土文物展览。她的祖上曾辅佐帝王朝政，开创基业，而她则是亲手掘开了一个王朝的坟墓，把他们研究个究竟。一个逝去王朝的辉煌，让她感觉到震惊，那些服饰、装饰、花饰，残玉哀册，男女陶俑……一个活生生的盛世浮现在眼前。这次考古可谓是曾昭燏事业中的第二次高峰，后来由她操刀编写的《南唐二陵》，流传甚广，至今仍是一部研究南唐史不可少的参考书。

再后来，她率队"南征北战"，在江淮，在苏北，还曾回到久违的湘江流域，她重新找到了工作的热情。1954年，曾昭燏从山东博物馆请来一位高手潘师傅，修复司母戊大方鼎两只受损的耳朵。完工返乡时，潘师傅所带的盘缠已用得差不多了，最后，他只好乘坐慢车，饿了一天才回到济南，曾昭燏知道后很过意不去，特地寄上自己工资里的20元给潘师傅表示歉意。

曾昭燏的生活十分节俭，吃粗茶淡饭，穿旧衣服。给亲朋寄信，她用的都是反过来的旧信封，但1951年，为"抗美援朝"捐献飞机大炮时，她却带头捐出了所有的积蓄。

此后的《沂南古画像石墓发掘报告》、《试论湖熟文化》和《古代江苏历史上的两个问题》，无不佐证着曾昭燏作为一个新政权里的考古工作者的具体成就。

20世纪50年代初，一位苏联专家来南京博物院（前身为中央博物院）参观，当听说曾昭燏院长依然未婚时，他关心地问道："曾小姐准备何时出嫁？"曾昭燏回答说："我早就嫁给博物院啦。"一时成为美谈。她终生未嫁是事实，轻生前还是博物院院长。

1956年，曾昭燏见到了她的老乡毛泽东。早在1927年"大革命"时期，在长沙艺芳学校上学的曾昭燏，就与这位发起农民运动的"领导人"有过间接交手。时过境迁，曾昭燏作为全国政协委员，受到了国家主席毛泽东的宴请，对于这位乡贤，她更多是崇敬和自豪。他们碰杯、喝酒。回

新中国成立之初的曾昭燏与军事代表人员合影

来后，她还写下了激动的心情，并抄录多篇毛泽东诗词。

她觉得自己虽出自大族，并留学海外，在考古事业上有所成就，但此时才觉得自己是渺小的，尤其思想还很滞后。因为她领会了毛泽东所说的"思想改造"。1951 年 12 月 23 日，南京成立"南京市毛泽东思想学习委员会"，曾昭燏受聘担任该会委员。这年冬天，她主动请缨，去安徽最西北部太和县，参加太和土改工作队，那里地处偏僻，食物缺乏，民风不古，治安混乱，土改队队长晚上睡觉都要把手枪掖在枕头下。一位刚从学校分配到南京博物院的学生怎么样也没有想到，她会去那个地方："她当时的身份是官宦地主家庭出身，南京博物院副院长，南京市妇联副主席，颇有一定声望的知名民主人士，主动要求下来参加土改运动，体验生活，接受教育，这是非常不容易的。后来经过批准，她终于下来了。"

新中国成立前夕，毛泽东发表的那篇《丢掉幻想准备斗争》中点了三个文人的名字："为了侵略的必要，帝国主义给中国造成了数百万区别于旧式文人或士大夫的新式大小知识分子。对于这些人，帝国主义及其走狗中国的反动政府只能控制其中的一部分人，到了后来，只能控制其中的极少数人，例如胡适、傅斯年、钱穆之类，其他都不能控制了，他们走到了它的反面……"

对于胡适，曾昭燏是印象深刻的。她在英国留学时，就曾在伦敦高校聆听过胡适的演讲，听完后写下感受，觉得这位大师所言极是。1947年，当她的中博院事业正在大力发展时，胡适等人前来参观，大加赞许并作指导。当时她在院里请胡适吃深秋的大闸蟹，与她家有姻亲的俞大维（母亲是曾国藩的孙女，后任台湾"国防部长"）也在场畅谈。1947年10月19日，胡适在日记里记录："看博物院新建筑，甚赞其（曾昭燏）在大困难之中成此伟大建筑。"胡适还曾赠送亲笔题名的《胡适文存》给曾昭燏。

那时候，她是欣喜的。但在1954年，大陆掀起"胡适思想批判"运动后，曾昭燏"闻风而动"，立即向组织交出了自己珍藏的那套《胡适文存》。遥想当年，国军借住她的中博院陈列室疗伤，她还曾向在北京的胡适求助过。作家岳南先生总结的一句话非常经典："这个'闻风而动'实是一种表象，内在的真相则是隐含着曾氏内心的恐惧与自保策略的无奈之举。"①

当时还有一个大背景是，时局对农民起义的赞扬和歌颂，太平天国无疑是最好的历史实例。新中国成立后不久，毛泽东曾感叹道："太平军是近百年来中国人民反对外强侵略的先锋，可惜失败了，中国人求解放的重任，历史地落在了我们共产党人的肩上。我们要吸取太平军的教训，吸取洪秀全进南京城以后的教训，还要吸取李自成进北京的教训，把中国革命的事业进行到底！"对于平息叛乱的大成就者曾国藩，当然要锨到历史的反面去。一时间，曾国藩成为"镇压农民起义的汉奸、刽子手"。

曾昭燏对这个"判决"自然是不同意的，根据刘敬坤先生文章的转

① 岳南：《南渡北归·离别》，湖南文艺出版社2012年版，第222页。

述："南京大学（此时中央大学改称南京大学）原历史系主任贺昌群先生曾对我说，曾昭燏说她对范文澜说的'汉奸刽子手曾国藩，怎么也想不通；说他是镇压太平天国的刽子手，是不错的；但说他是汉奸，我们曾家绝不能接受，因为这不是事实'。"[1]

实际情况如何，不得而知。但曾昭燏对傅斯年和自己的批判却是"毫不留情"的："直到最近我把傅的生平仔仔细细地分析一下，才认清他始终是站在反革命的立场，是国民党蒋匪的帮凶者，而我对于他那样的怀念，纯全是从个人的感情出发，严格说起来，这是种反人民的意识与行为。"此时，傅斯年已经去世多年了。

有人说，曾昭燏如此强烈地要求改造，为的是要尽快消除自己身上"地主阶级"的烙印。1960 年前后，她屡次向党提出申请，要求加入共产党组织。所以她觉得自己有罪，必须忏悔，必须"精神洗澡"，她通过电台公开驳斥"美帝国主义"，并向在台湾的亲人们隔空喊话，并谴责美帝国主义劫夺破坏我国文物的行径，她所做的一切，无非"以适合我们新中国的需要，适合人民的利益"。

历经了"三反"、"五反"、"思想大改造"后，曾昭燏一直紧绷的神经，稍稍有点放松了，但那些无常的运动远远没有放开她的意思。

南京博物院的同事（梁白泉，后任南京博物院副院长、院长）说曾昭燏几近完人，说她为人热情，从不贪便宜，虽然自己单身，却喜欢成就别人的姻缘好事。就连有同事被安排下放农村，她都要去实地探望。受胡小石恩师的影响，她非常喜欢昆曲，有时候自己也哼几句"袅晴丝飞来闲庭院、原来姹紫嫣红开遍"，但她从没有时间去看戏，因为她常常熬夜加班。她最喜欢的诗句是鲁迅的《答客诮》："无情未必真豪杰，怜子如何不丈夫？知否兴风狂啸者，回眸时看小於菟。"还有一首《所闻》："华灯照宴敞豪门，娇女严妆侍玉樽。忽忆情亲焦土下，佯看罗袜掩啼痕。"这是鲁迅在特殊

---

[1] 南京博物院编:《曾昭燏纪念》，第 433 页。

时期抒发的历史无奈。

梁白泉还记得，1963 年 10 月，曾昭燏与画家傅抱石去扬州参加审查鉴真和尚逝世 1200 周年纪念室陈列，同时参观了史可法公祠，谈及这位民族英雄的《临危家书》（书中劝夫人同死，论某某慰安太夫人，末云"书至此肝肠寸断"）时，"她一字不误地对我（梁白泉）口诵袁枚《题史忠正公画像》诗"，其中有"每过梅花岭，思公泪砍零，高山空仰止，到眼忽丹青"等句。[1]

有人说，如果非说曾昭燏有什么缺憾的话，就是政治上太过于积极，政协委员、人大代表，江苏和南京的妇联、对外文协、中国考古学会、江苏哲学社会科学联合会，她都有具体职务，她似乎急于摆脱什么，但偏偏摆脱不去。

随着批判运动烈火的燃烧，曾昭燏最疼爱的侄子被卷了进去。曾宪洛是曾昭燏大哥曾昭承的长子，也是曾家"宪"字辈的老大。他有着红色的履历：13 岁时，他随西南联合大学的学生投奔延安，途经贵阳时被国民党特务阻拦。1947 年在金陵大学学习期间，他积极参加地下党领导的学生运动，1948 年被捕入狱。1949 出狱后，转移到解放区，并随解放军渡江参加接管南京的工作。他是中国戏曲的研究专家，后来他被分配到南京市文化局，从事传统戏曲的挖掘、整理工作。

有一件事最能说明曾宪洛的政治决心，新中国成立前夕，他曾随父去了台湾，但后来又回到南京追随共产党。按说依他的经历绝对在政治上过硬了。在此顺便说下，曾家另两个"宪"字辈的后代，也是"又红又专"的，她们是曾宪楷和曾宪植，都是曾国藩九弟曾国荃的玄孙女。其中曾宪楷曾在新中国成立前对曾昭燏留在大陆起到关键作用。这位历史学家也是终身未嫁，与妹妹曾宪植居住在一起。曾宪植做过邓颖超和宋庆龄的秘书，1949 年 10 月 1 日的开国大典，她曾与国家领导人一起站在天安门城

---

① 南京博物院编：《曾昭燏纪念》，第 424 页。

楼上开创历史，她还是开国元帅叶剑英的夫人。

由于出身问题，曾宪洛在"肃反"中被勒令退党，后来他与人合办杂志《江南草》，于 1957 年 8 月份被报章点名批判，被打成"右派"，发配到农场去劳教。1961 年，正是全国的自然灾害时期，食物缺乏，劳改场更是饥饿难耐。曾宪洛受不了折磨，趁着黑夜逃了出去，翻墙进入到了世交陈方恪（陈寅恪七弟）家里，陈竟劝他赶紧跑回农场去。自此以后，曾宪洛生死不明。从各种资料看，曾昭燏虽一生独身，但尤其疼爱孩子，她简直把曾宪洛当成了自己的儿子。有一张照片，她与曾宪洛站在怀抱孩子的侄媳妇身后，身靠侄子，手扶侄媳妇，眼里充满着爱意。那个孩子叫曾宁，一直定居在南京，他后来在回忆里也提及，自己是姑祖母一手带大的，只不过他喊她"爷爷"，这是因为按照湖南老家风俗，女人终身未嫁，家里晚辈要唤作爷爷。

———————————— 曾昭燏与侄孙曾宁

从曾宁回忆的温馨片段可见，这位"爷爷"发自内心地疼爱他。她去北京开会，会把每天的补贴一个苹果积攒下来带回南京给"宁宁"。她给他讲四大名著，带他去看戏，教他描红，后来曾宁的书法直逼书法家高二适，就是"爷爷"的功劳。在她去世前一年，她给侄子写的信里说："你知道我是多么舍不得宁宁，哪天我回来，听不到宁宁那声叫爷爷的亲切的声音，我是多么的寂寞！"[1]

曾宪洛失踪后，曾昭燏一下子像变了一个人。之前的坏消息让她难以招架，任职教育部副部长的曾昭抡被打成"右派"后，撤职接受改造，后

———————————
[1] 曾宁：《忆爷爷曾昭燏》，见南京博物院编：《曾昭燏纪念》，第 436 页。

患重病住院治疗。正当曾昭燏怅然若失、几乎不能自抑时，1962 年 3 月，她视若父亲的恩师胡小石去世了。

多数回忆者认为，正是在这个时段，曾昭燏患上了精神类疾病，据说是严重的抑郁症。一个笼罩在整个中国上空的病症，哪里是一个孤独、单薄的女人能够轻易逃脱的呢？

在这之前，曾昭燏去了广州，拜见了她人生中最重要的一个世交亲戚——陈寅恪。

那是 1963 年的初春，陈寅恪已经是目盲膑足，几乎失去了活动能力，不是躺在床上，就是被抬放到一张木椅上静坐。中山大学校园里一片沧寂。两人谈了没有多久，但话题从曾国藩拉到了眼下的春寒料峭。世事变迁太快了，就连他们两位进入暮年的旧人都感觉跟不上了。曾昭燏提到了李秀成，这是她赋诗钦佩的历史男人。她向陈寅恪谈到说要购买海外新印的《李秀成供状》什么的，用陈寅恪的话说他们是"论交三世旧通家"。

这是一次历史性的会面，一对文人，在痛苦的炼狱中的互相温暖，寻求一种死而无憾的慰藉。他们有心对抗，却无力反抗。他们所要做的，除了挣扎，还有绝望。

正如陈寅恪所言："凡一种文化值衰落之时，为此文化所化之人，必感苦痛……殆非出于自杀无以求一己之心安而义尽也"。

那次会面后，这位行将进入绝路（"文革"中被迫害致死）的一代大儒，于悲怆哀愁中写下了下面的诗：

> 云海光销雪满颠，重逢膑足倍凄然，
> 论交三世无穷意，吐向医窗病榻边。
> 自信此生无几日，未知今夕是何年。
> 罗浮梦破东坡老，那有梅花作上元。

临走时，他或许嘱咐这位妹妹，无论如何，要好好活下去。他看不见她，只听到她答应的声音中揶揄着些许凄然。一年后，处于批判边缘的陈寅恪完成了他的名著《柳如是》。74 岁的陈寅恪听到一个惊人的消息：曾昭燏跳塔自杀了。

这一年是"四清运动"（清政治、清经济、清思想、清组织）的开始，杨宪益说，当时已经有人对曾昭燏运到台湾的南迁文物中的责任，开始清算。这是一种颠倒黑白的行径，更是一种历史荒唐。她病倒在床。1964 年 12 月 22 下午，曾昭燏请南博司机送她到灵谷寺塔游玩，这里是她在南京常来的地方。在她住院期间，曾有人多次陪同她登上灵谷寺九层塔，有一次，在第七层时，她将自己身体探出栏外，同行的人一把拉住她，说院长这个玩笑开不得。

这一次，她独自一人，跳了下去。临上去前，她把一包苹果送到司机怀里，说："请你吃着，等我一会儿。"司机也没多想，就在下面等着，直到惨剧发生。

有人说，曾昭燏在上塔之前把自己的大衣交给了司机，最后，人们在大衣口袋里看到一张纸条，上面只有一句话：我的跳塔与司机无关。"听镇江市博物馆陆九皋馆长讲，那天她自丁山疗养院外出，过灵谷寺，要求司机停车，表示想上塔看看。在塔下殿内的茶室中，把大衣交给了司机，末几，司机听到喊叫'有人跳塔了'。出事当时，在交给司机的大衣口袋中留一小条，只有一句话，写明跳塔与司机无关。关于留条一事，我相信是真的，凭曾院长的为人品性，在将走绝路之前，她会顾及到无辜的司机不要受伤害。"[1]

从若干年后公开的曾昭燏日记发现，在她跳塔前一周，其日记都只有一句话：静卧休息。

她好像做好了什么准备。那一年，她 55 岁。

---

[1] 陈晶：《岁月留痕》，见南京博物院编：《曾昭燏纪念》，第 432 页。

陈寅恪悲愤交集,以诗追挽:

> 论交三世旧通家,初见长安岁月赊。
>
> 何待济民知道韫,未闻徐女配秦嘉。
>
> 高才短命人谁惜,白璧青蝇事可嗟。
>
> 灵谷烦冤应视哭,天阴雨湿隔天涯。

曾昭燏自杀的时间点正是"文革"刚刚有些抬头的时候,为敏感之时,灵谷塔之前曾是安葬国民党阵亡将士与蒋介石题字的地方,为敏感之地。对曾的离去,当时有三点指示:不准家属去看尸体,不准到火葬场去看火化;不许登报;不准开追悼会。

曾昭燏跳塔的前一天,本该有她参加的第三届全国人民代表大会第一次会议在北京开幕,周恩来总理在《政府工作报告》中首次提出实现"四个现代化"。昔日老同事夏鼐在场听报告。次日,他在家阅读周总理的报告,并于友人商谈所里的事务。从他的日记看,直到 1965 年 1 月 18 日(星期一),他才知道曾昭燏的死讯。那天,受到思想批判运动波及的他还做了公开检查。他在日记中说:"今天收到宋伯胤[1] 同志来信说,曾昭燏院长于 12 月 22 日在灵谷寺跳塔自杀,口袋里有遗书,说古物运台,自己有责任;隐匿湖南家中的地契,对于家庭成员中不满,实则这些事都已向组织交代过,自去年 5 月间入丁山医院疗养,领导上很照顾,此次当由于神经错乱自绝于人民。事件发生后,南博即请示省委,决定不组织治丧委员会,不发讣告,由家属自行料理后事,院加襄助,当即火葬,尚未埋葬,此事向觉明教授知之,曾去电吊唁云。"[2]

相对于特殊时期的夏鼐的冷静,在台湾的李霖灿倒更为感性。

---

① 北大历史系毕业,1948 年到中央博物院(今南京博物院)工作。

② 夏鼐:《夏鼐日记》(卷七),华东师范大学出版社 2011 年版,第 85 页。

李霖灿记得曾昭燏说"等她3个月"，他等了3年、23年、30年，等来了她的噩耗。他常常几夜不能寐，脑间里冒出来的都是那个在大理点苍山下考古的身影：清瘦、文雅、坚决。

曾昭燏去世30年后，宋伯胤去台湾访问见到了李霖灿，两位耄耋老人见面唏嘘，临走时，李霖灿委托他带一件东西给曾昭燏，宋以为李霖灿尚不知曾去世许多年，感觉为难。李霖灿眼角红红，说，早知道了，只是年老无力，故请他帮忙将其绝笔之作手稿拿到她坟前焚化……

李霖灿一直在打听曾昭燏的消息，直到有一次日本学者到台北参观"故宫博物院"，李霖灿在宴席上听到了"南京博物院曾昭燏女士坠塔身亡"的噩耗，"犹如晴天中的一声霹雳，这怎么可能呢？"呜呼！一代学人、女中豪杰，"竟这样酷烈悲惨地结束了自己的生命和一世英名"！

他常常夜半不能寐，起来绕室彷徨。在他去世四年前，含泪写下《不胜沧桑话点苍——纪念曾昭燏女史》一文："我以82岁老翁的年纪，在30年之后来为您含泪作传，心下无限悲痛感伤；因为：零落成泥碾作尘，只有香如故也！"就此，关于终生未嫁的曾昭燏身上的种种情感流言，随着她的纵身一跃，深埋进苍凉的黄土里。[1] 这世间哪怕天翻地覆，再也与她无关了。

---

[1] 吴棠：《曾昭燏和李霖灿的千古情谊》，见南京博物院编：《曾昭燏纪念》，第353页。

图书在版编目（CIP）数据

一生恰如三月花：民国女子别册 / 王道著. — 杭州：
浙江大学出版社，2013.8
ISBN 978-7-308-11490-5

Ⅰ. ①一… Ⅱ. ①王… Ⅲ. ①女性－生平事迹－中国
－民国 Ⅳ. ①K828.5

中国版本图书馆CIP数据核字（2013）第096782号

一生恰如三月花：民国女子别册

王 道 著

责任编辑	杨利军（ylj_zjup@qq.com）
封面设计	熊猫布克
出版发行	浙江大学出版社
	（杭州市天目山路148号　邮政编码　310007）
	（网址：http://www.zjupress.com）
排　版	杭州林智广告有限公司
印　刷	杭州杭新印务有限公司
开　本	640mm×960mm　1/16
印　张	20.75
字　数	276千
版 印 次	2013年8月第1版　2013年8月第1次印刷
书　号	ISBN 978-7-308-11490-5
定　价	35.00元

声　明

由于本书所用图片涉及范围广，部分图片的版权所有者无法取得联系，请相关版权所有者看到图片后与浙江大学出版社联系，以便敬付稿酬。

来信请寄：浙江省杭州市西湖区天目山路148号浙江大学出版社人文事业部

邮编：310007

电话：0571-88273143

E-mail：zjupress@sina.cn